Adelheid Petruschke

Stundenblätter Lyrik von der Klassik bis zur Moderne

Sekundarstufe II

42 Seiten Beilage

Ernst Klett Verlag für Wissen und Bildung

Reihe: Stundenblätter Deutsch
Herausgeber dieses Heftes: Jürgen Wolff

CIP-Titelaufnahme der Deutschen Bibliothek

Petruschke, Adelheid:
Stundenblätter Lyrik von der Klassik bis zur Moderne:
Sekundarstufe II / Adelheid Petruschke. –
4. Aufl. – Stuttgart: Klett, Verlag für Wissen und Bildung, 1991
(Reihe: Stundenblätter Deutsch)
ISBN 3-12-927441-3

4. Auflage 1991

Satz: G. Müller, Heilbronn; Wilhelm Röck, Weinsberg
Druck: Wilhelm Röck, Weinsberg
Einbandgestaltung: Zembsch' Werkstatt, München

Inhalt

Zur Konzeption der Unterrichtseinheit/Kommentierte Bibliographie

Sekundärliteratur

Die vorliegende Unterrichtseinheit entstand nach intensiver Beschäftigung mit dem Bändchen von *Walther Killy: Wandlungen des lyrischen Bildes,* Göttingen 1956. Sie greift entscheidende Gedanken Killys auf, versucht eine didaktische Umsetzung und führt die Untersuchung des lyrischen Bildes, das Killy bis zu Benn und Brecht verfolgt, weiter zur Lyrik der Gegenwart.
Zur Einarbeitung in die Thematik der Unterrichtseinheit seien jedem folgende Kapitel aus Killys Buch dringend empfohlen. „Das wahre Bild – Johann Wolfgang von Goethe", „Gemüterregungskunst – Clemens Brentano" und „Mein Pferd für'n gutes Bild – Heine und Geibel". Nur wenn die Inhalte dieser Kapitel vertraut sind, werden die hier vorgestellten Ziele, Intentionen und Methoden völlig klar werden. Die Lektüre des ganzen Buches (die Kapitel über Hölderlin, Mörike, Trakl und Benn sowie über Brecht wurden hier nicht berücksichtigt) kann Anstöße zur Abänderung oder Erweiterung der Unterrichtseinheit geben.

Im Kapitel über Goethe befaßt sich Killy mit Goethes Symboldefinition. Durch das Heranziehen des Briefes von Bettina von Arnim verliert das Sonett „Mächtiges Überraschen", an dem der Begriff des Symbols erläutert wird, seine anfängliche Fremdheit und wird lebensnaher. Es gelingt Killy, auf wenigen Seiten ein ganz wesentliches Merkmal der Klassik, nämlich die Veranschaulichung und Bewältigung der subjektiven Empfindungen, oder, anders formuliert, das Zusammenwirken dreier Bereiche: des „Geschichtlichen", der Idee und des Naturgegenstandes in der höheren Einheit des Symbols an einigen kurzen Texten zu verdeutlichen.
Ebenso macht Killy den Vorgang der Emanzipation der klassischen Bildelemente von der Romantik an sehr plausibel, indem er an Brentanos Lyrik zeigt, wie daraus die Öffnung des Bildes zur Chiffre hin erfolgt. Dieser Vorgang geht mit einer Auflösung der Grenze zwischen individuellem Gefühl und Natur Hand in Hand, d. h. das Ich geht völlig in der Natur auf, die Unterordnung des Subjektiven unter das Objektive besteht nicht mehr. Damit ist ein typisches Merkmal für die Romantik gefunden.
So führt die logische Entwicklung zu Heines Sprachnot, da die Bilder bis dahin verbraucht sind und nur noch mit Distanz, d. h. mit Ironie und Desillusionierung, verwendet werden.
Diese drei Kapitel bilden bei Killy eine innere Einheit. Die Kapitel über Hölderlin und Mörike scheinen für die Verwendung im Unterricht weniger geeignet, könnten jedoch bei anderer Schwerpunktsetzung ebenfalls herangezogen werden.

Was an Killys Konzept fasziniert und für Unterrichtszwecke sehr gut fruchtbar gemacht werden kann, ist die Verbindung, die er herstellt zwischen der Beschaffenheit des lyrischen Bildes bei den einzelnen Dichtern und den geistesgeschichtlichen Zusammenhängen, die den Hintergrund für die Wandlung des Bildes vom Symbol bei Goethe bis zum lyrischen Paradox in der Gegenwartsdichtung abgeben. Da diese geistesgeschichtlichen Zusammenhänge sehr eng verwoben sind mit dem, was das Typische einer Epoche ausmacht, läßt sich an der jeweiligen

Ausprägung des lyrischen Bildes in einer bestimmten Epoche sogar – in bescheidenem Rahmen – ein erster vorläufiger Begriff der Epoche erarbeiten. Es versteht sich von selbst, daß man nicht glauben darf, man habe nach Beendigung dieser Unterrichtseinheit nun die Epochen Klassik, Romantik und Expressionismus „abgehakt“. Es handelt sich beim lyrischen Bild ja nur um einen Teilaspekt einer von drei Gattungen. Aber diese Einschränkung auf *einen* Aspekt und die daraus resultierende Übersichtlichkeit des Gebiets hat im Unterricht ihre Vorteile:

- es fällt leichter, aus der großen Anzahl von Gedichten eine Auswahl zu treffen, da man ein klares Auslesekriterium hat;
- der Unterrichtende weiß von vornherein, worauf es ihm bei der Behandlung des Gedichts besonders ankommt;
- die Kontinuität des Gedankengangs bleibt gewahrt;
- ein „roter Faden“ durchzieht die ganze Einheit.

Die Fortsetzung der Unterrichtseinheit bis zur Lyrik der Gegenwart geht über Killys Konzept hinaus; sie stützt sich auf eine These *Heinz Otto Burgers,* die er in seinem Aufsatz *„Von der Struktureinheit klassischer und moderner deutscher Lyrik“* (1959), in: R. Grimm (Hrsg.), Zur Lyrikdiskussion, Wege der Forschung CXI, Darmstadt 1966, S. 255 bis 270, in einleuchtender Weise entwickelt. Auch das Lesen dieses Aufsatzes wird in diesem Zusammenhang empfohlen. Ausgehend von Goethes Gedicht „Auf dem See“, das in unserer Unterrichtseinheit als Vertreter der Klassik eine wichtige Rolle spielen wird, und Hölderlins „Abschied“, stellt er dem „adäquaten Symbol“ bei Goethe das „evokative Äquivalent“ bei Hölderlin gegenüber. Er überträgt sodann den Begriff des evokativen Äquivalents auf Gedichte von Mörike, Marie Luise Kaschnitz und Karl Krolow und kommt zu der Schlußfolgerung:

> „Das evokative Äquivalent im modernen Gedicht ist eine folgerichtige Weiterbildung des adäquaten Symbols im klassischen.“ (S. 268)

Diese These ist für unsere Unterrichtseinheit aus zwei Gründen wichtig: Erstens, weil sie uns hilft, den „roten Faden“, den wir von Goethe über Brentano bis Heine verfolgt haben, bis in die Gegenwart weiter zu verfolgen, und zweitens, weil der Begriff evokatives Äquivalent auch in einem Arbeitsbuch für die Oberstufe auftaucht (Wort und Sinn, Oberstufe, Sprachbuch 2).

Noch eine kurze Anmerkung zu Burgers Aufsatz. Er steht nicht isoliert, sondern ist Bestandteil der Lyrikdiskussion, die in dem erwähnten Wege der Forschung-Band im wesentlichen dokumentiert ist. Burger entwickelt seine These als Antwort auf einen Gedanken in *Hugo Friedrichs „Die Struktur der modernen Lyrik“* (1956). Burgers These wird angegriffen in einem Aufsatz von *Hans Robert Jauß: „Zur Frage der Struktureinheit älterer und moderner Lyrik“* (1960, S. 314–67). Zum Verständnis der Gedanken dieser Unterrichtseinheit sind diese beiden Titel nicht unbedingt notwendig. Wer aber tiefer in die fachwissenschaftlichen Aspekte des Themas eindringen will, dem werden beide Titel weiterhelfen.

Zur Interpretation einzelner Gedichte

Für die Interpretation der behandelten Gedichte wurde zusätzlich Sekundärliteratur herangezogen. Die Interpretation von Goethes Sonett „Mächtiges Überraschen“ stützt sich außer auf Killy auch auf *H. J. Schlütter: Goethes Sonette, Anregung, Entstehung, Intention,* 1969, S. 111–126. Schlütter führt verschiedene Interpretationen des Sonetts an, vergleicht die Bildlichkeit in Bettinas Brief mit der in Goethes Gedicht und bringt in einem Exkurs „ergänzende Beobachtungen strukturanalytischer Art“ zu dem Sonett.

Zu Brentanos „Die Abendwinde wehen" findet sich eine Interpretation von *Emil Staiger* in dem Fischer-Band *Deutsche Lyrik von Weckherlin bis Benn*, Frankfurt/M. 1974, S. 160–71. Staiger zeigt, wie in diesem Gedicht das akustische Element das gedankliche dominiert und charakterisiert Brentano als typisch romantischen Dichter. Im selben Band interpretiert *Richard Alewyn* Brentanos „Der Spinnerin Nachtlied" (S. 160–71). Als Ergänzung dazu empfiehlt es sich, auch *Walter Naumanns* Interpretation in seinem Buch *Traum und Tradition in der deutschen Lyrik,* Stuttgart 1966, S. 73–79, zu lesen. Naumann weist auf den Kunstcharakter von „Der Spinnerin Nachtlied" hin, der im Gegensatz zum traditionellen Volkslied steht.

Als Einführung in die Bennsche Lyrik ist *Edgar Lohner: Passion und Intellekt. Die Lyrik Gottfried Benns,* Neuwied 1961, empfehlenswert. Das Buch informiert über Benns Stellung in der deutschen Gegenwartslyrik und gibt einen Eindruck von seiner Entwicklung vom expressionistischen Dichter zum Schöpfer der „Statischen Gedichte" sowie von seinem Begriff der „Artistik", des Gesetzes der absoluten Form, mit dem er den Verlust der Werte in unserem Jahrhundert zu kompensieren sucht. Vor dem Hintergrund dieser Entwicklung sind auch die beiden Gedichte zu sehen, die wir in unsere Unterrichtseinheit aufgenommen haben. Eine Interpretation des Gedichts „D-Zug" findet sich in dem Buch von *Clemens Heselhaus: Deutsche Lyrik der Moderne*, Düsseldorf 1961, S. 280–82. Dieses Buch ist auch als Gesamtüberblick über die verschiedenen Strömungen der modernen Lyrik sehr informativ.

Schließlich noch zu Ingeborg Bachmanns Gedicht „Dunkles zu sagen". *Hartmut Müller* hat es in seinem Buch *Formen moderner deutscher Lyrik*, Paderborn 1970, kurz besprochen, und zwar unter der Kapitelüberschrift „Das lyrische Paradoxon". Das lyrische Paradoxon, neben dem evokativen Äquivalent eine weitere Ausprägung der Chiffre in der Lyrik der Gegenwart, wird in diesem Kapitel näher besprochen.

Didaktische Literatur

Brauchbar für diese Unterrichtseinheit sind die beiden *Wort und Sinn*-Bände: *Sprachbuch 2, Oberstufe, Literatur, Struktur und Funktion*, Schöningh 1975, und *Arbeitsbuch Deutsch, Sekundarstufe II, Literatur, Struktur und Geschichte,* Schöningh 1980, das wohl auf der Grundlage des Sprachbuchs für die reformierte Oberstufe weiter entwickelt worden ist. Es ist zu empfehlen, im Sprachbuch das Kapitel „Lyrik – erfahrene und entworfene Wirklichkeit", und daraus besonders die Punkte 3–9, S. 73–92, durchzulesen und als Anregung zu benutzen, das Arbeitsbuch aber im Unterricht zu verwenden. Jedem Schüler sollte ein Exemplar zugänglich sein. So erspart man sich das Beschaffen theoretischer Texte, da die meisten der theoretischen Texte, die wir für unsere Unterrichtseinheit brauchen, im Arbeitsbuch zu finden sind.

Das Sprachbuch und das Arbeitsbuch folgen dem gleichen Aufbauprinzip, wobei das Sprachbuch sich kürzer faßt und weniger theoretische Texte enthält. An einigen Stellen ist es jedoch ausführlicher als das Arbeitsbuch, z.B. bei dem Kapitel „Formen des bildhaften Sprechens".

Das Sprachbuch verfolgt das lyrische Bild von Goethes Symbol über die Romantik bis zur Chiffre der Gegenwartsdichtung und stützt sich dabei auch auf theoretische Texte von Dichtern, die ihr eigenes Dichten oder Grundgedanken der Epoche reflektieren. Deutlich liegt Killys Konzept zugrunde, es wird auch aus „Wandlungen des lyrischen Bildes" zitiert. Insofern geht das Sprachbuch mit unserer Einheit parallel und bietet deshalb bei der Vorbereitung und beim Verstehen der Gedankengänge eine große Hilfe.

Die verschiedenen Ausprägungen des lyrischen Bildes bauen jedoch nicht direkt aufeinander auf, sondern sind eher lose aneinandergereiht, und in den Gedichten werden viele verschiedene Themen angesprochen, so daß es schwierig würde, dieses Kapitel als geschlossene Unterrichtseinheit zu verwenden.
Das Arbeitsbuch betrachtet die Lyrik weniger auf ihre Bildlichkeit hin als vielmehr unter dem Aspekt ihres Verhältnisses zur Wirklichkeit und beleuchtet stärker den geistesgeschichtlichen Hintergrund der jeweiligen Epoche.

Auch der Band *Geschichte der deutschen Literatur. Gedichte. Von den Anfängen bis zur Gegenwart* (erweiterte Ausgabe des Lesebuchs A 11 – Lyrik) von Klett greift Killys Anregungen auf. Überdies sind die meisten Gedichte, auf die das vorliegende Stundenblatt sich bezieht, in diesem Band enthalten. In seinem ersten, paradigmatischen Teil macht es sich eine „Synthese von Literaturtheorie (Poetik), Literaturkritik (werkimmanenter Interpretation) und Literaturgeschichte" zum Aufbauprinzip und setzt so die Gedichte in vielfache Beziehungen zueinander. Unter diesem Aspekt wird auch der Begriff des lyrischen Bildes eingeführt.

„Das lyrische Bild, eine Art trigonometrischer Punkt des Gedichts, erweist sich demnach als eine grundlegende Möglichkeit der Erfassung und Verwandlung des lyrischen Gegenstandes in die lyrische Sprache. In den mannigfachen Bild-Strukturen, die zum Teil einen historischen Prozeß ... erkennen lassen, offenbaren sich verschiedene Weisen der Auffassung und Gestaltung des lyrischen Gegenstandes genauso wie verschiedene Funktionen des Bildes selbst ..." (Lehrerheft S. 5)

Arbeitsanleitungen und Materialien zu den Gedichten Goethe: Auf dem See, Brentano: Der Spinnerin Nachtlied, Benn: Welle der Nacht und Ein Wort finden sich auch im Klett-Band *Schreibweisen. Ein Arbeitsbuch für den Deutschunterricht der Sekundarstufe II.*

Fachwissenschaftliche Anmerkungen

Der Begriff des lyrischen Bildes

Bevor wir den Wandel des Bildes in der Lyrik der letzten Jahrhunderte zu erfassen suchen, muß erst der vieldeutige Begriff Bild geklärt werden. Das Bild ist der wesentliche Bestandteil der Lyrik:

„Die poetischen Bilder sind nicht nur Natur. Die Seele ist in ihnen aufgegangen. Sie sind nicht zur Anschauung, sie vermitteln Erkenntnis. Sie tun das von jeher auf eine Weise, die ebenso verständlich als unergründlich ist.“ (Killy, S. 5)

Diese Spannung zwischen scheinbarer Verständlichkeit und innerer Rätselhaftigkeit läßt das Bild in der Dichtung zu einem Gegenstand intensiver Überlegung und Einfühlung für den Leser werden. Wenn wir die Bilder eines Gedichts im Zusammenhang verstehen, dann haben wir auch den Sinn des Gedichts erfaßt.

Daß eine knappe, klare Definition des Begriffs Bild Schwierigkeiten bereitet, beweist ein Blick in die einschlägige Literatur. Die Unterscheidung zwischen dem weiten Begriff *Bild*, der das bildhafte Sprechen in allen Formen der Literatur allgemein umfaßt, und dem engeren des *„lyrischen Bildes“* wird nirgends genau vorgenommen. Für unsere Unterrichtseinheit soll eine Terminologie verwendet werden, die sich auf die Einteilung in *Ivo Braaks* Werk *Poetik in Stichworten* und auf die Ausführungen im WS Arbeitsbuch stützt.

Wir legen fest:

– Wenn wir in dieser Unterrichtseinheit *Bild* sagen, meinen wir den engeren Begriff des *lyrischen Bildes*. Neben diesem stehen die Begriffe der Metapher und des Vergleichs, die in dieser Unterrichtseinheit jedoch nicht behandelt werden, denn:

Metaphern und Vergleiche sind zwar „Formen bildhaften Sprechens“ (vgl. WS Arbeitsbuch), wir bezeichnen sie (nach Braak) jedoch nicht als lyrische Bilder im engeren Sinn, denn sie unterscheiden sich durch ihre Zweigliedrigkeit, die beim Vergleich ausgesprochen wird und auch bei der Metapher noch indirekt vorhanden ist (wörtliche und übertragene Bedeutung), vom lyrischen Bild.

Im lyrischen Bild dagegen sind die Bereiche des Sinnlich-Faßbaren und des Gedanklichen zu einer untrennbaren Einheit verschmolzen. In Bildern sprechen bedeutet in der Lyrik „nicht nur den Gegenstand selbst, sondern auch den in ihm erfahrenen Sinn“ mitzuteilen (WS Arbeitsbuch, S. 9). Bilder rufen im Leser oder Hörer Vorstellungen von bestimmten Naturgegenständen oder Weltdingen wach. Ihre Wirkung geht aber über das bloße Anschaulichmachen hinaus; sie sprechen das Gefühl des Lesers unmittelbar an und vermitteln ihm eine seelische Erfahrung.

Im Mittelpunkt dieser Unterrichtseinheit steht also das lyrische Bild. Es geht uns darum, zu erkennen, welche Formen oder Ausprägungen des lyrischen Bildes von der Klassik bis zur Gegenwart beobachtet werden können und wie sie mit dem jeweiligen geistesgeschichtlichen Hintergrund zusammenhängen. Um die Ausformungen des lyrischen Bildes vorab wenigstens ansatzweise zu klären, werden hier kurze Hinweise gegeben; genauere Ausführungen folgen den fachlichen Analysen zu den einzelnen Stunden.

- Das *Emblem* ist eine oft gebrauchte Form des Bildes im Barock. Sein besonderes Merkmal ist, daß die „Bedeutung“ des Bildes nicht vom Leser erschlossen werden muß, sondern vom Dichter als Erklärung dem eigentlichen Bild nachgeliefert wird.
- Das *Symbol* findet sich in seiner eigentlichen Form zuerst bei Goethe. Es führt dem Leser einen besonderen, sinnlich-anschaulichen Gegenstand vor Augen, weist jedoch darüber hinaus in den Bereich der Idee, des Typischen. Diese Übertragung wird vom Leser geleistet.
- Die *Chiffre* ist ein verschlüsseltes Bild, das schon bei Hölderlin und in der Romantik, doch besonders im 20. Jahrhundert auftritt. Seine Grundlage ist nicht mehr anschaulich und allgemein zugänglich, sondern rein gedanklich und hat mit der äußeren Wirklichkeit nichts mehr zu tun. Es kann vom Leser nicht mehr ohne Schwierigkeiten aufgelöst werden. Man kann diese Art des Bildes auch als „evokatives Äquivalent“ bezeichnen, da es im Leser eine Vorstellung wachrufen soll, für die der Dichter durch einen Gegenstand der äußeren Welt eine Vorlage (das Äquivalent) schafft.
- Das *lyrische Paradox* ist ein Bild, das aus zwei unvereinbaren, einander entgegengesetzten Elementen besteht. Durch ihr Zusammenzwingen entsteht eine Spannung, die das Bild belebt und den Leser aufmerksam macht.
- Der Begriff *Metapher* soll in dieser Unterrichtseinheit nicht verwendet werden, da seine Beziehungen so vielfältig sind, daß die dadurch entstehende Verwirrung zu groß wäre. Häufig wird er in der Fachliteratur jedoch für die Ausprägung des Bildes verwendet, die wir hier als Chiffre oder evokatives Äquivalent bezeichnet haben.
- Bei Benn oder in der Lyrik der Gegenwart ist nun oft tatsächlich etwas anderes gemeint, als im Bild gesagt wird, daher die oft gebrauchte Bezeichnung Metapher für diese Art von Bild. Doch für unsere Zwecke soll dafür der Ausdruck *absolute Chiffre* oder *evokatives Äquivalent* gebraucht werden. Der Begriff ist anschaulicher, und man läuft nicht Gefahr, die Metapher als eine Ausprägung des Bildes einzustufen.

Wandlungen des lyrischen Bildes

Im folgenden wird die Wandlung des Bildes vom klassischen Symbol bis zum lyrischen Paradoxon kurz umrissen, dann erst werden die emblematischen Bilder des Barock sowie die Bilder in der Anakreontik und in Goethes früher Erlebnislyrik kurz analysiert. Aus zwei Gründen wurde diese Abfolge gewählt. Einmal läßt sich eine logische, in sich schlüssige und konsequente Wandlung des lyrischen Bildes erst von der Klassik an verfolgen; zum anderen eignet sich das klassische Symbol Goethes in idealer Weise als tertium comparationis, mit dem alle anderen Ausprägungen des Bildes verglichen werden können. Im Vergleich werden die Veränderungen viel deutlicher, weil man sie von einem fest definierten Hintergrund abheben kann.
Auch die Bildsprache des Barock und der Anakreontik erschließt sich – rückwärts gewandt – vom Goetheschen Symbolbegriff her viel leichter. Die hier skizzierte Abfolge wird auch – aus den genannten Gründen – den roten Faden der Unterrichtseinheit bilden.

Das Symbol bei Goethe

Noch einmal sei auf Killys Kapitel über Goethe hingewiesen, aus dem hier die wichtigsten Gedanken referiert werden.
Den Schlüssel zu Goethes Gedichten liefern seine theoretischen Ausführungen zum Symbol:

- „Das Wahre, mit dem Göttlichen identisch, läßt sich niemals von uns direkt erkennen, wir schauen es nur im Abglanz, im Beispiel, Symbol, in einzelnen und verwandten Erscheinungen, wir werden es gewahr als unbegreifliches Leben und können dem Wunsch nicht entsagen, es dennoch zu begreifen. Dies gilt von allen Phänomenen der faßlichen Welt ...
- Die Symbolik verwandelt die Erscheinung in Idee, die Idee in ein Bild, und so, daß die Idee im Bild immer unendlich wirksam und unerreichbar bleibt und, selbst in allen Sprachen ausgesprochen, doch unaussprechlich bliebe. – Das ist die wahre Symbolik, wo das Besondere das Allgemeine repräsentiert, nicht als Traum und Schatten, sondern als lebendig-augenblickliche Erfahrung des Unerforschlichen." (Zitiert nach WS Arbeitsbuch, S. 15)
- Was von meinen Arbeiten durchaus und so auch von den kleineren Gedichten gilt, ist, daß sie alle, durch mehr oder minder bedeutende Gelegenheit aufgeregt, im unmittelbaren Anschauen irgend eines Gegenstandes verfaßt worden; deshalb sie sich nicht gleichen, darin jedoch übereinkommen, daß bei besondern äußeren, oft gewöhnlichen Umständen ein Allgemeines, Inneres, Höheres dem Dichter vorschwebte." (Zit. nach Killy, S. 18)

Dazu führt Killy aus: „Die Leistung des klassischen Bildes ... besteht darin, daß drei für sich vergängliche oder unfaßliche Bereiche in der höheren Einheit des Bildes anschaulich wirksam und – solange ein Ohr die Sprache vernimmt – dauerhaft werden, ohne an Lebensgeheimnis einzubüßen." (S. 24)

Diese drei Bereiche sind in Goethes Worten – „Erscheinung", „Idee" und „Bild". Das bedeutet in unseren Worten: Goethes Schaffensprozeß wurde durch eine bestimmte „geschichtliche" („Höchste Lyrik ist entschieden historisch") Erfahrung angeregt, z.B. durch das Empfinden eines Herbsttages oder durch ein Liebeserlebnis. Hiermit wäre der erste Bereich festgehalten: die *„Erscheinung"*, die „mehr oder minder bedeutende Gelegenheit", der „besondere äußere, oft gewöhnliche Umstand", der in der Geschichte stattfindet und, für sich selbst genommen, vergänglich ist. Der zweite Bereich ist der geistige, die *„Idee"*. Der Dichter erkennt in dem „äußeren, oft gewöhnlichen Umstand" etwas „Allgemeines, Inneres, Höheres", das in jener bestimmten Erscheinung der Welt enthalten ist und das er festhalten möchte. Das gelingt ihm, indem er ein *Bild* wählt oder schafft. Damit wären wir beim dritten Bereich, in dem sowohl die reale, anschauliche, sinnlich wahrnehmbare Natur enthalten ist als auch das Geistige, das auf diese Weise mitteilbar geworden ist. Diese theoretischen Betrachtungen, die auch die Schüler verstehen sollen, werden in den Vorbemerkungen zu den Stunden über Goethe noch einmal aufgegriffen und an den Beispielen der Gedichte erläutert.

Warum soll nun Goethes Symboldefinition Grundlage für die Betrachtung der verschiedenen Ausprägungen des lyrischen Bildes sein? Was sie für unsere Zwecke so brauchbar macht, sind zwei Aspekte: die genaue Definition der Elemente, aus denen das lyrische Bild besteht, und die vollkommene Ausgewogenheit der drei Bildelemente, von denen keines überwiegt. Die perfekte Harmonie zwischen den drei Bildelementen ist auch der Grund, warum das Symbol typisch für die Klassik ist. Harmonie, Maß, Ausgewogenheit sind wichtige Begriffe in jener Epoche. Der Schwebezustand zwischen den Elementen ist schon in der Romantik nicht mehr gegeben, weil die Balance zwischen Innen und Außen zerstört ist.

Damit haben wir eine Art Modell, das es uns ermöglicht, das lyrische Bild in den verschiedenen Epochen auf das Verhältnis der Bildelemente hin zu überprüfen und das Ergebnis nicht nur in subjektiven Gefühlsäußerungen, sondern in objektiven, allgemein verständlichen Gedankenschritten festzuhalten.

Die romantische Chiffre bei Clemens Brentano

„Man kann die Geschichte des lyrischen Bildes als den Vorgang der Emanzipation der klassischen

Bildelemente verstehen. Dabei gewinnen entweder das subjektive Fühlen oder eine den Gegenstand überstimmende Bedeutung den Vorrang ... Dem absoluten Gefühl ist die Natur nicht mehr selbstbedeutend: sie wird zur Chiffre der persönlichen Empfindung, die keine Grenzen kennt. Die Bestimmtheit des Gegenstandes löst sich ebenso auf wie die der Person: das Bild hat nicht mehr eine äußerlich-inhaltliche Bedeutung, sondern es wird vor allem zum Stimmungsträger ... (Killy, S. 27)

Wenn wir die Bilder, die Brentano in seinen klangvollen Gedichten benutzt, an Goethes Symbol messen, dann wird uns die Bedeutung von Killys Bemerkung noch klarer. Beim ersten Lesen oder Hören eines Brentano-Gedichts bleibt kaum der Eindruck einer konkreten Situation oder einer mit dem Verstand faßbaren „Idee" in uns zurück; höchstens ein Gefühl, von dem wir nicht genau sagen können, wodurch es verursacht wird. Besonders deutlich wird dies, wenn man Interpretationen von romantischen, speziell von Brentanos, Gedichten liest. Der Versuch, die im Gedicht verborgenen Gefühle in die Alltagssprache zu übertragen, wirkt oft unbeholfen, weil es keine festen Kriterien zu geben scheint, nach denen die Musik von Brentanos Worten in Aussagen umgewandelt werden kann. Orientiert man sich aber an Brentanos Bildern, die großenteils der Natur entnommen sind, und an dem Verhältnis von Anschaulichem und subjektivem Gefühlsgehalt, so wird klar, daß der reale Naturgegenstand fast völlig seine Eigenbedeutung verloren hat, daß er weniger der äußeren Welt als vielmehr der seelischen Innenwelt des Dichters entstammt. Das wird nirgends deutlicher als in „Der Spinnerin Nachtlied". Dort finden sich folgende Zeilen:

„den Faden klar und rein"
„Mein Herz ist klar und rein"
„Der Mond scheint klar und rein"

Drei völlig verschiedenen Gegenständen der Welt werden jeweils genau die gleichen Adjektive zugeordnet. Die Gegenstände (Faden, Herz und Mond) interessieren nicht mehr in ihrer Eigenbedeutung oder in ihrem Zusammenhang mit der Welt, sondern allein als Träger eines bestimmten Gefühls, das durch ihre Kombination mit den Adjektiven hervorgerufen wird. Es wäre vergeblich, in einem von Brentanos Gedichten eine Unterscheidung zwischen Anlaß, Idee und Bild vorzunehmen, wie uns das bei Goethe möglich war. Die Grenze zwischen dem Ich des Dichters, dem Subjekt, und der Natur, dem Objekt, ist verwischt. Das lyrische Bild ist nicht mehr ein Symbol, hinter dem der Leser oder Hörer die allgemeine Idee oder den konkreten Naturgegenstand durchschimmern sieht, sondern eine Chiffre, ein Geheimzeichen für die Universalpoesie, die nach Novalis den Dingen innewohnt und auf das Göttliche verweist. („Der Poet braucht Dinge und Worte wie Tasten", sagt Novalis). Diese Wendung nach innen ist typisch für die Romantik, der Kontrast zur Ausgewogenheit von Innen und Außen in der Klassik ist offensichtlich.
Der Wandel vom klassischen Symbol zur romantischen Chiffre ist hier großenteils mit negativen Begriffen belegt worden: Verlust der Ausgewogenheit und des objektiven Elements, Überwiegen des Gefühls etc. Es darf jedoch bei den Schülern nicht der Eindruck entstehen, daß wertende Kriterien an das lyrische Bild angelegt werden und daß Goethes Symbol in seiner Ausgewogenheit „besser" sei als Brentanos Chiffre. In den Vorbemerkungen zu den Stunden über die Romantik werden Vorschläge gemacht, wie man die Schüler nicht nur auf die Analyse des lyrischen Bildes hinführen, sondern auch für die Schönheit eines romantischen Gedichts sensibilisieren kann.

Der Verlust des Bildes bei Heine

In der Romantik war das lyrische Bild Ausdruck eines tiefen und absoluten lyrischen

Gefühls. Daß aber eine solche Innerlichkeit nicht dauerhaft sein kann, weil sie die objektive Realität nicht mehr benötigt und deshalb nur noch um sich selbst kreist, ist offensichtlich. Die Bilder werden ohne realen Gegenwert unglaubhaft, abgedroschen, sie verkommen zum Klischee.

Heine stand am Ende der Romantik. Ein Repertoire von immer wieder gebrauchten Bildern – Nachtigall, Blume, Mond, Wald, Reh – stand ihm als Dichter zur Verfügung, doch er spürte, daß diese Bilder ihre Tiefe verloren hatten, und wehrte sich gegen ihren Gebrauch. Es war ihm nicht mehr möglich, seine Erlebnisse, wie Goethe und die Romantiker, direkt in Sprache umzusetzen:

> „Solange der Dichter am ererbten Bild, Wortsinn und Weltzusammenhang festhält, ihnen zugleich aber aufs Tiefste mißtraut und jeden falschen Ton überempfindlich wahrnimmt, hat er außer dem Schweigen nur noch zwei Wege aus der Sprachnot... Der Dichter kann entweder sprechen, indem er die Natur nur noch uneigentlich benutzt und damit der Notwendigkeit überhoben wird, auf ihrer Wirklichkeit zu fußen; er zieht sich vielmehr in eine poetische Relation zurück. Oder aber er hebt überhaupt alles Gesagte wieder auf. Das ist die grotesk-tragische, vergebliche Gebärde Heines: er spricht, weil sich der Mensch nur redend und bildermachend menschlich fühlt, und er nimmt das Gesagte zurück, weil er weiß, es taugt nicht." (Killy, S. 110)

Diese Zurücknahme ist bei Heine in den verschiedensten Formen zu beobachten: als Selbstparodie, als Durchbrechen einer Illusion, die einige Zeilen lang aufrechterhalten und zum Schluß zerstört wird, als Ironisierung und Distanzierung.

Mit Heine findet ein unwiderrufliches Ende, was mit Goethes Sesenheimer Lieder begann, in der Klassik durch die Ausgewogenheit zwischen objektiver Natur und subjektivem Gefühl einen Höhepunkt fand und in der Romantik das Innere des Dichters vollkommen widerspiegelte: das im persönlichen Erleben verwurzelte Bild.

Im Rahmen unserer Ausführungen ist es nicht möglich, die Entwicklungen, die zwischen Heine und den ersten Jahrzehnten des 20. Jahrhunderts liegen, kurz nachzuzeichnen. Mörike, Hofmannsthals Chandos-Brief wären zu nennen, Rilke und Stefan George. Es ist sehr schwierig, im Wandel des lyrischen Bildes durch diese Phasen dieselbe innere Logik zu finden, wie es von Goethe bis Heine möglich war. Erst im Expressionismus, besonders in der absoluten Chiffre Gottfried Benns, läßt sich wieder ein logisch konsequenter Entwicklungsschritt sichtbar machen.

Die absolute Chiffre bei Gottfried Benn

Killy befaßt sich in „Wandlungen des lyrischen Bildes" nur mit Benns auf schockierende Wirkung angelegter früher Dichtung. Jedoch sind die lyrischen Bilder, die Benn in seinen späteren Phasen, z.B. auch in den „Statischen Gedichten", benutzt, für unser Thema viel interessanter, weil Benn seine Position innerhalb der lyrischen Tradition reflektiert und seine Dichtungen mit theoretischen Überlegungen untermauert hat, die uns wieder zeigen, wie eng das lyrische Bild und das Weltverständnis der Epoche, in der es entsteht, miteinander verbunden sind.

Die Unsicherheit, die Heine gegenüber der Welt der Erscheinungen empfand, setzte sich, Hand in Hand mit dem Verlust traditioneller Werte, durch das 19. Jahrhundert fort und erreichte im Expressionismus einen Höhepunkt. Das wird z.B. in dem Text von Kurt Pinthus deutlich, den wir der Interpretation der Benn-Gedichte voranstellen wollen, um den geistigen Hintergrund zu vergegenwärtigen. Dort heißt es, Kunst könne nicht mehr aus der Wirklichkeit entstehen, weil diese außerhalb des Menschen liege; nicht die Anschauung der Wirklichkeit sei entscheidend zum Schaffen von Kunst, sondern die Substanz im Menschen selbst. Der moderne Dichter ist also nicht an der äußeren Wirklichkeit interessiert, ja, er muß seine Bindung an ihre leer gewordenen Formeln zerstören, wenn er schöpferisch sein und an die Wurzel der Dinge vordringen will. Benns Begriff der „Wirklichkeitszertrümmerung", was soviel bedeutet wie Zersprengung der Einheit von Wort und Sache, hat hier seinen Platz. Die Sprache, insbesondere die des Dichters, kann die Wirklichkeit nicht mehr angemessen reflektieren, also muß sie von Grund auf gewandelt werden. In seinen frühen Werken (z. B. „Morgue") setzt Benn an die Stelle der lyrischen Sprache das Fremdwort, den wissenschaftlichen Ausdruck, den Jargon, in dem kein gefühlsmäßiger Bezug zur Außenwelt mehr zu finden ist. In den späteren Gedichten verwirklicht er (auf der Grundlage von Nietzsches „Artistenevangelium", die Welt sei nur als ästhetisches Phänomen gerechtfertigt) seine Theorie vom Dichter als dem absoluten Schöpfer, der durch die dichterische Verwendung des Worts eine neue, die einzige akzeptable, Wirklichkeit hervorbringt.

In Benns Gedicht „Ein Wort" wird diese Grundeinstellung deutlich. Das dichterische Wort als Chiffre gibt der sinnentleerten Welt eine neue Bedeutung. Wir kennen den Begriff der Chiffre von der Romantik her. Bei Benn verweist aber die Chiffre nicht mehr, wie bei Novalis oder Brentano, auf ein göttliches Geheimnis, das hinter den dichterischen Worten entziffert werden kann. Hinter der Chiffrenschrift der Natur liegt nicht ein tieferes Sein, sondern Benns Chiffre schafft als Kunstprodukt erst den Sinn, der dem Menschen des 20. Jahrhunderts verlorengegangen ist. Was die romantische Chiffre mit der Benns gemeinsam hat, ist ihre Subjektivität, in die vorzudringen eine eingehende Beschäftigung mit ihrem Hintergrund erfordert.

Die wichtigste und für die Schüler wohl am schwersten zugängliche Tatsache ist in diesem Zusammenhang, daß Benns Chiffren sowie die Bilder vieler anderer Expressionisten und der meisten Dichter unseres Jahrhunderts *absolut* sind, d. h. völlig losgelöst von der Wirklichkeit. Benn will mit seinen Chiffren nicht Reales veranschaulichen, sondern er will eine neue, dichterische Realität mit ihnen schaffen. Der Leser oder Hörer des Gedichts kann an dieser Welt teilhaben, wenn er sich den Assoziationen öffnet, die Benns Bilder in ihm evozieren wollen, wenn er sich beim Lesen und Interpretieren der Gedichte verdeutlicht, daß das lyrische Ich sich in völlige Subjektivität zurückgezogen hat, daß die Worte von Raum, Zeit und Kausalzusammenhängen losgelöst sind und in der Weise, wie sie montiert sind oder auseinander entstehen, eine neue geistige Dimension erschließen.

Das lyrische Paradox in der Dichtung der Gegenwart

Die letzte Konsequenz von Benns Konzept der „Wirklichkeitszertrümmerung" oder „Zusammenhangsdurchstoßung" ist, daß die Worte völlig aus ihrem ursprünglichen Zusammenhang herausgelöst und in ganz neue, ungewohnte Beziehungen hineingestellt – oft gewaltsam hineingepreßt – werden. Der Dichter verfügt über die Worte, ohne sich gegenüber der realen Welt, der diese Worte entstammen, rechtfertigen zu müssen. Er vermeidet alles, was abgegriffen und verbraucht ist; statt dessen kombiniert er Worte miteinander, zwischen denen in ihrer alltäglichen Bedeutung kein Zusammenhang besteht. Durch die Spannung oder Dissonanz, die auf diese Weise entsteht, kann ein neue dichterische Aussage gemacht werden. Hartmut Müller schreibt z. B. über Paul Celans Gedicht „Dunkles Aug im September":

„Die Bilder des Celan-Gedichts lösen sich aus der Beziehung zu einer Außenwirklichkeit, die Brükke des Vergleichs wird abgebrochen. Mit den Mitteln der Sprache erschafft der moderne Lyriker eine eigene dichterische Welt, die nur mit sich selbst identisch ist. Dieses losgelöste Bild wird folgerichtig ‚absolute Chiffre' genannt. Für ein Gefühl oder eine Erkenntnis sucht der Dichter eine bildliche Entsprechung in der sprachlichen Formulierung, ein ‚objective correlative' (T. S. Eliot). Diese Entsprechung soll im Leser oder Hörer ein ähnliches Gefühl, eine ähnliche Vorstellung wecken. H. O. Burger hat diese moderne Metapher ‚evokatives Äquivalent' genannt. Durch diese Technik wird die moderne Lyrik z. T. dunkel und mehrdeutig, weil die absoluten Chiffren bei den verschiedenen Lesern verschiedene Assoziationen auslösen können, der Leser muß in gewisser Weise das Gedicht zu Ende dichten. Dadurch erhält die Deutung der lyrischen Texte, in denen diese Art von Metaphorik erscheint, ein subjektives Element, das größer ist, als man es bei der Interpretation älterer Lyrik findet." (Müller, S. 20)

Das ist einleuchtend: wenn Goethe von der „reifenden Frucht" sprach, so hatte dieses Bild einen realen Anschauungswert, an dem der Leser teilhaben konnte und kann und hinter dem sich die allgemeingültige Idee auftat. Wenn Celan dagegen von der „Steinhaube Zeit" oder Enzensberger vom „gläsernen Laub" spricht, ist ein kreativer Akt des Lesers notwendig, um diese Bilder in ihrer Eigenbedeutung und in ihrem Zusammenhang mit dem Rest des Gedichts zu entschlüsseln.
Geht das Zusammenzwingen von disparaten Dingen so weit, daß nicht nur die Logik aufgehoben wird, sondern sogar innere Widersprüche entstehen, dann sprechen wir vom „lyrischen Paradox" – einem weiteren Kunstgriff des Dichters, nie dagewesene Bilder zu schaffen. Das beste Beispiel dafür sind die Sprachbilder in Ingeborg Bachmanns Gedicht „Dunkles zu sagen": „Der Finsternis schwarze Flocken/ beschneiten dein Antlitz", „die Saite des Schweigens", „mir blaut/ dein für immer geschlossenes Aug". Welche Intention hat der Dichter, wenn er solche paradoxen Bilder benutzt?

„Die dialektische Einheit der Gegensätze, die Anwesenheit des Todes im Leben, fand ihre Entsprechung in den paradoxen Bildern der Bachmannschen Verse, während die Aufhebung der gewohnten sachlogischen Bezüge, die alogischen Verschiebungen und Disproportionen, wie sie einige Gedichte Arps und Günter Eichs aufweisen, gleichsam Spielraum schafften für eine souveräne Phantasie, die die Schranken von Raum, Zeit und Kausalität zu überfliegen suchte." (Müller, S. 46)

Aus diesen Ausführungen wird deutlich, daß die Begriffe absolute Chiffre, evokatives Äquivalent und lyrisches Paradox nicht immer klar voneinander abgegrenzt sind. Von der absoluten Chiffre sprechen wir bei Gottfried Benns späteren Gedichten, wir können den Begriff aber auch auf die Bilder in Gedichten unserer Jahrzehnte anwenden, er ist übergreifend. Der Begriff evokatives Äquivalent wird – in Anlehnung an T. S. Eliot – verwendet, um die Funktion der absoluten Chiffre näher zu beschreiben. Der Dichter versucht, im Leser durch sein Bild ein Äquivalent seiner Erfahrung zu „evozieren". Das lyrische Paradox ist eine Sonderform der absoluten Chiffre (– oder absoluten Metapher –), in der zwei völlig gegensätzliche Dinge zu einem Bild zusammengezwungen werden.

Das emblematische Bild im Barock

Wie bereits ausgeführt, läßt sich beim Wandel des Bildes von Goethe bis Heine, aber auch weiter bis zur Lyrik der Gegenwart, eine logische Linie verfolgen, die mit dem Wandel des Weltverständnisses der jeweiligen Epoche in Zusammenhang zu bringen ist. Wir haben das lyrische Bild von dem Punkt an untersucht, wo es in Goethes Symbol seine größte Harmonie erreichte, weil die Ausgewogenheit der Beziehung zwischen Mensch und Natur, zwischen Subjekt und Objekt, vollkommen war. Das setzt voraus, daß das Subjekt sich seiner selbst und seiner individuellen Gefühle und Möglichkeiten bewußt ist. Dieses Bewußtsein existiert in der deutschen Lyrik aber erst seit Goethes Sesenheimer Liedern, seit dem Beginn der Erlebnislyrik. Wenn wir nun das lyrische Bild im Barock betrachten, müssen wir uns vergegenwärtigen, daß zu jener Zeit Lyrik nicht aus der unmittelbaren Anschauung eines Gegenstandes erwuchs, und daß es nicht Ziel des Dichters war, persönliche Gefühle zu vermitteln. Gedichte wurden „gemacht", ihre Form und ihr Inhalt wurden von den Konventionen bestimmt, die zu jener Zeit herrschten. Die Bilder entstammten einem festgelegten Vorrat literarischer Traditionen und konnten zwar ausgeschmückt, verfeinert oder variiert werden, es bestand aber keine direkte, gefühlsmäßige Beziehung zwischen dem Dichter und seinem Bilde, sondern die distanzierte Haltung des bewußt und mit dem Verstand Schaffenden.

Wir haben Goethes Symbol an den Beginn unserer Überlegungen gesetzt, weil alle anderen Ausprägungen des lyrischen Bildes am Symbol gemessen größere Klarheit gewinnen. Um die Eigenschaften des emblematischen Bildes im Barock zu verdeutlichen, soll – in Anlehnung an die Ausführungen im Lehrerheft zum Klett-Lyrikband – das Emblem mit dem Symbol verglichen werden. Dieser Vergleich stützt sich auf Goethes Äußerung in „Maximen und Reflexionen" über den Unterschied zwischen der Allegorie und dem Symbol.

„Emblem" bedeutet eigentlich Kennzeichen, Abzeichen, Sinnbild. Im Barock entstanden Embleme durch „Kombination von Motto, gemaltem Bild und Epigramm (lemma, pictura, subscriptio)". (Braak, S. 35) Solche Bildhaftigkeit – verwandt mit der Allegorie – findet sich in der Barocklyrik.

- ☐ Der Barockdichter *sucht* das Besondere zum Allgemeinen. Um einen allgemeinen Sachverhalt auszudrücken, bedient er sich eines Beispiels, das er aus einem Vorrat möglichst kunstvoller, durch Konvention festgelegter Sageweisen auswählt.

  Goethe nach seiner Symboldefinition *läßt* im Besonderen das Allgemeine *schauen*. Das Allgemeine, die Idee, schimmert im Symbol nur durch.
- ☐ Das Emblem hat auch außerhalb des Gedichts, dessen Bestandteil es ist, eine selbständige Bedeutung, denn es ist nicht in dem Moment, in dem das Gedicht entstand, vom Dichter geschaffen, sondern von ihm eingesetzt worden. Das Symbol ist aufs engste mit dem Gedicht verwoben, dessen Bestandteil es ist. Es entsteht organisch aus ihm und hat allein keine Eigenbedeutung.
- ☐ Das Emblem ist ein Denkbild, das heißt, das Subjekt des Dichters mit seinen Gefühlen tritt völlig hinter dem Objekt zurück.

  Im Symbol befinden sich Gedanke und Gefühl, Objekt und Subjekt, in einem Stadium der Balance.
- ☐ Der Dualismus, der das Zeitalter des Barock prägt (z. B. zwischen Todesangst und Lebenshunger, Ausschweifung und Askese, Himmel und Hölle), tritt auch im Emblem zutage: Bild und Sinn treten auseinander, können allein stehen.

  Im Symbol spiegelt sich ein wesentlicher Grundgedanke der Klassik, nämlich das Streben nach Einheit und Harmonie. Das Verhältnis der drei Bildelemente zueinander ist ausgewogen.
- ☐ Das Emblem dient der Ausschmückung eines poetischen Gegenstandes.

  Das Symbol hat seinen poetischen Zweck in sich selbst.
- ☐ Das Barockgedicht enthält eine größere Zahl von (emblematischen) Bildern, die einander antithetisch gegenübergestellt oder gehäuft werden. Erst durch die Summierung dieser Bilder konstituiert sich allmählich der poetische Gegenstand. Dieser Technik kommt z. B. die Sonettform besonders entgegen.

  Das Symbol bildet den Brennpunkt des Goetheschen Gedichts. Es mögen außer ihm noch weitere Bilder verwendet werden, aber das ganze Gedicht bewegt sich auf das Symbol zu und kulminiert in ihm.

Durch diese Gegenüberstellung wird deutlich, warum Goethe eine so einzigartige Stellung einnimmt. Grob verallgemeinert könnte man sagen: vor Goethe hatte der Dichter noch keinen Zugang zu seiner eigenen Innerlichkeit, die äußere Welt der Objekte war der lyrische Gegenstand. Nach Goethe verschwand die äußere Welt der Objekte zusehends aus der Lyrik, um einer immer größeren Subjektivität und in der Gegenwart sogar der völligen Ablehnung der äußeren Realität als Gegenstand der Kunst Platz zu machen. In Goethes Symbol verharrten Subjekt und Objekt, Innen und Außen für einen kurzen Moment in der Geschichte der Lyrik in perfekter Balance. Hinter diesen Überlegungen steht der ganze Wandel des menschlichen Weltverständnisses vom Barock bis zur Moderne. Wenn die Schüler, angeregt durch die Gedanken zum Wandel des lyrischen Bildes und ausgehend von Goethes Symbol, nur eine Ahnung von solchen Zusammenhängen bekommen, ist schon ein wesentliches Ziel der Unterrichtseinheit erreicht.

Die Bildlichkeit in der Anakreontik und beim jungen Goethe

Bevor Goethe seinen eigenen Stil fand, schrieb er eine kurze Zeit lang im Stil des Rokoko anakreontische Lyrik. Unter den Anmerkungen zu Goethes frühen anakreontischen Gedichten heißt es in der Hamburger Ausgabe:

„Es war eine dichterisch schwache Zeit. Vorüber waren die Ordnungen des Barock, die von Gott, von dem hierarchischen Aufbau der Welt, von dem Stufenbau sämtlicher Künste und Wissenschaften ausgingen und als Poetik und Rhetorik dem Kunstwerk durch Jahrhunderte tradierte objektive Gesetze gaben. Geblieben war davon nur, daß Dichten immer noch bedeutete, überlieferte Motive geschickt neu zu formen, geblieben war auch das Rationale und Artistische dieser Kunst. Noch nicht erschienen waren die Ordnungen der folgenden Jahrzehnte des Idealismus: der Glaube an das Genie, das aus innerem Müssen eine eigene Welt schöpferisch hinstellt im symbolkräftig-ausdruckhaften Werk, unmittelbar, psychologisch echt, aus der Tiefe des Herzens, in dem es mit dem Göttlichen zusammenhängt. So fehlte der Dichtung der objektiv-metaphysiche Hintergrund des Barock und der subjektiv-metaphysiche Hintergrund des Barock und der subjektiv-metaphysische der Zeit des Idealismus. Sie blieb Literatur, Spiel des ‚Witzes', Ausformung galanter Motive, bezogen auf die Gesellschaft des Rokoko. Ihr fehlt die Tiefe, doch sie besitzt Formgewandtheit, Treffsicherheit und Leichtigkeit." (Hamburger Ausgabe, Bd. 1, S. 442)

Ziehen wir daraus Konsequenzen für die Beschaffenheit des lyrischen Bildes, so wird klar, daß auch hier Bilder, wenn man sie überhaupt verwendet, bewußt gesucht werden, daß die Natur als Staffage benutzt wird und der Dichter die innere Einheit mit ihr noch nicht kennt. Erst wenn wir uns das vergegenwärtigen, wird die besondere Leistung der Sesenheimer Lieder in vollem Ausmaß deutlich. Der Umschwung von den pointierten Wendungen der anakreontischen Gedichte zu der Echtheit des Gefühls ist total. Was uns in diesem Zusammenhang interessiert, ist die Rolle der Natur, denn sie tritt in den Liebesgedichten immer wieder in den Vordergrund. Während im Barock und in der Anakreontik der Dichter die Natur benutzte, um seinen lyrischen Gegenstand auszuschmücken, zeigen Goethes Sturm und Drang – Gedichte mit ihrer oft volksliedhaften Einfachheit, daß die Distanz zwischen Mensch und Natur völlig aufgehoben ist, daß menschliches Gefühl und Natur verschmelzen. Die Natur ist für den Dichter der Sesenheimer Lieder so direkt und unmittelbar ein Teil seiner selbst und seines Lebensgefühls, daß jegliche Reflexion über sie ausgeschaltet wird. Die Sesenheimer Lieder sind voller Natur; aber wenn man sich fragt, wie die Bilder in diesen Gedichten beschaffen sind, so fällt die Antwort schwer. Bilder in dem Sinne, wie wir sie bis jetzt untersucht haben, finden sich fast nirgends. Die Gegenstände der Natur verweisen nicht auf etwas Allgemeineres, sie dienen auch nicht zur Ausschmückung. In den Sesenheimer Liedern, besonders im „Mailied“, „bedeuten“ die Naturdinge nichts, sondern sie behalten im Gedicht die Identität mit sich selbst. Sie werden vom Dichter nicht mehr aus der Distanz „angeschaut“, sondern so erlebt, wie sie wirklich sind. Dieses Erlebnis der Einheit mit der Natur gibt der Dichter so direkt und einfach wie möglich wieder, indem er die Namen der Dinge ganz schlicht nennt.

Obwohl wir also in diesem Zusammenhang kaum vom lyrischen Bild als solchem sprechen können, sind die Sesenheimer Lieder für das Gesamtverständnis der Wandlung des lyrischen Bildes doch wichtig. Denn in ihnen ist zum ersten Mal jene subjektive Gefühlsunmittelbarkeit erreicht, die in allen weiteren Phasen ein wesentliches Element des Bildes darstellt. In den Sesenheimer Liedern ist diese Gefühlsunmittelbarkeit noch ausschließlich – die Worte Sonne, Flur, Blüten usw. verweisen nicht auf etwas anderes, sondern meinen einfach diese Dinge selbst. In der Klassik steht dann dem Gefühl das Element der Reflexion gleichwertig gegenüber, so daß hinter der angeschauten und gefühlten Natur die „Idee“ durchscheinen kann.

Didaktisch-methodische Überlegungen

Probleme der Lyrikbehandlung

In den meisten Fällen reagieren die Schüler auf die Bitte, sich mit einem Gedicht näher zu beschäftigen, mit Abwehr. Die Verschlüsselung der Texte, die besonders bei der Lyrik der Gegenwart einen unmittelbaren Zugang zum Text nicht erlaubt, schreckt sie ab. Sie glauben oft, ein Gedicht sei in einer Art Geheimsprache verfaßt, die ihnen unzugänglich sei. Es ist ihnen nicht bewußt, daß jedes Gedicht mit einem relativ geringen Aufwand an poetischem Werkzeug durchleuchtet werden kann. Dabei ist es interessant, zu beobachten, daß die Gedichte unseres Jahrhunderts oft am unverständlichsten, weil am meisten verschlüsselt sind, während wir die Goethes, Brentanos oder Heines wenigstens der oberflächlichen Aussage nach verstehen. (Unsere Unterrichtseinheit sucht dieses Phänomen zu erklären.) Doch auch die Gedichte der Klassik und Romantik bleiben für die Schüler in vielen Fällen nichtssagend, weil sie nicht wissen, welche Fragen sie an das Gedicht stellen, woran sie es messen, womit sie es vergleichen sollen. Aus diesem Grund sind viele Schulbücher dazu übergegangen, themengleiche Gedichte aus verschiedenen Epochen zu kontrastieren (Naturgedichte, Stadtgedichte etc.),um durch den Vergleich der verschiedenen lyrischen Ausformungen des Themas den Schülern das Verständnis zu erleichtern und allmählich von der rein immanenten Analyse zu einer Übersicht über die Epochen zu kommen. Doch auch bei diesem Verfahren findet der Schüler noch keine konkreten Anhaltspunkte zur selbständigen Interpretation. Die Frage: Welches Verhältnis zur Natur spiegelt sich in diesem oder jenem Gedicht? kann er vielleicht beantworten, damit hat er aber weder eine erschöpfende Interpretation geliefert, noch ist ihm damit das Interpretationswerkzeug an die Hand gegeben, mit dem er ein Gedicht selbständig untersuchen könnte. Dazu kommt noch die Gefahr, daß der Epochenbegriff, der in einem solchen Rahmen nur gestreift werden kann, verschwimmt oder zu einseitig festgelegt wird.

Um einen Überblick über die Entwicklung der Gattung Lyrik in den letzten Jahrhunderten zu bieten und dem Schüler gleichzeitig ein intensives Verständnis des einzelnen Gedichts zu vermitteln, genügt es also nicht, ein bestimmtes Thema an den Gedichten verschiedener Epochen zu verfolgen. Wir müssen die Aspekte, auf die hin das jeweilige Gedicht untersucht werden soll, noch näher definieren, um den Schülern die Vorstellung zu nehmen, jedes Gedicht sei subjektiv, absolut, geheimnisvoll und unzugänglich. Auf der Unter- und Mittelstufe hat der Schüler im Rahmen der immanenten Interpretation gelernt, nach Metrum, Rhythmus, Reim und dem Zusammenhang zwischen Form und Inhalt zu fragen und daraus das Gedicht zu erschließen. Können wir dem Oberstufenschüler noch weitere literaturwissenschaftliche Begriffe an die Hand geben, die es ihm ermöglichen, Gedichte aus verschiedenen Jahrhunderten zu vergleichen und auf dem Hintergrund der Zeit, in der sie entstanden sind, zu interpretieren?

Intentionen der Unterrichtseinheit

Unsere Unterrichtseinheit will versuchen, sich im wesentlichen auf die Behandlung einer *Struktur* zu konzentrieren, der Struktur des lyrischen Bildes. Das bedeutet nicht, daß Form und Inhalt der Gedichte in den Hintergrund geraten sollen – im Gegenteil.

Das Gedicht stets als Ganzes zu betrachten und seine einzelnen Komponenten nie isoliert zu analysieren, sollte der oberste Grundsatz jeder Lyrikinterpretation sein. Vielleicht lösen sich die Fragen nach Form und Inhalt sogar von selbst, wenn die Struktur des Bildes in den Mittelpunkt gerückt wird. Der Vorteil der Konzentration auf das Bild besteht darin, daß der Schüler nicht mehr, wie bei der Frage nach dem Thema, mit mehr oder weniger vagen Formulierungen versuchen muß, Eindrücke wiederzugeben, von denen er keine klare Vorstellung hat, weil sie oft auf einem Weltverständnis fußen, das ihm fremd ist – sondern daß er nun, von einem objektiv analysierbaren Element des Gedichts ausgehend, sich ein Vokabular aneignen kann, mit dem es leichter fällt, die Veränderung bestimmter Phänomene in der Lyrik durch die Jahrhunderte zu erklären.

Das lyrische Bild ist ein Element, das der Schüler in fast jedem Gedicht isolieren und in seinem jeweiligen Zusammenhang erklären kann. Im lyrischen Bild verbirgt sich nicht nur die Haltung dessen, der das Gedicht geschrieben hat, sondern weit mehr: die Beziehung des Subjekts zum Objekt, das Verhältnis des Ichs zur Welt, die es umgibt, und zur Sprache, die es spricht oder die zu seiner Zeit gesprochen wird. Damit wäre ein Formelement gefunden, das vielseitiges Material bietet und an dem die Wandlung des menschlichen Verhältnisses zur Wirklichkeit abzulesen ist. Durch Konzentration auf die verschiedenen Erscheinungsformen des lyrischen Bildes und deren Verankerung in den philosophischen oder poetischen Grundgedanken der jeweiligen Epoche entsteht also Kontinuität, und sie macht es möglich, daß die Schüler der Unterrichtseinheit mit Spannung und Interesse folgen, denn sie wollen ja selbst herausfinden, warum ihnen die Lyrik ihrer eigenen Zeit oft so unverständlich ist und an welchem Punkt einer langen Tradition sie sich mit ihrem Verständnis lyrischer Sprache befinden. Ein „roter Faden“ durchzieht die ganze Unterrichtseinheit und sichert die Aufmerksamkeit der Schüler, weil sie nicht, wie sonst bei der Gedichtinterpretation, immer wieder vom Punkt Null ausgehen müssen, sondern, sobald der Begriff geklärt und Goethes zentrales Element eingeführt ist, durch ständiges Zurückgreifen auf schon Bekanntes alles Neue in relativ selbständiger Arbeit erschließen können.

Um noch mehr Einheitlichkeit in die Unterrichtseinheit zu bringen und die Konzentration auf das lyrische Bild zu erleichtern, wurde die Auswahl der Gedichte auch nach thematischen Kriterien vorgenommen. Es handelt sich fast ausschließlich um Liebeslyrik, die einzigen Ausnahmen sind Heines „Wahrhaftig“. Das Verständnis des Zusammenhangs zwischen der Struktur des lyrischen Bildes, der Liebeshaltung und einem Grundgedanken der jeweiligen Epoche sollte, wo möglich, am Ende jeder Gedichtanalyse stehen.

Schwierigkeiten der Unterrichtseinheit und didaktische Konsequenzen

Die größte Schwierigkeit der Unterrichtseinheit besteht darin, daß die Schüler mit relativ vielen Gedichten konfrontiert werden, die sie interpretieren sollen. Die Möglichkeiten des Methodenwechsels sind in diesem Fall recht beschränkt, Anschauungsmaterial gibt es fast keines: um Monotonie zu vermeiden, wurde jedoch soviel Abwechslung und Vielseitigkeit wie möglich eingebracht. Neben den Gedichten stehen theoretische Äußerungen der Dichter selbst – z. B. Goethes Symboldefinition, die für das Verständnis der Einheit von größter Wichtigkeit ist – oder von Zeitgenossen, Briefe, Lexikonartikel, Interpretationen und kurze Textausschnitte zum geistesgeschichtlichen Hintergrund. In vielen Fällen sind diese Texte nötig, um den Schülern bewußtzumachen, mit welchen

Übersicht über die Unterrichtseinheit

Sequenz	Stunde	Inhalte	Intentionen
1 Einleitende Stunden	1	– Was bedeutet der Begriff lyrisches Bild, und welche Ausprägungen des Bildes gibt es?	– Vorläufige Abgrenzung der Begriffe Bild/ Symbol/Chiffre/ sowie Vergleich und Metapher; ihre Bedeutung in der Umgangssprache und in der Literaturwissenschaft
	2	– Vergleich der Gedichte „Call it love“ von Enzensberger und „Nähe des Geliebten“ von Goethe	– Versuch des Verstehens der Bilder – Erkennen des Wandels der lyrischen Sprache seit Goethe – Bestimmen der jeweiligen Haltung des lyrischen Ich
2 Klassik	**3 GK**	– Analyse des Goethe-Gedichts „Früh, wenn Tal . . .“	– Erkennen des Überschreitens von Raum und Zeit im Gedicht, der Beziehung des Ichs zur Natur.
		(Vergabe eines Kurzreferats: Stichworte zur Klassik)	
	4 5 GK	– Bezug von Goethes Tagebüchern zum Gedicht – Anwenden seiner Symboldefinition auf das Gedicht – Was ist klassisch am Gedicht?	– Vergleich der Einmaligkeit des Tagebuchs mit der Allgemeingültigkeit des Gedichts – Entdecken der drei Elemente des Symbols im Gedicht – Bestimmen einiger Grundgedanken der Klassik, die sich im Gedicht spiegeln
		(Vergabe eines Kurzreferats: Zu Goethes biograph. Situation)	
	3 LK	– Analyse des Goethe-Sonetts „Mächtiges Überraschen“	– Erkennen der Sonettform und ihrer Funktion – Übertragen des Naturvorgangs auf den menschlichen Bereich
		(Vergabe eines Kurzreferats: Stichworte zur Klassik)	
	4 5 LK	– Bezug des Sonetts zum Brief der Bettina von Arnim – Goethes Symboldefinition – Was bedeutet „klassisch“?	– Vergleich der Bilder bei Bettina und Goethe – Erkennen der Allgemeingültigkeit von Goethes Bildern – Anwenden von Goethes Symbolbegriff auf das Sonett – Was ist klassisch an der Form des Sonetts, an der Liebesempfindung, am Symbol?
		(Vergabe eines Kurzreferats: Zu Goethes biograph. Situation)	
	6	– Analyse von Goethes „Auf dem See“	– Bestimmen von Metrum und Reim – Zusammenhang Form – Inhalt: Beziehung Ich – Natur in den verschiedenen Teilen? – Bestimmen der Bilder – Erkennen des Symbols („reifende Frucht“)

3 Romantik	7	– Brentano „Der Spinnerin Nachtlied“	– akustischer Eindruck – Erkennen der Klangstruktur (Reime und Vokale!) – Bezug zur Wort- und Bildwahl – Thema des Gedichts? Erkennen des Übergewichts des Gefühls, der Zyklik und Entwicklungslosigkeit
	8	– Novalis: Universalpoesie – Rückbezug auf „Der Spinnerin Nachtlied“ – Vergleich mit Goethes symbolischer Naturanschauung	– Bestimmen des für die Romantik typischen Welt- und Naturbildes – Rückschlüsse auf den Gebrauch der Sprache in der Dichtung – Erkennen der damit zusammenhängenden Eigenart der Bilder in „Der Spinnerin Nachtlied“ – Gegenüberstellung von Goethes Symbol und der romantischen Chiffre und ihrem jeweiligen geistesgeschichtlichen Hintergrund
	9	– Brentano: „Die Abendwinde wehen“	– Anwenden und Vertiefen der oben erarbeiteten Begrifflichkeit
(Vergabe eines Kurzreferats zur politischen und wirtschaftlichen Situation zur Zeit Heines)			
4 Heine	10 11	– Theoretische Texte über Heines Verhältnis zur Romantik – Heine: „Lotosblume“ I und II, „Wahrhaftig“, „Sie saßen und tranken am Teetisch“, „Begegnung“	– Herstellen des Zeitbezugs – Erkennen von Heines innerer Distanz zur Romantik – Welche sprachlichen Möglichkeiten hatte Heine als Spätromantiker? – Unterscheiden der romantischen und der neuen Elemente in der „Lotosblume“ – Erkennen der „Lotosblume II“ als Selbstparodie, des „lyrischen Selbstmordes“ in „Wahrhaftig“, der Ironisierung in „Teetisch“, der Parodie in „Begegnung“, der Verbrauchtheit des lyrischen Bildes zu Heines Zeit
5 Expressionismus	12	– Textausschnitt von Pinthus „Zur jüngsten Dichtung“	– Hinführung zur Erkenntnis des expressionistischen Wirklichkeitsverständnisses – Funktion der Kunst innerhalb der expressionistischen Wirklichkeit? – Vorbereitung auf die Aufgabe des Interpreten expressionistischer Lyrik
	13 GK **14 GK**	– Analyse von Form und Inhalt in Benns Gedicht „Welle der Nacht“ – Behandlung der Bilder in „Welle der Nacht“ und des Gedichts „Ein Wort“ von Benn	– Erkennen von Motivkomplexen und Assoziationsreichtum im Gedicht – Verstehen der Eigengesetzlichkeit von Benns Bildwelt – Begreifen der dichterischen Mittel, die diese Wirkung hervorbringen – Definieren der absoluten Chiffre
	13 LK	– Versuch einer Deutung von Benns „D-Zug“,	– Formulieren von Erwartungen an das Gedicht hinsichtlich der Behandlung von Wirklichkeit

	14 LK	– Benns Gedicht „Ein Wort“	– Erkennen der Situationen/Perspektiven des Gedichts – Finden von Motivkomplexen – Bestimmen einer Grundthematik – Erkennen der Beschaffenheit der expressionistischen Chiffre – Bestimmen der Einstellung Benns zu seinem Schaffen und zur expressionistischen Wirklichkeit
6 Gegenwart	15	– Überlegungen zur Situation des Lesers der modernen Lyrik anhand eines Textes von R. Grimm	– Bewußtmachen der Tatsache, daß der Leser selbst kreativ sein muß – Anwendung dieser Erkenntnis auf das Enzensberger-Gedicht „call it love“ (cf. Std. 2) – Erkennen der absoluten Chiffren in diesem Gedicht
	16	– Die Bilder in I. Bachmanns „Dunkles zu sagen“	– Anregung zum Finden eines eigenen Interpretationsweges – Erkennen der Grundsituation des Gedichts – Belegen durch Schlüsselwörter und genaue Textinterpretation – Erkennen einer Entwicklung im Gedicht, belegt durch Bildstruktur – Einführung des Begriffs lyrisches Paradox
	17	– Fried: „Als ich mich nach dir verzehrte“	– Erkennen, daß eine letzte Konsequenz der Wandlung des lyrischen Bildes der Verzicht auf Bilder sein kann, an ihrer Stelle „reines Sagen“, Spiel mit der Umgangssprache – Bewußtmachen von Frieds Absicht: Infragestellung der Sprache
7 Barock (nur LK)	18 19	– Das Emblem im Barockgedicht: Weckherlins Sonett „An ihre überschönen Augen“. Analyse von Form und Inhalt	– Erkennen der formalen Elemente und Stilfiguren und der dichterischen Absicht: Erhöhung durch Lob. Definition des Emblems (Bild und Deutung, Erklärung!)
8 Rokoko und junger Goethe (nur LK)	20	– Vergleich von Hagedorns „Morgen“ und Goethes „Maifest“	– Feststellen bestimmter Merkmale von Rokoko und den Sesenheimer Liedern: von Distanz und Spielereien zum direkten Ausdruck seelischer Innerlichkeit.

Voraussetzungen sie an die jeweilige Ausprägung des Bildes herangehen müssen.

Auch das Vorgehen bei der Interpretation wird nach Möglichkeit variiert, wobei die Schüler im Verlauf der Unterrichtseinheit allmählich lernen sollen, die Fragen an das Gedicht, an die sie zu Anfang noch herangeführt werden, selbst zu stellen. Detaillierte Modellinterpretationen können an einigen wenigen Gedichten durchgeführt werden, die sich dafür besonders gut eignen (z. B. die Brentano-Gedichte) oder die ohne genaue Analyse unverständlich bleiben (z. B. die von Benn). Ansonsten werden die Gedichte unter klar abgegrenzter Fragestellung und stets in Zusammenhang mit dem vorher Erarbeiteten und dem noch zu Erarbeitenden gesehen. Durch Aufnahmen von gesprochenen und vertonten Gedichten kann das akustische Element verstärkt und der Unterricht aufgelockert werden. Text- und Gedichtvergleich, Protokollieren, Interpretation im gemeinsamen Gespräch oder in selbständiger Arbeit zu Hause, Anwenden von schon Bekanntem auf neue Texte, Umgang mit Arbeitsblättern oder Erstellen von anschaulichen Modellen für komplizierte Gedankenbeziehungen – dies sind nur einige der vielen Möglichkeiten, um diese Unterrichtseinheit abwechslungsreich zu gestalten.

Weitere Schwierigkeiten können auftauchen, wenn den Schülern der Stoff zuviel wird. Aus diesem Grund werden die Themen „Das Bild im Barock“ und „Das Bild in der Anakreontik und beim jungen Goethe“ fakultativ angeboten. Der Lehrer mag selbst entscheiden, wieviel er seiner Klasse zumuten will. Es ist jedoch ratsam, die Stunden von Goethe bis Heine in einem Zug zu behandeln und – möglicherweise nach der Besprechung des Chandos-Briefes – auch die absolute Chiffre anzuschließen, um die innere Logik des Unterrichtsganges nicht zu zerstören.

Vorschläge zur Variation der Unterrichtseinheit

Die Unterrichtseinheit kann sowohl für den Grundkurs als auch für den Leistungskurs verwendet werden. Wenn nötig, werden für Grund- und Leistungskurs gesonderte Stunden konzipiert. Die Stunden über das emblematische Bild und den jungen Goethe sind für das Gesamtverständnis der Unterrichtseinheit nicht notwendig, sie runden jedoch die Übersicht über die Epochen der neueren deutschen Literatur ab. Sie können im Grundkurs ganz weggelassen oder vielleicht später im Schuljahr behandelt werden, um zu vermeiden, daß die Schüler des Themas überdrüssig werden.
Für Schüler, die im Umgang mit Lyrik nicht sehr versiert sind, werden zwei Gedichte problematisch sein: Goethes Sonett „Mächtiges Überraschen“, dessen Inhalt nicht unmittelbar einleuchtet, und Benns „D-Zug“, ein langes und auf den ersten Blick verwirrendes Gedicht. Deshalb bleiben beide Gedichte dem Leistungskurs vorbehalten, während für den Grundkurs leichtere ausgesucht wurden. Ansonsten sind die Variationsmöglichkeiten bei dieser Unterrichtseinheit fast unbegrenzt. Hier nur einige Anregungen:
Der Lehrer könnte z. B. mehr Gewicht auf die Gegenwartslyrik legen und unter der Fragestellung: Warum benutzt der moderne Lyriker eine so verschlüsselte, rätselhafte Sprache? das lyrische Bild nach rückwärts bis zu Goethe verfolgen. Dabei könnte der Bereich „Reflexion über Sprache“ in die Unterrichtseinheit mit eingebracht werden, indem z. B. die Sprache der Werbung oder des Schlagers analysiert wird und man die Schüler auf die Abgedroschenheit und Leere vieler Redewendungen aufmerksam macht, um dann zu fragen: War dieses Problem schon immer vorhanden? Worauf ist es zurückzuführen? Wie reagierten die Dichter der letzten Jahrhunderte darauf? Der Chandos-Brief als wichtigstes Dokument für die

Sprachnot der Moderne wäre hier unerläßlich.

Eine weitere Möglichkeit, die Unterrichtseinheit zu variieren oder zu erweitern, bestünde darin, auch die lyrischen Bilder des Mittelalters zu untersuchen und eventuell eine Beziehung zwischen Mittelalter, Romantik und Sturm und Drang herzustellen. Außerdem könnte auf die eine oder andere Epoche näher eingegangen werden – hier bietet sich z.B. die Romantik an mit einer Untersuchung des lyrischen Bildes bei Eichendorff. Wer die Klassik noch mehr in den Vordergrund rücken wollte, müßte sich auch mit dem lyrischen Bild bei Hölderlin beschäftigen, das sich grundsätzlich von dem Goethes unterscheidet.

Wenn eine größere Konzentration auf die inhaltliche Seite der Gedichte sinnvoll erscheint, dann wäre es möglich, näher auf die verschiedenen Liebeshaltungen einzugehen, die sich in den Gedichten spiegeln, und sie durch den Wandel der Gesellschaft zu begründen.

Darstellung der Einzelstunden

1. Stunde: Klärung des Begriffs Bild und seiner verschiedenen Ausprägungen

Sachinformationen

Nicht nur in den Köpfen der Schüler, sondern oft auch in denen der Lehrer herrscht Verwirrung über die verschiedenen in dieser Unterrichtseinheit verwendeten Begriffe, die um das zentrale Thema des Bildes kreisen. Deshalb ist es wichtig, daß sich Schüler und Lehrer von vornherein auf *eine* bestimmte Terminologie einigen, die für die ganze Unterrichtseinheit gelten soll und in dieser ersten Stunde – allerdings nur vorläufig – festgelegt wird.

Vorläufig bedeutet: Die verschiedenen Bezeichnungen für die Ausprägungen des Bildes werden zunächst gesammelt – meist haben sie auch noch eine zweite Bedeutung in der Alltagssprache, die den Schülern vielleicht geläufiger ist und von der deshalb im Unterricht ausgegangen werden kann. Dann muß die Abgrenzung zwischen der alltäglichen und der poetischen Bedeutung erfolgen. Dieser Schritt darf nicht mehr unbedingt von den Schülern erwartet werden, so daß an dieser Stelle der Lehrer Informationen einbringen kann. Nun bleiben jedoch die hier genannten Begriffe für die Schüler noch leer, sie können keine präzise Vorstellung damit verbinden. Es ist die Aufgabe der Unterrichtseinheit, die Begriffe für die Schüler mit Leben zu erfüllen und zu präzisieren. Durch die hier vorgenommene erste Festlegung wird ein Ausblick auf die Begrifflichkeit der Einheit gegeben, so daß im weiteren Verlauf die Bezeichnungen von den Schülern wiedererkannt, inhaltlich gefüllt und richtig angewendet werden können. So entsteht in dieser Stunde eine Arbeitsgrundlage und Orientierungshilfe.

Auf S. 11f. wurden die Begriffe bereits definiert und in Beziehung zueinander gesetzt; die kurze schematische Zusammenfassung auf S. 29 gibt einen Überblick über die vorläufigen Fixierungen.

Stundenverlauf

Phase 1:
Hinführung auf den Begriff lyrisches Bild

Der Lehrer fragt einleitend nach den Bauelementen im weitesten Sinn, die bei einer Gedichtinterpretation in Betracht gezogen werden müssen. Die Schüler werden zunächst auf rein formale Elemente verweisen und Reim, Metrum, Rhythmus und Strophenbau aufzählen. Kommt der Begriff des Bildes nicht von den Schülern, so kann der Lehrer einen Impuls geben: Wie unterscheiden sich die folgenden Äußerungen voneinander?

- Es ist Herbst.
  „Die Blätter fallen, fallen wie von weit,
  Als welkten in den Himmeln ferne Gärten.“
  (Rilke)

- Es ist Frühling.
  „Frühling läßt sein blaues Band
  Wieder flattern durch die Lüfte.“
  (Mörike)

- Es ist Mitternacht.
  „Gelassen stieg die Nacht an Land,

(Vergleich)	Bild	(Metapher)
Aus zwei gesonderten Bereichen wird Gemeinsames (tertium comparationis) durch „wie“ verbunden.	**Emblem** (Barock) Deutung wird vom Dichter dem eigentlichen Bild nachgeliefert **Symbol** (Klassik) läßt hinter dem Besonderen, Sinnlich-Anschaulichen das Typische ahnen, großer Beziehungsreichtum **Chiffre** (Romantik und Gegenwart) verschlüsseltes Bild, vom Leser nicht direkt auflösbar	Keine Ausprägung des lyrischen Bildes (im Sinne von Killy), deshalb in dieser UE nicht behandelt. Das lyrische Bild meint *mehr,* als es sagt, die Metapher *etwas anderes.* Sie ist zweigliedrig (wörtliche und übertragene Bedeutung), tertium comparationis meist nicht mehr feststellbar. („Absolute Metapher“ kann mit „absolute Chiffre“ gleichgesetzt werden, weil wirklich etwas anderes gemeint ist, als gesagt wird)

Lehnt träumend an der Berge Wand,
Ihr Auge sieht die goldne Waage nun
Der Zeit in gleichen Schalen stille ruhn.“
(Mörike)

– Wir lieben uns.
„Deine Seele, die die meine liebet
Ist verwirkt mit ihr im Teppichtibet.
Strahl um Strahl, verliebte Farben,
Sterne, die sich himmellang umwarben.“
(Lasker-Schüler)

Die Schüler werden erkennen, daß die lyrische Äußerung nicht in abstrakten Begriffen, sondern in anschaulichen Bildern spricht, welche die Sinne des Lesers oder Hörers anregen – besonders den Gesichtssinn. Nun kann der Lehrer weiterfragen: Welche Arten von Bildern sind den Schülern aus ihrem Umgang mit Lyrik bekannt, wie lauten die Bezeichnungen dafür? Die verschiedenen Antworten werden gesammelt – möglichst an der Tafel – und erste Erklärungen dazu von den Schülern werden in den Raum gestellt, aber vom Lehrer noch nicht ausführlich kommentiert.

Phase 2:
Abgrenzung der Begriffe

Diese Phase dient dazu, eine Arbeitsgrundlage aus den vorher nur angedeuteten Begriffen zu schaffen. Das soll dadurch geschehen, daß sich die Schüler über die genaue Bedeutung der Bezeichnungen bewußt werden, am besten ausgehend von der Alltagssprache, wo ja auch oft von Symbol oder Chiffre die Rede ist oder Vergleiche gebraucht werden. Zu diesem Zweck wird eine tabellarische Übersicht – in Form eines Tafelanschriebs oder als vorstrukturiertes Arbeitsblatt – erarbeitet (vgl. Rückseite des Stundenblatts). Gemeinsam wird die Rubrik „Eigenschaften“ für Vergleich, Metapher, Symbol und Chiffre ausgefüllt. Die Spalte für die Beispiele bleibt noch frei. Für den Vergleich gilt in der dichterischen Sprache die gleiche Erklärung wie in der Umgangssprache (nur die Beispiele sind verschieden, was dann in der nächsten Phase zu beachten ist). Für Symbol und Chiffre finden die Schüler sicher eine Erklärung in bezug auf die Umgangssprache, ebenso für die Metapher. Nun bleibt es dem Lehrer überlassen, ob er für die dichterische Verwendung dieser drei Begriffe schon jetzt vorläufige Definitionen als Richtlinien liefern will, wie sie hier in der Übersicht vorgeschlagen sind, oder ob er es vorzieht, diese Spalten noch frei zu lassen und die Schüler darauf hinzuweisen, daß sie am Ende der Unterrichtseinheit in der Lage sein werden, die richtigen Erklärungen einzusetzen. Wichtig ist aber noch der Hinweis des Lehrers darauf, daß Vergleich und Metapher in dieser Unterrichtseinheit gar keine bzw. eine sehr kleine Rolle spielen und daß im Zentrum der Betrachtungen die verschiedenen Formen des Bildes stehen werden, von denen hier erst zwei angedeutet sind.

Phase 3:
Ergebnissicherung durch Finden von Beispielen

Indem die Schüler nun in Partner- oder Gruppenarbeit Beispiele zu den neu formulierten Begriffen suchen (mit Ausnahme von Symbol – dichterisch, Chiffre – dichterisch und Metapher – dichterisch, die am Ende der Unterrichtseinheit eingesetzt werden können), zeigen sie, daß ihnen die Formulierungen klar sind. Noch einmal muß betont werden, daß sich die Schüler von vorgefaßten Meinungen darüber, was ein Symbol oder eine Metapher in der lyrischen Sprache darstelle, befreien sollten, weil es Ziel der Unterrichtseinheit ist, diese Bezeichnungen genau zu klären, und daß besonders die Metapher so, wie sie bisher von den Schülern verstanden wurde, in dieser Unterrichtseinheit keine Rolle spielt.

Phase 4:
Information über den Stellenwert der Stunde innerhalb der UE

In einem kurzen abschließenden Vortrag macht der Lehrer auf die Intentionen der Unterrichtseinheit aufmerksam, um den Zusammenhang dieser Einführungsstunde mit dem kommenden Stoff herzustellen. Dabei sollten folgende Punkte erwähnt werden:

- Bis jetzt haben wir bei der Lyrikbehandlung meist Form und Inhalt analysiert und aus ihrem Zusammenspiel das Gedicht zu erschließen versucht.
- Wir sind also von außen an das Gedicht herangegangen, haben darüber nachgedacht, wie das Gedicht auf uns wirkt und wie diese Wirkung zustandekommt.
- In den kommenden Stunden wollen wir uns weniger mit thematischen und formalen Aspekten befassen, sondern einen Blick in die Werkstatt des Dichters werfen. Das lyrische Bild ist ein wesentliches Element fast aller Lyrik, und wir wollen untersuchen, wie der Dichter jeweils zu der Form des Bildes kommt, die in seinem Werk vorherrscht.
- Dabei müssen wir auch das Weltverständnis berücksichtigen, das der Dichter in sein Werk einbringt, z. B. sein Verhältnis zur Natur, zur Sprache, zu seinem künstlerischen Schaffen, das in gewisser Weise die Grundgedanken der literarischen Epoche widerspiegelt, die den Dichter prägt.
- Wenn wir diese Entwicklung durch die Jahrhunderte verfolgen, können wir vielleicht unseren eigenen Standpunkt im Verhältnis zur Sprache genauer bestimmen und durch den historischen Zugang im Vergleich lernen, die Formen der Lyrik zu durchschauen und die Entwicklung nachzuvollziehen, die zu unserer Gegenwartslyrik geführt hat.

Wenn anschließend noch Zeit zu einem Gespräch ist, könnten die Schüler ihr Vorwissen über die Epochen und ihre Vorlieben oder Schwierigkeiten bei der Gedichtinterpretation einbringen und ihre Erwartungen an die Unterrichtseinheit formulieren.

Lernziele

Die Schüler
- lernen, die Begriffe Vergleich, Symbol, Chiffre und Metapher voneinander abzugrenzen
- machen sich Gedanken über den Stellenwert des lyrischen Bildes innerhalb des Gedichts
- werden darauf vorbereitet, daß das lyrische Bild einem historisch nachvollziehbaren Wandlungsprozeß unterworfen ist

2. Stunde: Einführung in die Problematik der Bildlichkeit durch Vergleich zweier Gedichte

Sachinformationen

a) Fachliche Analyse

Im Mittelpunkt der Stunde stehen zwei Gedichte, Goethes „Nähe des Geliebten" und Enzensbergers „Call it love" (vgl. S. 32 und 33). Ziel dieser Stunde ist es nicht, beide Gedichte ausführlich zu interpretieren. Auf das Enzensberger-Gedicht und seine Bilder wird bei der Behandlung der Gegenwartslyrik noch einmal eingegangen. Der Vergleich zweier ganz gegensätzlicher Liebesgedichte, zwischen denen mehr als zwei Jahrhunderte liegen, soll der Einführung in die Problematik dienen und Fragen aufwerfen, die später beantwortet werden. Der Rahmen von Goethe und der Klassik bis zur Lyrik unserer Gegenwart, innerhalb dessen sich die Unterrichtseinheit bewegt, wird hier zum ersten Mal abgesteckt.
Schon bei der ersten Begegnung mit den beiden Gedichten wird klar, daß Goethes „Nähe des Geliebten" aus einer inneren Harmonie und Einheit mit der Natur heraus entstanden ist und daß diese Harmonie es dem lyrischen Ich ermöglicht, eine seelische Verbindung mit dem Geliebten herzustellen, so daß die räumliche Ferne nicht als schmerzliche Spannung empfunden wird. Die Gegenstände der Natur sind beseelt; die Liebe läßt das lyrische Ich in ihnen den Geliebten sehen, hören und fühlen. Die Aussage ist klar und einfach, es kommen nirgends komplizierte Satzkonstruktionen vor, die Naturdinge werden einfach beim Namen genannt und erhalten durch die Verbindung mit dem Gedanken an den Geliebten ihre besondere Bedeutung.
Das Enzensberger-Gedicht steht dazu im stärksten Gegensatz. Schon die Überschrift stellt die Liebe in Frage. Das Gedicht entzieht sich dem Verständnis, der Satzbau ist kompliziert, die Bilder sind nicht direkt zugänglich.

b) Methodische Überlegungen

Die Schüler sollen selbst bemerken, wie unterschiedlich ihr Zugang zu den beiden Gedichten ist und ihre Schwierigkeiten formulieren. Sie sind als Leser unmittelbar von den Problemen betroffen, die bei der Interpretation des Enzensberger-Gedichts entstehen. Dadurch werden Aufmerksamkeit und Neugierde geweckt, und so wird Motivation geschaffen. Warum erscheint der moderne Text, der uns doch zeitlich so viel näher steht als der Goethes, so verschlüsselt? Was hat sich in der Sprache und im Weltverständnis in diesen zwei Jahrhunderten geändert, und wie könnte es möglich werden, auch zu verschlüsselten Formen einen Zugang zu finden? So wird den Schülern unmittelbar die Notwendigkeit deutlich, die verschiedenen Schritte dieser Wandlung festzuhalten, um die jeweilige Ausprägung des Bildes auf dem Hintergrund einer bestimmten Epoche zu erkennen und als Resultat der sich ständig ändernden Einstellung des Menschen zu seiner Umwelt und Sprache zu erklären.
Diese Stunde sollte von der Eigeninitiative

Nähe des Geliebten

Ich denke dein, wenn mir der Sonne Schimmer
Vom Meere strahlt;
Ich denke dein, wenn sich des Mondes Flimmer
In Quellen malt.

Ich sehe dich, wenn auf dem fernen Wege
Der Staub sich hebt;
In tiefer Nacht, wenn auf dem schmalen Stege
Der Wandrer bebt.

Ich höre dich, wenn dort mit dumpfem Rauschen
Die Welle steigt.
Im stillen Haine geh ich oft zu lauschen,
Wenn alles schweigt.

Ich bin bei dir, du seist auch noch so ferne,
Du bist mir nah!
Die Sonne sinkt, bald leuchten mir die Sterne.
O wärst du da!

J. W. v. Goethe

Aus: Goethe, Werke, Hamburger Ausgabe, Hrsg. E. Trunz, München 1978, C. H. Beck Verlag, Bd. 1, S. 242/43

der Schüler getragen werden. Je mehr Fragen sie zu den Gedichten und den Unterschieden zwischen ihnen stellen, je mehr sie sich durch das Enzensberger-Gedicht verwirren lassen, desto größer ist die Chance, daß echte Betroffenheit entsteht, die die Schüler dazu veranlaßt, dem roten Faden der Unterrichtseinheit bis zum Schluß zu folgen.

Stundenverlauf

Phase 1:
Vorstellen der Gedichte

Zunächst sollten die beiden Gedichte still, dann laut gelesen werden, damit ein akustischer Eindruck entsteht. Schon beim Lesen wird das Enzensberger-Gedicht wegen seiner undurchsichtigen Satzstruktur Schwierigkeiten bereiten. Nun werden die Schüler spontan auf das Gedicht reagieren und Bemerkungen über Form und Inhalt machen – je weniger gezwungen und je freier diese Phase verläuft, um so besser. Der Lehrer kann sich hier großenteils zurückhalten. Sicher werden über das Enzensberger-Gedicht negative Äußerungen fallen, weil die Schüler es nicht sofort verstehen. Der Lehrer sollte in diesen Fällen nachhaken und die Schüler dazu veranlassen, präziser zu formulieren, was sie nicht verstehen (Form, Inhalt, Satzbau usw.).

Phase 2:
Präzisierung der Schwierigkeiten

Das bildet die Überleitung zum zweiten Unterrichtsschritt, bei dem die Schüler in Stillarbeit etwas lernen sollen, was eigentlich als selbstverständlich vorausgesetzt, jedoch von den wenigsten beherrscht wird: nämlich die Kunst, präzise Fragen an ein Gedicht zu stellen. Eine Kunst deshalb, weil durch treffende Fragestellung bereits die halbe Gedichtinterpretation geleistet ist und diese Tatsache auch für jede andere Textinterpretation gilt. Sobald die Schüler dieses Vorgehen beherrschen, können sie jeden Text bis zu einem gewissen Punkt selbständig analysieren. Genaue Formulierung von Fragen an den Text sollte während dieser Unterrichtseinheit immer wieder geübt werden. Dies ist die sicherste Methode, der Abwehrhaltung entgegenzuwirken, die viele Schüler vor allem der Lyrik gegenüber einnehmen und die oft deshalb entsteht, weil die Schüler abschalten, sobald sie mit etwas Unbekanntem konfrontiert werden, anstatt dieses Unbekannte als Herausforderung zu betrachten und in Angriff zu nehmen. Nur wenn die Fragen in Stillarbeit schriftlich formuliert werden, ist anzunehmen, daß jeder Schüler sich wirklich selbst Gedanken macht und diese schriftlich klar ausdrückt. Die Ergebnisse werden dann im Plenum vorgetragen.

Phase 3:
Bestimmen der Thematik der Gedichte

Aufgabe des Lehrers ist es nun, diese Ergebnisse zu ordnen und aus ihnen eigene Grundfragen herauszukristallisieren. Dabei kann zuerst vom allgemeinen Aspekt der Gedichte ausgegangen werden. Schon die

Call it love

Jetzt summen in den nackten Häusern die Körbe
auf und nieder
lodern die Lampen
betäubend
schlägt der April durchs gläserne Laub
springen den Frauen die Pelze im Park auf
ja über den Dächern preisen die Diebe den Abend
als hätte wie eine Taube aus weißem Batist
als hätte unvermutet und weiß und schimmernd
die Verschollene hinter den Bergen, den Formeln,
die Ausgewiesne auf den verwitterten Sternen,
ohne Gedächtnis verbannt
ohne Paß ohne Schuhe
sich niedergelassen auf ihre bittern
todmüden Jäger
Schön ist der Abend

H. M. Enzensberger

Aus: H. M. Enzensberger, Verteidigung der Wölfe, Frankfurt 1957, Suhrkamp Verlag, S. 21

Überschriften zeigen, daß sie beide mit Liebe zu tun haben, und wie verschieden der Begriff Liebe in beiden Gedichten angegangen wird. Durch die Frage nach den Erscheinungsformen der Liebe bei Goethe und Enzensberger werden die Schüler dazu veranlaßt, sich zuerst allgemein zum Thema zu äußern, und dadurch ergeben sich von selbst weitere Fragen: Wo kommt in „Call it Love“, außer in der Überschrift, Liebe überhaupt noch vor? Ist sie es vielleicht, die das ungenannte Subjekt des ganzen letzten Satzteils („als hätte wie eine taube aus weißem batist ... todmüden jäger“) darstellt, und wie sind die Attribute und Vergleiche zu deuten, die auf sie verweisen („die Verschollene“, „die Ausgewiesne“, „verbannt“, „ohne Paß ohne Schuhe“, „wie eine Taube aus weißem Batist“)? Warum ist die Liebe auf diese Weise personifiziert? Wie läßt sich diese Erscheinungsform der Liebe mit der bei Goethe vergleichen? Auf ein paar Stichworte reduziert, werden die wichtigsten Beiträge an der Tafel festgehalten.

Phase 4:
Klären der Rolle des lyrischen Ich

Die Untersuchung der Unterschiede kann nun mit zwei weiteren Leitfragen fortgesetzt werden: Welche Haltungen des lyrischen Ich gegenüber der Natur/der Umwelt und welche gegenüber dem Thema Liebe sind bei Goethe und Enzensberger festzustellen? Diese Phase kann in Partner- oder Gruppenarbeit, aber auch in fragend-entwickelndem Unterrichtsgespräch erfolgen.
Bei Goethe ist das Ich ein Teil der Natur und fühlt in ihr die Gegenwart des Geliebten. Bei Enzensberger ist die Natur durch die Technik überlagert, und die Liebe ist ein abstraktes, nicht greifbares Gebilde in der Distanz. (Die Frage nach der Beziehung des lyrischen Ich zu seiner Umwelt wird im Verlauf der Unterrichtseinheit an fast jedes Gedicht gestellt werden, denn die Form des lyrischen Bildes ergibt sich letzten Endes direkt aus dieser Beziehung.)

Phase 5:
Zusammenfassung der Ergebnisse

Anschließend sollen sich die Schüler in einem zusammenfassenden, vergleichenden Gespräch über die Gedichte, besonders aber über den unterschiedlichen Sprachgebrauch Gedanken machen. Wäre es auch heute noch einem Dichter möglich, eine tiefe Empfindung in der Sprache Goethes zu äußern und dabei überzeugend zu wirken? Warum nicht? Warum kann Enzensberger das deutsche Wort Liebe nicht mehr verwenden, sondern muß das englische Äquivalent einsetzen? Was ist mit unserer Sprache seit Goethe geschehen?
Ein Hinweis auf Schlagertexte oder Werbung kann, kommt er nicht von den Schülern selbst, vom Lehrer in den Raum gestellt werden. Vielleicht wurde in einer Unterrichtseinheit „Reflexion über Sprache“ schon über die Verflachung und Entleerung der Gegenwartssprache und deren Konsequenzen gesprochen, dann können die Schüler auf Bekanntes zurückgreifen. Um zu den nächsten Stunden überzuleiten, kann der Lehrer andeuten, daß die Entwicklung, aus der wir hier zwei Extreme herausgegriffen haben, sich allmählich vollzogen hat und daß wir die gegenwärtige Situation der (dichterischen) Sprache besser verstehen werden, wenn die verschiedenen Entwicklungsstufen genau untersucht sind.

Lernziele

Die Schüler
- lernen, präzise Fragen an ein Gedicht zu stellen
- erkennen, daß sich Goethes und Enzensbergers dichterische Ausdrucksmöglich-

keiten grundsätzlich voneinander unterscheiden
- führen diese Tatsache auf den Unterschied zurück, der zwischen der Einstellung des Menschen im 20. Jahrhundert zu seiner Umwelt und jener im 18. Jahrhundert besteht

3. Stunde: Goethe „Früh, wenn Tal, Gebirg und Garten“ (Grundkurs)

Sachinformationen

Die folgenden drei Stunden sind aufs engste miteinander verbunden. Ihr Ziel ist es, Goethes Symbolbegriff am Beispiel des Gedichts „Früh, wenn Tal, Gebirg und Garten“ (vgl. S. 36) einsichtig zu machen. Dabei soll zunächst eine immanente Interpretation des Gedichts versucht und dann durch das Heranziehen von Information über Goethes biographische Situation und von theoretischen Äußerungen Goethes über seine Dichtung der Hintergrund aufgehellt werden, aus dem das Gedicht entstanden ist. Durch dieses Vorgehen wird den Schülern der Eindruck vermittelt, sich durch eigene Gedankengänge etwas Konkretes erarbeitet zu haben. Die Fragen, die in der immanenten Analyse offen bleiben, können mit Hilfe der theoretischen Äußerungen geklärt werden; und die Schüler erhalten einen Einblick in die verschiedenen Umstände, Empfindungen und Gedankengänge, die Goethe dazu veranlaßten, ein Gedicht zu schreiben.
Wie „Mächtiges Überraschen“, dessen Behandlung dem Leistungskurs vorbehalten bleibt, ist Goethes Dornburger Gedicht „Früh, wenn Tal, Gebirg und Garten“ geeignet, um zu zeigen, was der Begriff symbolisch bedeutet. Allerdings ist seine Symbolik nicht so dicht wie die des Sonetts, sondern auf *einen* Vorgang beschränkt (Aufund Untergang der Sonne). Auch fällt es aus der Reihe der Liebesgedichte heraus; es ist ein reines Naturgedicht. Es hat jedoch den großen Vorzug, einfacher und weniger komplex zu sein als das Sonett, deshalb bietet es sich eher für den Grundkurs an.
Leichter ist dieses Gedicht, weil sein symbolischer Kern unmittelbar aus der Natur genommen ist, ohne den Umweg über einen weiteren Text, wie ihn der Brief Bettinas bei „Mächtiges Überraschen“ darstellt; weil wir durch Goethes Tagebucheintragungen die Entstehung des Gedichts genau nachvollziehen können und dadurch der „Anlaß“ präzise definiert ist; weil wir uns nicht mit der Sonettform auseinanderzusetzen brauchen und weil der Inhalt unmittelbar zugänglich ist.

a) Fachliche Analyse

Das Gedicht schildert in drei kurzen Strophen einen Naturvorgang, der vom lyrischen Ich beobachtet wird und Gefühle in ihm weckt.
In der ersten Strophe wird sogleich mit dem Wort „früh“ die Zeit festgelegt: es ist Morgen. Der Blick wandert von „Thal und Gebirg“ in der Ferne zum näher liegenden Garten mit seinen Blumen. Bewegung liegt in dieser Strophe nicht nur im Wandern des Blicks vom Großen zum Kleinen, in den aufsteigenden Nebeln und in dem Sich-Färben der Blumen, sondern auch in dem Gefühl, mit dem der Sprecher den Vorgang betrachtet: sehnlichstes Erwarten. Dieses Gefühl zeigt, wie intensiv das lyrische Ich an dem Aufsteigen des Morgens beteiligt ist; daß es nicht nur beobachtet, sondern sich in tiefem Einklang mit der Natur befindet.
In der zweiten Strophe wendet sich der Blick nach oben, wo sich auch am Himmel der anbrechende Morgen abzeichnet. Die Bewegung aus der ersten Strophe ist nun auf Wolken und Wind übertragen, Klarheit folgt auf Nebel, und zur Buntheit der Blumen gesellt sich das Blau des Himmels.

Dornburg, September 1828

Früh, wenn Tal, Gebirg und Garten
Nebelschleiern sich enthüllen,
Und dem sehnlichsten Erwarten
Blumenkelche bunt sich füllen;

Wenn der Äther, Wolken tragend,
Mit dem klaren Tage streitet,
Und ein Ostwind, sie verjagend,
Blaue Sonnenbahn bereitet,

Dankst du dann, am Blick dich weidend,
Reiner Brust der Großen, Holden,
Wird die Sonne, rötlich scheidend,
Rings den Horizont vergolden.

J. W. v. Goethe

Aus: Goethe, Werke, Hamburger Ausgabe, Hrsg. E. Trunz, München 1978, C. H. Beck Verlag, Bd. 1, S. 391

Bis zu diesem Punkt wölbt sich über beide Strophen ein großer Spannungsbogen, der nun seine Auflösung erwartet. Das ganze Gedicht besteht aus einem einzigen Satz, wobei die beiden ersten Strophen eine Bedingung enthalten, signalisiert durch das jeweils die Strophe einleitende „wenn"; in der dritten Strophe folgt dann der Hauptsatz. Dabei liegt der besondere Reiz dieser letzten Strophe in ihrem nicht eindeutig festzulegenden Satzbau. Die beiden ersten Zeilen haben eine doppelte Funktion. Sie geben mit ihrem „dann" sowohl die Antwort auf die beiden „wenn" der ersten und zweiten Strophe und lösen dadurch die Spannung, sie schaffen aber auch neue, indem sie selbst wieder als Konditionalsatz fungieren. Wenn du – das lyrische Ich, welches vorher im „sehnlichsten Erwarten" verborgen war, redet sich hier selbst an – dieses großartige Schauspiel bewußt in dir aufnimmst und der Sonne dankst, dann wird sie im Scheiden „den Horizont vergolden".

Der Schwebezustand und die Überraschung, die dieser Satzbau hervorruft, spiegeln die eigenartige Wendung des Inhalts wieder. Die Erfüllung der Bedingung liegt nämlich in der Zukunft: „wird die Sonne ...", sie verläßt die Szene des Morgens und überspringt den Tag, der auf den Morgen folgen sollte. Sie macht statt dessen halt am Ende der „Sonnenbahn", das den Abend bringt, einen goldenen Abend als Erfüllung der Bedingung. Beim Lesen oder Hören des Gedichts wird jedoch dieser Zukunftscharakter nicht unmittelbar bewußt, der Abend folgt so direkt auf den Morgen, daß beide zusammen wie ein Moment erscheinen.

Das Gedicht umfaßt also in drei kurzen Strophen einen ganzen Tag. Der Erlebnischarakter, der noch in den beiden ersten Strophen entdeckt werden kann – das lyri-

sche Ich als Zeuge des anbrechenden Morgens –, wird in der letzten Strophe aufgehoben. Hier wird deutlich, daß es sich nicht um die Schilderung eines konkreten Sommermorgens, sondern um eine umfassende, allgemeine Wahrheit handelt, die sich nicht mehr in Raum und Zeit vollzieht, sondern in weiteren Dimensionen. Hinter dem Tag schimmert ein menschliches Leben durch, hinter der Erfüllung der Bedingung Freude, Vertrauen und Zuversicht.
Die Überschrift „September 1828" deutet darauf hin, daß ein solcher Morgen wirklich erlebt wurde, das Erlebnis des lyrischen Ich geht aber über diesen konkreten Morgen hinaus, denn es ist so intensiv – hauptsächlich aufgrund der völligen Einheit des lyrischen Ich mit der Natur –, daß es den Sprecher sowie den Leser des Gedichts für eine höhere Erkenntnis öffnet.

b) Methodische Überlegungen

Bevor die Schüler mit Hilfe von weiteren Texten verstehen können, inwiefern das Gedicht symbolisch ist, müssen sie durch die immanente Analyse selbst auf die Fragen stoßen, die sich bei der Beschäftigung mit dem Gedicht ergeben. Beim ersten Lesen fällt ihnen sicher der „Anachronismus" des Gedichts nicht auf, es genügt aber nicht, daß sie vom Lehrer darauf aufmerksam gemacht werden. Sie müssen so weit kommen, daß sie bei der Interpretationsarbeit alles Auffällige entdecken und hinterfragen. Eine präzise, Schritt für Schritt vorgehende Arbeit am Text ist deshalb notwendig und das kurze Gedicht eignet sich auch gut hierfür. Im weiteren Verlauf der Unterrichtseinheit rückt dann der Aspekt des Bildes bei der Interpretation immer mehr in den Mittelpunkt.
Um dann die Aufmerksamkeit der Schüler darauf zu lenken, wie Goethe sein eigenes Dichten erklärt und beurteilt, sollen die Äußerungen (1) und (2) (vgl. S. 40) herangezogen werden. Wir verlassen hier den Bereich der immanenten Analyse und leiten über zu dem biographischen Material, das in den folgenden Stunden den Schülern helfen soll, den Entstehungsprozeß des Gedichts und seinen Symbolgehalt zu verstehen.

Stundenverlauf

Die folgenden Phasen müssen nicht unbedingt in der Reihenfolge ablaufen, wie sie hier festgehalten sind. Die Reaktion der Schüler sollte im Vordergrund stehen, möglicherweise sind in ihr schon alle wichtigen Punkte enthalten, die dann nur noch strukturiert werden müssen.

Phase 1:
Begegnung mit dem Gedicht

Wenn die Schüler nach stillem und lautem Lesen mit dem Gedicht vertraut sind, sollten sie möglichst spontan äußern, was sie damit anfangen können, oder ihre Fragen formulieren. Es sollte versucht werden, den Inhalt der drei Strophen in einem Satz wiederzugeben oder das Thema des Gedichts zu bestimmen. Die Schwierigkeiten, die dabei auftauchen, leiten zu den nächsten Interpretationsschritten über.

Phase 2:
Klären des Inhalts

Nach der Formulierung der ersten Eindrükke im Gespräch folgt nun eine Stillarbeitsphase, in der für jede der drei Strophen ein Stichwort gefunden und Auffallendes festgehalten werden soll. Die Paraphrase könnte z.B. so aussehen:
Zeile 1–4: Erste Anzeichen des kommenden Morgens in Landschaft und Garten.
Zeile 4–8: Vorzeichen des Sonnenaufgangs am Himmel

Zeile 9 und 10: Reaktion des betrachtenden lyrischen Ich

Zeile 11 und 12: Abend (Erkennen des zeitlichen Sprungs, der neuen Perspektive)

Die Schüler sollten in der Auswertung der Stillarbeit folgende Punkte ansprechen oder aber im fragend-entwickelnden Verfahren durch den Lehrer darauf hingeführt werden:

1. Beschreiben Sie die Haltung des lyrischen Ich.
– Das lyrische Ich nimmt nicht als distanzierter Beobachter, sondern als seelischer Beteiligter am Naturvorgang teil.
2. Was sieht das lyrische Ich? Folgen Sie seinem Blick.
– Der Blick wandert von der Weite in die Nähe, von der Erde zum Himmel.
3. Was haben die Verben gemeinsam? Inwiefern beleben sie das Gedicht?
– Sie vermitteln Bewegung: Steigen des Nebels, Streiten von Wolken und Wind, Aufgehen und Scheiden der Sonne.
4. Achten Sie darauf, was das Auge außer der Landschaftsszene und der Bewegung noch wahrnimmt.
– Die Farben von Morgen und Abend: vom Grau des Himmels zum Bunt der Blumen, das Blau des Morgenhimmels, Rot und Gold des Abendhimmels.
5. Was erfahren wir über die Reaktion des lyrischen Ich auf den Naturvorgang, den es beobachtet?
– Seine Empfindungen begleiten den Wechsel von Morgen zu Abend: Erwarten, Dank, Freude.
6. Was fällt in der letzten Strophe auf?
– Die plötzliche, unerwartete Wendung vom Morgen zum Abend hin.

Phase 3:
Analyse des Satzbaus

Mit der Besprechung dieser Fragen ist jedoch der Sinn des Gedichts noch nicht erfaßt. Erst wenn der Satzbau mit seinen Bedingungen und ihrer Erfüllung erklärt ist, stößt man zum Kern der Aussage vor.
Im Unterrichtsgespräch kann in folgenden Schritten vorgegangen werden:

a) Analyse des Satzbaus
Strophe 1 und 2: Zwei „wenn“-Sätze, beidesmal ist die Konjunktion konditional und temporal aufzufassen.
Strophe 3: Zeile 1 und 2 Konditionalsatz, enthält „dann“, das eine erste Antwort auf die beiden „wenn“ gibt, aber noch keine endgültige Lösung der Spannung schafft, da eine neue Bedingung gestellt wird.
Zeile 3 und 4 Hauptsatz. Erfüllung der Bedingung, Lösung des Spannungsbogens, der das ganze Gedicht umfaßt.

b) Deutung
Der Satzbau folgt dem Lauf der Sonne. Ihr Aufgehen und der Beginn des Tages werden durch den Aufbau der Spannung in den beiden „wenn“–Sätzen angedeutet, ihr Untergehen und das Ende des Tages durch die Lösung der Spannung im Hauptsatz. Diese Lösung ist jedoch ganz unerwartet, da ein zeitlicher Sprung stattfindet, der zeigt, daß das Gedicht nicht das sinnliche Erlebnis eines Morgens wiedergibt, sondern eine geistige Erfahrung, die über die Dimensionen von Raum und Zeit hinausgeht.

Phase 4:
Zusammenfassung der Grundaussage

Die Schüler versuchen nun, die Grundstimmung oder -aussage in wenigen Sätzen schriftlich zu formulieren, wobei sie das vorher Erarbeitete als Grundlage benutzen.
Das Ergebnis könnte folgendermaßen aussehen:
Das Gedicht deutet nicht nur die Erfahrung eines Morgens und das Wissen um einen schönen Abend an, sondern ein ganzes Leben, in dem durch die tiefe Verbundenheit mit der Natur und die Dankbarkeit für deren

Schönheit Freude, Geborgenheit und Zuversicht herrschen.

Phase 5:
Klären von Goethes Arbeitsweise

Am besten läßt man die Schüler an dieser Stelle Vermutungen darüber äußern, wie Goethe wohl dazu kam, ein solches Gedicht zu verfassen, und in welcher Situation er sich befunden haben mag. Sicher stellen sich die Schüler vor, daß er selbst das Anbrechen des Morgens beobachtete und dabei seine Gedanken, die ja nicht an Raum und Zeit gebunden sind, schon den Abend vorausnahmen. Als Überleitung zur nächsten Stunde, wo der Entstehungsprozeß des Gedichts genau verfolgt wird, soll nun anhand der Äußerungen 1 und 2 auf dem Textblatt (vgl. S. 40) ein erster Einblick in die Arbeitsweise des Dichters Goethe gegeben werden.
In Partnerarbeit werden folgende Leitfragen stichwortartig beantwortet:

1. Was versteht Goethe unter „historisch" (im Gegensatz zum heutigen Gebrauch des Worts)?
   - Beim Verfassen von Lyrik wird von wirklich geschehenen, zeitlich festlegbaren Anlässen ausgegangen, Lyrik hat ihre Wurzeln in der nachprüfbaren Realität des täglichen Lebens.
2. Welche Schlüsse über Goethes Arbeiten können Sie aus diesen Äußerungen ziehen?
   - Goethe verarbeitete konkrete Ereignisse oder Erfahrungen, um, von ihnen ausgehend, allgemeinere Wahrheiten zu formulieren.
3. Wie würden Sie Goethes Verhältnis zu seiner Umwelt, seine Beziehung zur Natur beschreiben?
   - Goethe ist mit seiner Umwelt vertraut und nimmt sie aktiv in sich auf. Die Natur ist für ihn beseelt; indem er sie anschaut, offenbart sich ihm nicht nur ihre oberflächliche Erscheinung, sondern eine tiefere Wahrheit, die er dann im Gedicht formuliert.

Diese Gedanken sollen die Schüler bei der Bearbeitung der Hausaufgabe selbständig weiterdenken. Was hier über Goethes Schaffen allgemein festgestellt wurde, soll nun am konkreten Beispiel des Dornburger Gedichts nachgeprüft werden. Zuvor können die Schüler den Schritt zu den Tagebucheintragungen selbst leisten, indem sie sich überlegen, auf welche Weise wir bei unseren Nachforschungen über Goethe uns Informationsmaterial beschaffen könnten über die uns bekannte Entstehungszeit des Gedichts. Als Hausaufgabe werden den Schülern die entsprechenden Eintragungen Goethes (vgl. Text S. 41) zum Lesen aufgegeben mit der offenen Frage nach den feststellbaren Zusammenhängen zwischen dem Gedicht und Goethes Beobachtungen zu der Zeit, in der das Gedicht geschrieben wurde.
An einige Schüler wird eine Sonderaufgabe vergeben. Sie sollen sich in einem Lexikon über das Stichwort „Klassik" informieren.

Lernziele

Die Schüler
- erkennen, daß in dem Gedicht die Dimensionen von Raum und Zeit überschritten werden und daß sich in ihm eine allgemeine menschliche Erfahrung spiegelt
- sehen, wie Goethe seine Umwelt zur Quelle seiner künstlerischen Werke macht

4./5. Stunde: Erarbeitung von Goethes Symboldefinition (Grundkurs)

Sachinformationen

Die Gedankenschritte, die nun folgen, sind so eng miteinander verbunden, daß es sich empfiehlt, sie in einer Doppelstunde zu behandeln.

a) Fachliche Analyse

In den folgenden beiden Stunden interessiert uns der Entstehungsprozeß des Gedichts, weil er uns Aufschluß gibt über die Eigenart des Goetheschen Symbols, dessen Wurzeln in den „historischen" Erfahrungen liegen, die Goethe zur Zeit der Entstehung des Gedichts machte. Die Tatsache, daß Goethe viele seiner Beobachtungen in seinen Tagebüchern festhielt, erleichtert uns den Einblick in die Werkstatt des Dichters.
Seine Aufzeichnungen der Sommer- und Septembertage (vgl. Text S. 41) geben uns den „historischen" Anlaß des Gedichts: den Blick von der Terrasse, das Beobachten von Himmel, Wolken und Nebel. In dem Ausdruck des Dichters „Heilige Frühe ward empfunden" übermitteln sie uns noch mehr: die intensive innere Beteiligung, mit der Goethe das Aufsteigen des Morgens als einen Vorgang empfindet, der ihn dem Göttlichen näherbringt und die in der Sprache des Gedichts seinen Ausdruck sucht.

Äußerungen Goethes:

1. „Höchste Lyrik ist entschieden historisch."[1]
2. „Was von meinen Arbeiten durchaus uns so auch von den kleineren Gedichten gilt, ist, daß sie alle, durch mehr oder minder bedeutende Gelegenheit aufgeregt, im unmittelbaren Anschauen irgendeines Gegenstandes verfaßt worden, deshalb sie sich nicht gleichen, darin jedoch übereinkommen, daß bei besonderen äußeren, oft gewöhnlichen Umständen ein Allgemeines, Inneres, Höheres dem Dichter vorschwebte."[2]
3. „Das Wahre, mit dem Göttlichen identisch, läßt sich niemals von uns direkt erkennen, wir schauen es nur im Abglanz, im Beispiel, Symbol, in einzelnen und verwandten Erscheinungen; wir werden es gewahr als unbegreifliches Leben und können dem Wunsch nicht entsagen, es dennoch zu begreifen. Dies gilt von allen Phänomenen der faßlichen Welt . . ."[3]
4. „Die Symbolik verwandelt die Erscheinung in Idee, die Idee in ein Bild, und so, daß die Idee im Bild immer unendlich wirksam und unerreichbar bleibt und, selbst in allen Sprachen ausgesprochen, doch unaussprechlich bliebe. – Das ist die wahre Symbolik, wo das Besondere das Allgemeine repräsentiert, nicht als Traum und Schatten, sondern als lebendig-augenblickliche Erfahrung des Unerforschlichen."[4]

Zitiert nach:
[1] W. Killy, Wandlungen des lyrischen Bildes, Göttingen 1958, S. 10
[2] s.o. S. 18
[3] Goethe, Werke, Hbg. Ausgabe, München 1962, Band 13, S. 305
[4] Goethe, Werke, Hbg. Ausgabe, München 1963, Band 12, S. 470f.

Aus einem gewöhnlichen Sommer- und Herbstmorgen wird durch eine tiefe Empfindung also ein besonderer Anlaß, hinter dem sich eine menschliche Erfahrung verbirgt. Wenn man den Morgen des Gedichts mit der Tagebucheintragung vergleicht, so wird deutlich, daß die konkrete Erfahrung vieler verschiedener Dornburger Morgen sich zu einem einzigen dichterischen Morgen zusammenfügt, in dem die Essenz der Beobachtungen und Gefühle mehrerer „historischer" Momente enthalten ist. Das bedeutet, daß die historische Zeit verlassen wurde zugunsten der dichterischen Zeit, in welcher sich eine dauerhafte Erkenntnis manifestiert, die wir auch nach mehr als 150 Jahren noch nachvollziehen können. Es erklärt auch, warum der Vorausblick auf den Abend in einem Morgengedicht enthalten sein kann: denn es geht ja nicht mehr um einen konkreten Morgen, wie im Tagebuch, sondern um die simultane Gegenwart vieler Morgenstunden, in denen das Wissen um den Abend enthalten ist. Hier wechseln wir vom sinnlichen Bereich, der durch Bewegung und Farben im Gedicht angesprochen wird, zum geistigen über:

„Aber wenn es darum geht, den großen Anachronismus zu denken, daß alle diese Momente zugleich anwesend sind in der einen Lebenszeit, alle Morgen eine ganze Ewigkeit von Morgen repräsentieren, so müssen wir – mit Goethe zu reden – aus dem Reiche der Erfahrung in das der Idee schreiten. Dieser Schritt ist denkend nicht vollziehbar." (Killy, S. 15)

Damit haben wir bereits alle drei Elemente der Symboldefinition erfaßt: die „Erschei-

Aus Goethes Dornburger Tagebüchern

„8.7. Früh in der Morgendämmerung das Thal und dessen aufsteigende Nebel gesehen . . . Ganz reiner Himmel, schon zeitig steigende Wärme . . . Abends vollkommen klar. Heftiger Ostwind.

12.7. Gegen fünf Uhr allgemeiner dichter, hoch in die Atmosphäre verbreiteter Nebel. (Er war, wie ich hörte, seit zwei Uhr aus der Saale aufgestiegen.) Erst gegen sieben Uhr ward die untere Straße, der Fluß und die nächsten Wiesen, sodann, als der Nebel weiter sank, die gegenüber sich hinziehenden Bergrücken sichtbar. Nach und nach hatte er sich ganz nieder gesenkt, doch schwebte noch ein merklicher Duft ausgebreitet über dem Thale. Der Himmel war ganz heiter geworden, schön blau, besonders an der Abendseite.

18.8. Vor Sonnenaufgang aufgestanden. Vollkommene Klarheit des Thales. Der Ausdruck des Dichters: heilige Frühe ward empfunden. Nun fing das Nebelspiel im Thale seine Bewegung an, welches mit Südwestwind wohl eine Stunde dauerte, und sich außer wenigen Streifwolken in völlige Klarheit auflöste . . .

5.9. Starker Nebel schwankend zwischen Niedergehen und Aufsteigen, sich gegen ersteres hinneigend. Der ober Himmel mit Cirrus besäet, die untere Atmosphäre besonders gegen Osten mit Cumulus besetzt, welche nach und nach ihren Character verloren und in Regen drohende Wolken übergingen. Barometer 27″ 7½‴; Nordwind, der die Atmosphäre nicht aufzuklären vermochte.

7.9. Starker Nebel; als er sich vertheilte, ging ich auf die Terrasse.

8.9. Diktirte einiges Meteorologische für Zelter. Abends auf der Terrasse. Hoher Barometerstand, schöner Tag."

Zitiert nach: W. Killy, Wandlungen des lyrischen Bildes, Göttingen 1958, S. 11/12.

nung", den „Anlaß", die Dornburger Herbstmorgen mit dem tiefen Eindruck, die sie auf den Dichter machen, die Idee des einen, zeitlosen Morgens, das „Urphänomen" (Killy), das zugleich den Abend mit einbegreift, und das Bild der Morgenlandschaft, der aufgehenden und scheidenden Sonne.

Das Gedicht als Ganzes ist also symbolisch, weil es hinter dem Naturbild eine höhere, allgemeine Erfahrung durchschimmern läßt, in der sich das Wissen um Geborgenheit in der Natur und Zuversicht in die göttliche Kraft offenbaren, die hinter allem steht. Hier werden Grundgedanken der Klassik manifest: die Vorstellung des Menschen mit der „reinen Brust", des „sittlichen Menschen" (Killy), der sich in tiefer Harmonie mit der Natur befindet und in ihr den Abglanz des Göttlichen erblickt (die Sonne als die „Große", „Holde"); die Dankbarkeit zeigt, daß der dankende Mensch sich seines Platzes in der Naturordnung bewußt ist und Gott als seinen Schöpfer erkennt; die tiefe Erlebnisfähigkeit, die aus der ungebrochenen Harmonie mit der lebendigen, beseelten Natur entspringt; und das Gesetz der Vollendung des Tages- oder Lebenslaufes im Abend, das mit großer Zuversicht formuliert wird. (Davon abgesehen ist schon die Idee des Symbols selbst ein Ausdruck des Weltverständnisses der Klassik, vgl. dazu das Killy-Zitat in den Vorbemerkungen zur 4./5. Stunde des Leistungskurses.

b) Methodische Überlegungen

Die Schüler lernen durch die genaue Analyse des Gedichts und die Untersuchung der Umstände seiner Entstehung zuerst die Praxis kennen – nämlich das Gedicht als Resultat und das Tagebuch als Ausgangspunkt – und werden dann mit Goethes Symboldefinition (vgl. die Äußerungen 3 und 4, S. 40) konfrontiert. Auf diese Weise wird das Vorgehen ganz selbstverständlich, denn jeder neue Schritt ist die Antwort auf eine Frage, die im vorhergehenden aufgeworfen wurde. Die Schüler werden vom Anschaulichen immer näher an das Gedankliche herangeführt. Das garantiert ihre Motivation und Mitarbeit eher als die umgekehrte Methode. Auch werden sie durch die Einbeziehung von theoretischen Texten mit literaturwissenschaftlichen Methoden vertraut gemacht. Bei dem Verweis auf die Klassik sollte an Bekanntes angeknüpft werden. Vielleicht wurde vorher die „Iphigenie" behandelt – so daß die Schüler nicht zuviel neues Material auf einmal verarbeiten müssen und dadurch entmutigt werden.

Stundenverlauf

Phase 1:
Auswertung der Hausaufgabe

Die Schüler tragen ihre Beobachtungen über den Zusammenhang zwischen den Tagebucheintragungen und dem Gedicht vor. Um Ordnung in die Stichworte zu bringen, die sich die Schüler notiert haben, können folgende Leitfragen gestellt werden:

1. Welche Naturgegenstände aus dem Gedicht haben Sie in den Aufzeichnungen wiedergefunden?
– Aufsteigenden Nebel, Wolken, Wind, Tal und Bergrücken, Bläue des Himmels
2. Von wo aus beobachtet das Ich den Sonnenaufgang?
– Der Blick von der Terrasse wird zweimal erwähnt.
3. Erfahren wir aus dem Tagebuch etwas über die Empfindungen des Beobachters? Und wie sind sie zu deuten?
– Die Formulierung „Heilige Frühe ward empfunden" deutet darauf hin, daß der Dichter nicht nur aus der Distanz meteorologische Beobachtungen anstellt, sondern daß das Naturereignis religiöse Gefühle in ihm weckt, ihn dem Göttlichen

näherbringt. In der letzten Strophe des Gedichts finden wir diese Empfindung wieder.

An dieser Stelle könnte auch auf die Verwendung des Wortes „rein“ in den Aufzeichnungen und im Gedicht hingewiesen werden. Goethe spricht unter dem 8. 7. vom reinen Himmel, im Gedicht dankt das Ich reiner Brust der Sonne. Das Ich ist so sehr eins mit der Natur, daß sich diese in seinen Empfindungen spiegelt.

Phase 2:
Klären des Entstehungsprozesses

Mit Hilfe der theoretischen Äußerungen Goethes aus der vorigen Stunde (vgl. S. 40) sollen die Schüler nun dem Entstehungsprozeß des Gedichts nachgehen und bestimmen, in welchem Verhältnis das Gedicht zu den Tagebucheintragungen steht. Am besten geschieht dies im Gespräch, dessen Ergebnisse dann kurz an der Tafel festgehalten werden. Es ist notwendig, dabei von Goethes Bemerkungen über seine Arbeitsweise auszugehen, die in der letzten Stunde behandelt wurden und nun am konkreten Beispiel verdeutlicht werden. Wir besitzen also drei Informationsquellen: das Gedicht, das Tagebuch und die theoretischen Reflexionen, die Auskunft darüber geben, wie sich die Beobachtungen des Tagebuchs zum Gedicht verwandeln. Wir können dem Dichter bei seiner Arbeit über die Schulter schauen und fragen: Wo finden wir im Falle des Dornburger Gedichts den Gegenstand, aus dessen „unmittelbarem Anschauen“ das Gedicht verfaßt wird, und wie tritt er im Gedicht zutage? Inwiefern ist das Gedicht „historisch“? Warum fühlt sich Goethe überhaupt gedrängt, aus seinen Notizen ein Gedicht zu machen, was ist die „mehr oder minder bedeutende Gelegenheit“? Worin besteht das Allgemeine, das dem Dichter vorschwebt? Die Schüler vergleichen mit Hilfe dieser Fragen das Material des Tagebuchs mit dem Resultat des Gedichts. Das Ergebnis wird in einem Tafelanschrieb festgehalten (vgl. Stundenblatt).

Phase 3:
Goethes Symboldefinition

Damit sind wir bei den drei Elementen von Goethes Symboldefinition angelangt, die nun gelesen wird (vgl. S. 40). Nach all der Vorarbeit dürfte es jetzt für die Schüler ein leichtes sein, in Stillarbeit die drei Elemente des Symbols voneinander zu isolieren und sie mit ihren eigenen Worten zu erklären, um sie dann mit Goethes Äußerungen über seine Arbeitsweise in Einklang zu bringen.

1. *Erscheinung, Anlaß*: das „Historische“, die „mehr oder minder bedeutende Gelegenheit“, „besondere äußere, oft gewöhnliche Umstände“, eine ganz bestimmte menschliche Erfahrung, ein Erlebnis.
2. *Idee:* die allgemeine, gesetzmäßige Wahrheit, die dem Dichter dabei vorschwebt, das Innere, Höhere, das Wahre, Göttliche, Unbegreifliche, Unaussprechliche.
3. *Bild:* entsteht durch „unmittelbares Anschauen irgendeines Gegenstandes“, z. B. eines Naturvorgangs, und deutet auf die Idee hin (Beispiel: Sonnenauf- und -untergang).

→ TA

Phase 4:
Umsetzen der Ergebnisse in ein graphisches Modell

Um sicherzustellen, daß den Schülern die Beziehung zwischen den drei Elementen klar ist, aus denen sich das Symbol zusammensetzt, sollen sie versuchen, diese Beziehung durch ein graphisches Modell zu erfassen. Dabei kommt es vor allem darauf an, daß die Ausgewogenheit der Bildelemente dargestellt und daß gezeigt wird, wie sich Konkretes, objektiv Anschauliches und Gedankliches die Waage halten. Eine mögliche

Darstellungsweise findet sich auf dem Stundenblatt.

Phase 5:
Rückbezug der Erkenntnisse auf das Gedicht

Um nun den Kreis zu schließen, kommen wir wieder auf das Gedicht zurück und fragen, wie Anlaß, Idee und Bild in ihm verwirklicht sind. Im Grunde ist diese Frage durch den Tafelanschrieb schon beantwortet, nur mit etwas anderer Terminologie. Es kommt nun darauf an, zu sehen, wie aus dem angeschauten Gegenstand, nämlich der Landschaft, dem Himmel und dem Sonnenaufgang, das Bild wird, aus der „mehr oder minder bedeutenden Gelegenheit" die „Erscheinung", nämlich die Empfindung des Dichters, und daß es die Idee des dankbar erfahrenen Lebenstages ist, die dem Dichter vorschwebt. Diese Begriffe können dann in eine vierte Spalte des Tafelanschriebs eingetragen werden.

Phase 6:
Hinweis auf den Epochenhintergrund

Mit dem Hinweis auf die Entstehungszeit des Gedichts, das in Goethes klassische Periode fällt, werden die Schüler darauf aufmerksam gemacht, daß die Form des Bildes korrespondiert mit dem geistesgeschichtlichen Hintergrund, aus dem heraus es entstanden ist. Es wird an den Vergleich zwischen dem Goethe- und dem Enzensberger-Gedicht erinnert, bei dem dieser Zusammenhang angesprochen wurde.
Wie können wir nun festlegen, was das Symbol mit den Grundgedanken der Klassik zu tun hat? Dazu ist notwendig, daß die Schüler zuerst formulieren, was sie über die Klassik wissen. Am besten geschieht das durch „Brainstorming", um die konzentrierte Arbeit an Texten etwas aufzulockern. Wenn der Lehrer vermutet, daß über die Klassik nur sehr wenig bekannt ist, hat er in der vorherigen Stunde einige Schüler gebeten, den Begriff in einem Lexikon nachzuschlagen. Es sollten bestimmte Stichworte fallen wie:
- Vollendung, geschlossene Form
- Ideal des in sich ruhenden, schönen Menschen
- „edle Einfalt und stille Größe"
- harmonische Übereinstimmung von Gemüt und Verstand
- Humanität
- Ideale des Guten, Wahren, Schönen
- Natur durch Gott geordnet
- Mensch beseelt die Natur, fühlt sich ihr verwandt
- Erleben des Weltganzen im Gefühl der Einheit
- Sich-Fügen in die Naturgesetze
- Bändigung, Formung, Harmonie zwischen sinnlichem Trieb und Vernunftgesetzen.

(Vgl. Frenzel, Daten deutscher Dichtung)

Phase 7:
Anwendung der Stichworte zur Epoche auf das Gedicht

Im letzten Schritt können die Schüler nun selbst herausfinden, was an dem Gedicht klassisch ist. Spontane Äußerungen werden in zwei Aspekte eingeteilt:

a) Was ist klassisch am Inhalt des Gedichts?
   - der reine, sittliche Mensch im Anblick des Schönen
   - die Beseelung der Natur und die Harmonie des Menschen mit ihr
   - das Erkennen der göttlichen Ordnung und Gesetzmäßigkeit hinter den Erscheinungen der Natur
   - das Sich-Fügen in diese Ordnung
   - das Wissen um die Wahrheit ihrer ewigen Wiederkehr und die daraus resultierende Zuversicht

b) Inwiefern spiegelt das Symbol Grundgedanken der Klassik wider?
   - Ausgewogenheit zwischen Natur und Geist, Anschauung und Idee

- Harmonie und Schwebezustand der Bildelemente
- das Element des Höheren, der Idee, in der sich das Göttliche spiegelt
- seine Schönheit

Als Hausaufgabe sollen Reimschema und Metrum von „Auf dem See" vorbereitend analysiert und erste Zusammenhänge zwischen Form und Inhalt festgestellt werden. Ein Kurzreferat wird vergeben, das über Goethes biographische Situation zur Zeit der Entstehung von „Auf dem See" informieren soll. Als Material dient die Zusammenfassung im WS Arbeitsbuch, S. 12 und 13.

Lernziele

Die Schüler
- begreifen den Entstehungsprozeß des Dornburger Gedichts und seine Allgemeingültigkeit im Vergleich zu den Tagebüchern
- entdecken die drei Elemente von Goethes Symbol im Gedicht
- bestimmen den Begriff klassisch
- erkennen, wie sich einige Grundgedanken der klassischen Epoche im Gedicht spiegeln

3. Stunde Goethe „Mächtiges Überraschen" (Leistungskurs)

Sachinformationen

Die folgenden drei Stunden sind aufs engste miteinander verbunden. Ihr Ziel ist es, Goethes Symbolbegriff am Beispiel des Sonetts „Mächtiges Überraschen" (vgl. S. 46) einsichtig zu machen. Dabei soll zunächst eine immanente Interpretation des Gedichts versucht und dann durch das Heranziehen von Information über Goethes biographische Situation und von theoretischen Äußerungen Goethes über seine Dichtung der Hintergrund aufgehellt werden, aus dem das Gedicht entstanden ist. Durch dieses Vorgehen wird den Schülern der Eindruck vermittelt, sich durch eigene Gedankengänge etwas Konkretes erarbeitet zu haben. Die Fragen, die in der immanenten Analyse offen bleiben, können mit Hilfe der theoretischen Äußerungen geklärt werden; und die Schüler erhalten einen Einblick in die verschiedenen Umstände, Empfindungen und Gedankengänge, die Goethe dazu veranlaßten, ein Gedicht zu schreiben.

a) Fachliche Analyse

Das Sonett ist das erste innerhalb des Zyklus von 1807/08. Ein Naturvorgang wird in ihm dargestellt, der bei genauerem Hinsehen auf den menschlichen Bereich übertragen werden kann.

Im ersten Quartett folgt das Element Wasser in seiner Bewegung den Gesetzen der Natur: vom Gebirge fließt es dem Tal und dem Ozean zu. Dabei ist das Adjektiv „unaufhaltsam" bedeutend; das Streben des Wassers ist durch nichts zu hemmen – der syntaktische Fluß unterstützt diese Vorstellung.

Das zweite Quartett bringt eine plötzliche Änderung dieses Zustandes. Das Adjektiv „dämonisch" zu Beginn des Satzgefüges und die Konjunktion „aber" signalisieren diesen Umschwung und bilden den Beginn eines Spannungsbogens, der erst in Zeile 3 und 4 gelöst wird. Hier erfahren wir, wer stürzt, nämlich Oreas, die Bergnymphe, und was dieser Sturz bewirkt: der „unaufhaltsame" Lauf des Wassers zum Ozean hin ist aufgehalten. Das Element Erde gebietet durch einen Bergrutsch dem Element Wasser Einhalt.

I
Mächtiges Überraschen

Ein Strom entrauscht umwölktem Felsensaale,
  Dem Ozean sich eilig zu verbinden;
  Was auch sich spiegeln mag von Grund zu Gründen,
  Er wandelt unaufhaltsam fort zu Tale.

Dämonisch aber stürzt mit einem Male –
  Ihr folgten Berg und Wald in Wirbelwinden –
  Sich Oreas, Behagen dort zu finden,
  Und hemmt den Lauf, begrenzt die weite Schale.

Die Welle sprüht und staunt zurück und weichet
  Und schwillt bergan, sich immer selbst zu trinken;
  Gehemmt ist nun zum Vater hin das Streben.

Sie schwankt und ruht, zum See zurückgedeichet;
  Gestirne, spiegelnd sich, beschaun das Blinken
  Des Wellenschlags am Fels, ein neues Leben.

Aus: Goethe, Werke, Hamburger Ausgabe, Hrsg. E. Trunz, München 1978, C. H. Beck Verlag, Bd. 1, S. 293

Im ersten Terzett wird beschrieben, wie das Wasser auf die neuen Gegebenheiten reagiert. Der Fluß, durch die heruntergefallenen Felsbrocken gestaut, wird zum See. Die Bewegung, die in der 1. und 2. Zeile des Terzetts noch zu spüren ist, kommt in der 3. allmählich zur Ruhe. Der Gebrauch des Partizips Perfekt des Verbs aus dem 2. Quartett, „gehemmt", deutet das unausweichliche Ende der Bewegung an.
Das zweite Terzett schildert die Neuordnung der Elemente. Der Fluß ist nun ein See, seine ursprünglich unaufhaltsame Bewegung auf das Tal zu ist durch den Wellenschlag am Fels ersetzt, Beruhigung ist nach der Katastrophe eingetreten, und in der damit entstandenen Stille liegt „ein neues Leben". Nun ist es möglich, daß die Gestirne sich spiegeln – ein Zustand, der im ersten Quartett noch nicht erreicht werden konnte.
Das Gedicht (zur detaillierten Analyse vgl. Schlütter) macht also eine Aussage über die überraschende Änderung eines Zustandes von Bewegung und Erregung über allmähliche Beruhigung zur Stille, die durch die Spiegelung, das neue Leben, den Sinn erhält, der vorher in der Bewegung lag. Bewegung kann mit Streben im menschlichen Leben gleichgesetzt werden, verweist vielleicht auf Forschen, Arbeit. Dieses Streben wird durch ein plötzliches Ereignis gehemmt. Die Bewegung auf ein Ziel hin, die vorher den Sinn eines menschlichen Lebens bildete, wird unterbrochen, Ruhe tritt ein, und damit entsteht ein neuer Sinn, angedeutet durch die sich spiegelnden Gestirne.
Der Vorgang als solcher ist äußerst bildhaft. Er führt uns Szenen aus der Natur vor Augen: die Bewegung des Stroms, die Naturkatastrophe, das Entstehen des Sees, die Spie-

gelung der Gestirne, hinter denen wir den menschlichen Bereich erblicken können. (Ein Vergleich mit Goethes Gedicht „Gesang der Geister über den Wassern“, in dem ebenfalls die Bewegung von oben nach unten und die sich spiegelnden Gestirne vorkommen und das mit der Zeile beginnt „Des Menschen Seele gleicht dem Wasser“, unterstützt diese Behauptung.) Eine bestimmte menschliche Erfahrung, hinter der sich eine allgemeine Aussage über das menschliche Leben verbirgt, ist in einem großen Naturbild wiedergegeben. Das Gedicht als Ganzes – nicht die einzelnen Stadien des Vorgangs oder die einzelnen Naturelemente – ist also symbolisch, weil die Balance zwischen der im Gedicht enthaltenen Naturanschauung und der dahinter durchscheinenden dauernden Wahrheit vollkommen ist. (Das sei hier vorweggenommen, den Schülern wird das Symbolische des Gedichts erst in der übernächsten Stunde zum Bewußtsein gebracht.)

b) Methodische Überlegungen

Das Sonett ist kein einfaches Gedicht, von den Schülern wird deshalb auch keine erschöpfende Interpretation erwartet. Wichtig sind drei Punkte:
- Die Schüler sollen die Sonettform erkennen und erklären können. Das kann geleistet werden, indem die Quartette und Terzette jeweils auf ihre Grundaussage hin untersucht und dann verglichen werden, z.B. Bewegung – Hemmen der Bewegung, Neuordnung – Beruhigung.
- Die Schüler müssen den hier geschilderten Naturvorgang nachvollziehen können.
- Sie müssen sich das Potential an „Bedeutung“ bewußtmachen, das in ihm verborgen ist und auf eine menschliche Erfahrung verweist.

Wenn nun der Entstehung des Gedichts weiter nachgegangen wird, ist der Bereich der immanenten Analyse verlassen, und die biographische Interpretationsmethode zeigt den Schülern, wie wissenschaftlich gearbeitet werden kann.

Stundenverlauf

Phase 1:
Klären des Inhalts

Den Schülern wird das Sonett zunächst ohne Leitfragen zum stillen und lauten Lesen vorgelegt. Es ist anzunehmen, daß dann Fragen gestellt werden. Wahrscheinlich ist nicht jedem Schüler der Ablauf des Naturvorgangs sofort klar. Die Beantwortung der Fragen, die die Klärung des Inhalts betreffen, sollte aber eher von den Mitschülern als vom Lehrer kommen.

Phase 2:
Analyse der Sonettform

Der Lehrer greift erst ein, wenn die Sonettform ins Gespräch kommt. Eine kurze Wiederholung dessen, was die Schüler über das Sonett wissen, ist zu empfehlen. Dabei sollten die Antworten (nicht unbedingt in der hier beschriebenen Ausführlichkeit) zu folgenden Fragen von den Schülern kommen:

1. Wie läßt sich die typische Sonettform beschreiben?
- 2 Quartette, 2 Terzette, oder: Oktett und Sextett
- Reimschema abba abba cde cde (entspricht dem Petrarca-Sonett)

2. Zur Darstellung welcher Inhalte eignet sich diese Form besonders gut?
- Strenge Form erlaubt die Verarbeitung gedanklicher Inhalte, These und Antithese können einander gegenübergestellt werden, eine stufenweise Entwicklung kann Thema sein.

3. Stichworte zur Geschichte des Sonetts
- Petrarca (14. Jahrhundert), Shakespeare (16./17. Jahrhundert), Gryphius (Ba-

rock), außerdem Goethe, Rilke, George u. a. m.
- Die Epoche des Barock war besonders fruchtbar für das Sonett, weil der Dualismus des damaligen Denkens im Sonett gut zum Ausdruck kommen konnte.

4. Warum hat Goethe für das Gedicht „Mächtiges Überraschen" die Sonettform gewählt?
- Quartette 1 und 2 bilden starke Gegensätze. Im ganzen Gedicht vollzieht sich eine Entwicklung, in der jedes Quartett und Terzett eine neue Stufe bildet und die in den letzten beiden Zeilen ihren Endpunkt findet.

Phase 3:
Deutung des Sonetts

Der Schritt vom anschaulichen Bereich des Gedichts – der Schilderung des Naturvorgangs – zum Erkennen der dahinter durchscheinenden menschlichen Erfahrung sollte möglichst von den Schülern geleistet werden, ohne daß allzu präzise Leitfragen nötig sind. Eine Hinführung kann erfolgen durch den Verweis auf die Formulierung „zum Vater hin das Streben" und auf „ein neues Leben". Die Schüler werden dann von selbst darauf kommen, daß „Streben" eine menschliche Tätigkeit ist und daß mit dem „Vater" Gott gemeint sein könnte. Vielleicht werden sie auch auf die Personifizierungen aufmerksam (der Strom wandelt, der Berg erscheint in der mythischen Form einer Nymphe, die Welle „staunt zurück" und „trinkt", die Gestirne „beschaun"), die ebenfalls darauf verweisen, daß ein Zusammenhang zwischen Mensch und Natur hergestellt wird.
Die Schüler können Vermutungen darüber anstellen, wie der Begriff Streben zu deuten sei – als Leben auf ein Ziel hin, Forschen, Arbeit – und welche Art von „Bergsturz" verändernd in ein solches Leben eintreten könnte: ein Unglück? eine Liebe? Das Vakuum, das an dieser Stelle entsteht, weil es unmöglich ist, mit der rein immanenten Interpretation weiterzukommen, wird in den nächsten Phasen durch Vorlegen von biographischem Material (vgl. S. 50) aufgefüllt.

Phase 4:
Klären von Goethes Arbeitsweise

Nachdem nun die Frage im Raum steht: was veranlaßte Goethe, ein solches Gedicht zu schreiben?, werden den Schülern die Äußerungen Goethes vorgelegt (vgl. S. 40), von denen sie sich zunächst mit dem Text (1) und (2) beschäftigen sollen. Drei Leitfragen, zu denen in Stillarbeit kurz Stichworte notiert werden können, tragen zum besseren Verständnis des Textes bei.
Die Schüler sollen sich bewußtmachen, was der Begriff „historisch" in diesem Zusammenhang bedeutet, und sie sollen sich Gedanken machen über Goethes Arbeitsweise als Dichter und über sein Verhältnis zu seiner Umwelt. Wenn klar geworden ist, daß „historisch" hier bedeutet: ausgehend von einem realen, anschaulichen Geschehen; daß Goethe die Gegenstände seiner Dichtung direkt aus dem ihm umgebenden Leben und aus der Natur greift und konkrete Anlässe künstlerisch verarbeitet; daß er nicht aus der Isolation eines Elfenbeinturms heraus dichtet, sondern mit seiner Umwelt in engstem Kontakt steht und sie direkt in sich aufnimmt, dann sind die Schüler auf weitere Schritte vorbereitet, die zum Verständnis der Symboldefinition hinführen.

Phase 5:
Verweis auf Goethes biographische Situation

Im folgenden wird die Antwort auf die Frage gegeben, welches konkrete Ereignis nun im Falle von „Mächtiges Überraschen" Goethe zum Dichten veranlaßt haben könnte. Die Schüler sollten darauf aufmerksam gemacht werden, daß wir bei Goethe nie lange

zu forschen brauchen, um auf persönliche Erlebnisse und ihre Verarbeitung in seinem Werk zu stoßen, weil er uns besonders in seiner Autobiographie „Dichtung und Wahrheit“ – dort allerdings vermischt mit „Dichtung“ – aber auch in seinen Briefen und anderen Schriften genügend Information geliefert hat.
Es ginge über den Rahmen dieser Stunde hinaus, Goethes Gesamtsituation zu dieser Zeit zu berücksichtigen. Aus der Sekundärliteratur (Killy und Schlütter) seien folgende Fakten zusammengefaßt, die als Kurzinformation durch den Lehrer eingebracht werden können:
Goethe war 1807 58 Jahre alt und befand sich aus verschiedenen Gründen (Krankheit, Tod von Freunden) in einer Krisensituation. Die Liebe zu Minchen Herzlieb, in der er Mädchen-Frau und Naturwesen zu erblicken glaubte und die er verklärte, hatte ihn erschüttert. Bettina von Arnim, sehr viel jünger als Goethe, umwarb ihn und wurde ihm mit ihren vielen Briefen zuweilen sogar lästig.
Die Stunde endet mit dieser Information und der sich daraus ergebenden Hausaufgabe, in der die hier unterbrochenen Gedankengänge von den Schülern zu Hause weiterverfolgt werden sollen: Welche Zusammenhänge können zwischen den besprochenen theoretischen Äußerungen Goethes, der Information über sein Leben, dem Brief Bettinas (vgl. S. 50) und dem Sonett gesehen werden?
Zusätzlich wird an einen oder einige Schüler ein Kurzreferat (Stichworte zur Klassik) vergeben.

Lernziele

Die Schüler
- erkennen die typischen Merkmale der Sonettform und ihre Realisierung in „Mächtiges Überraschen“
- können den im Gedicht geschilderten Naturvorgang beschreiben
- können ihn auf den menschlichen Bereich übertragen
- erhalten einen Einblick in Goethes Arbeitsweise
- stellen erste Verbindungen her zwischen dem Sonett, Goethes biographischer Situation und seinen theoretischen Äußerungen

4./5. Stunde: Erarbeitung von Goethes Symboldefinition (Leistungskurs)

Sachinformationen

Die Gedankenschritte, die nun folgen, sind so eng miteinander verbunden, daß es sich empfiehlt, sie in einer Doppelstunde zu behandeln.

a) Fachliche Analyse

Nach Schlütter und Killy stammt der Bildkern von „Mächtiges Überraschen“ aus einem Brief Bettina von Arnims an Goethe: . . . „ich! die Dir von Gott gegeben ist, als ein Damm, über welchen Dein Herz nicht mit dem Strom der Zeit schwimmen soll, sondern ewig jung in Dir bleibt und ewig geübt in der Liebe“. Damit haben wir neben dem ersten Element des symbolischen Dichtens, dem Anlaß (wahrscheinlich der Liebe zu Minchen Herzlieb), das zweite: das Bild aus der Natur, den angeschauten Gegenstand, der in diesem Fall nicht aus Goethes eigener Begegnung mit der Natur stammt, sondern ihm von Bettina geliefert wird. Beide Elemente finden sich im Gedicht zusammen zur Einheit des Symbols, hinter dem das dritte

Aus einem Brief Bettina von Arnims an Goethe vom Dezember 1807:

„. . . So wie der Freund Anker löst nach langer Zögerung und endlich scheiden muß; ihm wird die lezte Umarmung was ihm huntdert Küße und Worte waren, ja mehr noch, ihm werden die Ufer die er in der Entfernung ansieht, was ihm der letzte Anblick war. Und wenn nun endlich auch das blaue Gebirg verschwindet, so wird ihm seine Einsamkeit seine Erinnerung alles, so ist das treue Gemüth beschaffen das Dich lieb hat, das bin ich! die Dir von Gott gegeben ist, als ein Damm, über welchen Dein Herz nicht mit dem Strohm der Zeit schwimmen soll, sondern ewig jung in Dir bleibt und ewig geübt in der Liebe . . .“[1]

[1] Zit. nach: H. J. Schlütter: Goethes Sonette, Gehlen Verlag 1969, S. 109

Element, die Idee, durchschimmert: Der Sinn, der das sukzessiv ablaufende Geschehen des Gedichts zu einem allgemeingültigen Ganzen zusammenfaßt – das neue Leben nach der Veränderung.
In der Weise, wie Goethe Bettinas Worte aufgreift und verwandelt, läßt sich eine weitere Eigenart des Goetheschen Symbols erkennen. Bettina setzt sich selbst mit dem Damm gleich, der sich dem „Strom der Zeit“ entgegenstellt, in welchem Goethes Herz schwimmt. Das ist kein Bild im eigentlichen Sinne des Wortes, denn es besitzt keine innere Einheit, sondern ein Vergleich, bei dem uns als Leser nicht ganz wohl ist, weil die einzelnen Teile, aus denen die Vorstellung zusammengesetzt ist, nicht recht zueinander passen wollen. Goethe übernimmt nicht den ganzen Vergleich, sondern nur die Vorstellung vom gestauten Strom, und er baut diese zu seinem eigenen Symbol um. Das Besondere am Symbol ist ja, daß die dahinterstehende allgemeine Wahrheit nicht in Worte gefaßt wird, „unaussprechlich“ und „unbegreiflich“ bleibt. Bettina spricht in ihrem Bild die Dinge zu deutlich aus: . . . „wie der Damm hindert, daß etwas vom Strome fortgeschwemmt werde, so stellt sich der Zeit meine Jugend entgegen, daß sie die liebevolle Jugend Deines Herzens vor dem Schwinden bewahre“ (Killy, S. 19). Diese Vorstellung bewegt uns heute nicht mehr, weil sie nur Goethe und Bettina betrifft und keine weiterreichende Gültigkeit hat, während Goethes symbolische Ausdrucksweise heute noch genauso lebendig ist wie zu seiner Zeit, weil die durchscheinende Wahrheit dahinter von jedem Leser wieder neu formuliert werden kann. In Goethes Konzept des Symbols sind zentrale Grundgedanken der Klassik eingeflossen. Killy führt dazu folgendes aus:

„Der ordnende Kunstsinn schränkt die Empfindung ein, indem er sie auf den einen Gegenstand des Gedichts gerichtet, von ihm erregt sein läßt. Und dieser Gegenstand ist nicht so allgemeiner Natur, wie oft in der Romantik etwa die Chiffren Stern, Fluß, Wald, sondern er wird so spezifiziert, daß er eine bestimmte, „geschichtliche“ Anschaulichkeit enthält. Er muß ein Besonderes sein, um bedeutend sein zu können, denn nur im Besonderen vergegenwärtigt sich die Idee in der Zeit, und nur das Historische hat besonderes Dasein.
Das ist der tiefere Grund, aus dem im Goetheschen Gedicht das Subjektive dem Objektiven untergeordnet scheint. Diese Unterordnung ist nicht nur ein Akt des Kunstverstandes, sondern durch Einschränkung und Entsagung endlich auch ein sittlicher Akt. Er ist dem Menschen möglich, der sich sein Gesetz vorzuschreiben und den ihm gegebenen Kreis zu erkennen vermag. Er weiß, daß ein Gefühl nie total ausgesprochen, die Natur nie ganz erkannt und die Idee nie vollkommen begreiflich werden kann. Und so ist das Goethesche Gedicht eine Kunst des Möglichen auf der höchsten Stufe; was Goethe vom Drama Manzonis sagt, mag allgemein gelten: ‚Seine Bemühung muß also dahin gehen, das sittlich-ästhetisch Ge-

forderte mit dem wirklich-unausweichlich Gegebenen völlig in Einklang zu bringen!' Diesen Einklang nennen wir klassisch." (Killy, S. 22)

Neben dem Konzept des Symbols, in dem sich Beschränkung, Entsagung, Harmonie und Balance spiegeln, verweisen die strenge Form des Sonetts sowie der Inhalt auf Grundvorstellungen der Klassik: nicht die Erregung ist der Endzustand, sondern Stille, Harmonie, neue Erfüllung.

b) Methodische Überlegungen

Ziel der Doppelstunde ist die allmähliche Hinführung der Schüler auf die Symboldefinition und ihre innere Affinität zu Grundgedanken der Klassik. Dabei ist wichtig, daß Goethes Formulierung am Ende der Überlegungen steht und daß die Schüler Schritt für Schritt mit den Einzelvorstellungen und Formulierungen vertraut gemacht werden, aus denen sich die Symboldefinition zusammensetzt, so daß sie ihnen schließlich als ganz selbstverständlich und durchsichtig erscheint und sie das Gefühl bekommen, durch eigene Gedankenarbeiten dieses Ziel erreicht zu haben. Die Umsetzung in ein graphisches Modell soll ihnen dazu verhelfen, über das Verhältnis der Bildelemente zueinander völlige Klarkeit zu gewinnen. Die Anwendung der neuen Erkenntnisse auf das Sonett schließt den Kreis und zeigt, ob die Schüler die Begriffe soweit in sich aufgenommen haben, daß sie mit ihnen umgehen können.

Stundenverlauf

Phase 1:
Auswertung der Hausaufgabe

Zuerst wird die Hausaufgabe ausgewertet. Die Frage nach den Zusammenhängen zwischen Bettinas Brief und dem Sonett war bewußt offen gestellt, so daß die Schüler vermutlich allgemein formulierte Ergebnisse in die Stunde mitbringen, die nun präzisiert werden können.
Am Anfang sollte Bettinas Brief noch einmal vorgelesen werden; ein kurzer Hinweis auf Bettinas stürmischen Charakter, ihr unermüdliches Werben um Goethe ist an dieser Stelle angebracht.
Die Schüler haben wahrscheinlich erkannt, daß das Bild des Damms und des gestauten Wassers sowohl im Brief als auch im Sonett vorkommt. Es sollte klar sein, daß Goethe das Sonett verfaßte, nachdem er den Brief erhalten hatte. Nun muß die Frage nach dem Zusammenhang mit der theoretischen Äußerung Goethes über seine Arbeitsweise und mit seiner biographischen Situation gestellt werden (Text 2 des Arbeitsblatts). Wenn Goethe so arbeitete, ist dieses Vorgehen dann am Sonett und der Hintergrundinformation abzulesen? Was ist die „mehr oder minder bedeutende Gelegenheit", was der „angeschaute Gegenstand"? Die Antwort muß lauten: Die Gelegenheit, die ihn erregt, dürfte das Gefühl für Minchen Herzlieb sein, der angeschaute Gegenstand Bettinas Bild vom Damm.

Phase 2:
Vergleich zwischen Goethes und Bettinas Bild

Die Frage, ob Goethe Bettinas Ausdrucksweise direkt übernimmt oder abändert, und welchen Sinn diese Änderung wohl haben könnte, veranlaßt die Schüler, beide Texte, den Brief und das Sonett, sehr genau auf ihre Bildlichkeit hin zu untersuchen. Dabei kann schrittweise so vorgegangen werden:
1. Welche Bilder benutzt Bettina?
– Bilder der Seefahrt und des Wassers: Anker lösen, Ufer. Bettina als Damm hält den Strom der Zeit auf, in dem Goethes Herz schwimmt.
2. Was greift Goethe davon auf?

– Vorstellung von Strom und Damm.
3. Wie verändert er Bettinas Bilder?
– Er macht daraus einen nachvollziehbaren Naturvorgang. Der Strom wird vom Bergsturz aufgehalten, staut sich zum See, kommt zur Ruhe, Gestirne spiegeln sich in ihm.
4. Worin liegt der Unterschied zwischen Goethes und Bettinas Bildern?
– Bettinas Bild ist in sich nicht ganz stimmig. Die verschiedenen Elemente fallen auseinander, das „Herz" durchbricht das Naturbild, und das Bild besitzt keine Allgemeingültigkeit.
– Goethes Bild besteht aus einem einzigen, großen Naturvorgang, der eine Entwicklung verfolgt. Am Anfang steht der ursprüngliche Zustand, am Ende ein neuer. Der Vorgang ist auf den menschlichen Bereich übertragbar, allgemein gültig, symbolisch, denn er stellt eine gesetzmäßige, wiederholbare Erscheinung dar und ist dadurch nicht momentan, sondern zeitlos.

Phase 3:
Goethes Symboldefinition

An dieser Stelle kann auf die Frage der Schüler oder des Lehrers, wie diese Allgemeingültigkeit zustandekommt, Goethes Symboldefinition gelesen werden (vgl. Text 3 auf S. 40). Am besten beschäftigen sich die Schüler in Stillarbeit damit, die drei Elemente des Goetheschen Symbols voneinander zu isolieren und in ihren eigenen Worten zu beschreiben, um sie dann mit den Bemerkungen über seine Arbeitsweise in Einklang zu bringen. Das Ergebnis könnte ungefähr so aussehen:

1. *Erscheinung, Anlaß:* das Historische, die „mehr oder minder bedeutende Gelegenheit", „besondere äußere, oft gewöhnliche Umstände", – eine ganz bestimmte menschliche Erfahrung, ein Erlebnis.
2. *Idee:* die allgemeine, gesetzmäßige Wahrheit, die dem Dichter dabei vorschwebt, das Innere, Höhere, das Wahre, Göttliche, Unbegreifliche, Unaussprechliche.
3. *Bild:* entsteht durch „unmittelbares Anschauen irgendeines Gegenstandes", z. B. eines Naturvorgangs, und deutet auf die Idee hin. (Beispiele: Stauen des Stroms zum See, reifende Frucht, Sonnenauf- und -untergang.)

Phase 4:
Umsetzen der erarbeiteten Ergebnisse in ein graphisches Modell

Um sicherzustellen, daß den Schülern die Beziehung zwischen den drei Elementen klar ist, aus denen sich das Symbol zusammensetzt, sollen sie versuchen, diese Beziehung durch ein graphisches Modell zu erfassen. Dabei kommt es vor allem darauf an, daß die Ausgewogenheit der Bildelemente dargestellt und daß gezeigt wird, wie sich Konkretes, objektiv Anschauliches und Gedankliches die Waage halten. Eine mögliche Darstellungsweise findet sich auf dem Stundenblatt.

Phase 5:
Rückbezug der Ergebnisse

Um die Symboldefinition nun konkret zu füllen, soll sie auf das Sonett rückbezogen werden, von dem ausgegangen wurde. Die Aufgabenstellung lautet: Erklären Sie am Beispiel des Sonetts „Mächtiges Überraschen" Goethes Symboldefinition. Auch dieser Schritt dient der Rückversicherung, daß die Eigenart des symbolischen Dichtens von den Schülern aufgenommen wurde. Die Schüleräußerungen sollten folgende Gedanken erhalten:
– Das erste Element des Symbols ist der konkrete Anlaß, aus dem es entsteht. Im Falle von „Mächtiges Überraschen" war dies wahrscheinlich Goethes Liebe zu Minchen Herzlieb, vielleicht auch seine Beziehung zu Bettina.

- Das zweite Element ist die Idee. Goethe will zeigen, wie durch ein plötzliches Ereignis eine Bewegung auf ein Ziel hin zur Ruhe kommt und wie in dieser Ruhe eine neue Erfüllung liegen kann.
- Das dritte Element ist das Bild, hier von Bettina übernommen. Ein Naturvorgang, jedem Leser verständlich, läßt die Idee durchscheinen, hat aber in seiner Anschaulichkeit auch Eigenbedeutung.

Phase 6:
Hinweis auf den Epochenhintergrund

Diese Phase ist identisch mit der Phase 6 der 4./5. Stunde für den Grundkurs. Mit dem Hinweis auf die Entstehungszeit des Gedichts, das in Goethes klassische Periode fällt, werden die Schüler darauf aufmerksam gemacht, daß die Form des Bildes korrespondiert mit dem geistesgeschichtlichen Hintergrund, aus dem heraus es entstanden ist. Es wird an den Vergleich zwischen dem Goethe- und dem Enzensberger-Gedicht erinnert, bei dem dieser Zusammenhang angesprochen wurde.

Wie können wir nun festlegen, was das Symbol mit den Grundgedanken der Klassik zu tun hat? Dazu ist notwendig, daß die Schüler zuerst formulieren, was sie über die Klassik wissen. Am besten geschieht das durch „Brainstorming", um die konzentrierte Arbeit an Texten aufzulockern. Wenn der Lehrer vermutet, daß über die Klassik nur sehr wenig bekannt ist, hat er in der vorherigen Stunde einige Schüler gebeten, den Begriff in einem Lexikon nachzuschlagen. Es sollten bestimmte Stichworte fallen wie:
- Vollendung, geschlossene Form
- Ideal des in sich ruhenden, schönen Menschen
- „edle Einfalt und stille Größe"
- harmonische Übereinstimmung von Gemüt und Verstand
- Humanität
- Ideale des Guten, Wahren, Schönen
- Natur durch Gott geordnet
- Mensch beseelt die Natur, fühlt sich ihr verwandt
- Erleben des Weltganzen im Gefühl der Einheit
- Sich-Fügen in die Naturgesetze
- Bändigung, Formung, Harmonie zwischen sinnlichem Trieb und Vernunftgesetzen.

(Vgl. Frenzel, Daten deutscher Dichtung)

Phase 7:
Anwendung des Begriffs Klassik auf das Sonett

Im letzten Schritt finden die Schüler nun selbst heraus, was an dem Sonett klasssich ist. Dabei können zunächst spontane Schülerantworten gesammelt werden, die sich dann zu drei Gruppen ordnen lassen:
Was ist klassisch
a) in bezug auf die Form?
   - Klarheit und Strenge der Sonettform, Vollendung.
   - Form und Inhalt gehen parallel miteinander, bilden eine harmonische Einheit.
b) in bezug auf den Inhalt: „Mächtiges Überraschen" als Liebesgedicht?
   - Gedanken der Bewältigung der Liebeserschütterung (Endpunkt ist die Ruhe, nicht die Erregung)
   - nicht Auflehnung gegen den neuen Zustand, sonder akzeptieren, darin liegt neuer Sinn.
   - Bändigung, Eindämmung der Natur- oder Liebesgewalt.
c) in bezug auf das Symbol?
   - Ausgewogenheit von Natur und Geist, Anschauung und Idee
   - Harmonie
   - Schwebezustand der Bildelemente
   - das Element des Höheren, in dem sich das Göttliche spiegelt
   - seine Schönheit.

(Wenn man einige Stichworte aus anderen Epochen dagegenstellt, die den Schülern vielleicht bekannt sind, z.B. Schrankenlosigkeit, Maßlosigkeit im Sturm und Drang, Überwiegen des Rationalen in der Aufklärung, des Gefühls in der Romantik, Darstellen auch des Häßlichen in der Moderne – dann wird möglicherweise der Klassikbegriff klarer.)

Als Hausaufgabe soll Goethes Gedicht „Auf dem See" auf Reimschema und Metrum hin untersucht und ein Zusammenhang zwischen diesen formalen Aspekten und dem Inhalt hergestellt werden. Außerdem wird ein Kurzreferat vergeben, das über Goethes biographische Situation zur Zeit der Entstehung von „Auf dem See" informieren soll; als Material dient die Zusammenfassung im WS Arbeitsbuch S. 12 und 13.

Lernziele

Die Schüler
- machen sich die Harmonie des symbolischen Bildes in „Mächtiges Überraschen" bewußt
- begreifen Goethes Symboldefinition und das Verhältnis der drei Bildelemente zueinander
- bestimmen den Begriff klassisch
- erkennen, wie sich Grundgedanken der klassischen Epoche im Sonett spiegeln

6. Stunde: Der Symbolgehalt in Goethes „Auf dem See"

Sachinformationen

a) Fachliche Analyse

Auch „Auf dem See" (vgl. S. 55) ist ein Gedicht mit Symbolgehalt. Ziel dieser Stunde ist nicht eine detaillierte Analyse, sondern das Herausarbeiten des Symbolischen. Das kann durch Aufzeigen der Kontraste zwischen den drei Teilen des Gedichts erfolgen.

Die erste Strophe strahlt Bewegung, Unruhe, Lebhaftigkeit und Unmittelbarkeit in der Begegnung mit der Natur aus. Dieser Eindruck entsteht durch den Einstieg „Und", durch die alternierenden Reime, durch das ebenfalls alternierende Metrum (dreihebiger Jambus wechselt mit vierhebigem) und, inhaltlich, durch die Hingabe an die Natur, die an Schlüsselwörtern wie „frisch, saugen, neu, Blut, wiegen, hinauf, himmelan" abzulesen ist.

In der nur halb so langen zweiten Strophe wird ein neuer Ton angeschlagen; es vollzieht sich eine Wendung nach innen, ein Konflikt wird angedeutet. Das Auge will sich den äußeren Eindrücken verschließen, statt dessen werden „goldne Träume" lebendig, die das lyrische Ich aber von sich weist. Dieser Umschlag vom reinen Erleben zum Gedanklichen, vom unreflektierten Schauen zum inneren Konflikt, wird am veränderten Reimschema und am veränderten Metrum sichtbar. Paarreime und gleichmäßige vierhebige Trochäen bringen größere Ruhe in das Gedicht.

Betrachtet man Strophe 1 als These und Strophe 2 als Antithese, so bildet Strophe 3 die Synthese, die Lösung und Vereinigung der vorher geschaffenen Gegensätze. Der dreihebige Trochäus gibt ihr eine feierliche, getragene Note. Die stürmische Direktheit der ersten Strophe und die zögernde Reflexion der zweiten verschmelzen zu dem harmonischen Zustand der dritten. In Zeile 2, 4, 6 und 8 finden sich untermalende Daktylen. Vier Enjambements lassen die dritte Strophe weich dahinfließen; auch die weiblichen Endreime tragen dazu bei. Die frische Bewegung der ersten Strophe ist einer sanfteren gewichen, die sich auch in den weichen Konsonanten der Verben bemerkbar macht: blinken, schweben, umflügeln.

Auf dem See

Spätere Fassung des vorigen

Und frische Nahrung, neues Blut
Saug' ich aus freier Welt;
Wie ist Natur so hold und gut,
Die mich am Busen hält!
Die Welle wieget unsern Kahn
Im Rudertakt hinauf,
Und Berge, wolkig himmelan,
Begegnen unserm Lauf.

Aug', mein Aug', was sinkst du nieder?
Goldne Träume, kommt ihr wieder?
Weg, du Traum, so gold du bist:
Hier auch Lieb und Leben ist.

Auf der Welle blinken
Tausend schwebende Sterne,
Weiche Nebel trinken
Rings die türmende Ferne;
Morgenwind umflügelt
Die beschattete Bucht,
Und im See bespiegelt
Sich die reifende Frucht.

J. W. v. Goethe

Aus: Goethe, Werke, Hamburger Ausgabe, Hrsg. E. Trunz, München 1978, C. H. Beck Verlag, Bd. 1, S. 102

Es begegnen uns sowohl aus dem Sonett als auch aus dem Dornburger Gedicht bekannte Bilder. Wie in „Mächtiges Überraschen“ folgt auf starke Bewegung des Wassers ein Zustand der Ruhe, der auch hier durch das Bild des Sich-Bespiegelns angedeutet wird. Im gestauten See spiegeln sich die Gestirne, ein neues Leben – im See spiegelt sich die reifende Frucht, ebenfalls ein Hinweis auf Wachsen und neu gefundenen Sinn. Und wie im Dornburger Gedicht steht die Einheit des lyrischen Ich mit der Natur im Vordergrund. Die Gleichzeitigkeit von Sternen, Nebel und Morgenwind in „Auf dem See“ gleicht der Zusammenschau von aufgehender und scheidender Sonne im Dornburger Gedicht. Wieder handelt es sich also nicht um ein konkretes, zeitlich festlegbares Erlebnis, sondern um die simultane Gegenwart verschiedener Erfahrungen in dem einen dichterischen Moment.

Von der unmittelbaren Anschauung der Natur über die Wendung nach innen gelangt das lyrische Ich zu einer neuen Sehweise. Es hat in der dritten Strophe mehr Distanz gewonnen und vermag deshalb seine Umgebung als *ein* großes Bild zu sehen, in dem sich alles – Sterne, Nebel und Morgenwind,

Ferne und Nähe, sich bespiegelnde Frucht – zu einer harmonischen Einheit zusammenfinden, die Erfüllung, Bewältigung und neuen Sinn verspricht.
Die biographische Hintergrundinformation macht den Symbolgehalt des Gedichts noch klarer. „Anlaß“ oder „Erscheinung“ ist eine Bootsfahrt auf dem Zürcher See zur Zeit der Liebe zu Lilli Schönemann, mit ihrem Konflikt zwischen „Individualität“ und den Ansprüchen des Regel- und Konventionensystems der Gesellschaftschicht, der Lilli angehörte (vgl. WS Arbeitsbuch, S. 13, wo die im Gedicht wiedergegebenen Eindrücke als Flucht vor der Liebesproblematik interpretiert werden). Die Bilder sind aus der Natur genommen, die den Zürcher See umgibt. Die „Idee“, die hinter dem Gedicht durchschimmert, hat zu tun mit dem Erreichen eines neuen seelischen Zustands, nachdem die goldenen Träume abgewehrt worden sind; eines Zustandes der Beruhigung und Befreiung von der Selbstbefangenheit, des Wachsens in der neuen Sinngebung, der besonders im Bild der sich spiegelnden reifenden Frucht anschaulich wird. Das Gedicht ist also im doppelten Sinne symbolisch, indem es mehrere sukzessive Einzelbeobachtungen zu einer Simultanvision vereint, die eine höhere Wahrheit enthält, und indem diese höhere Wahrheit darüber hinaus noch in einem sinnlich ansprechenden Bild manifestiert ist.
Die Autoren des WS Arbeitsbuchs, die auf die gesellschaftlichen und geistesgeschichtlichen Bezüge mehr Wert legen als auf die Bildstruktur, zitieren eine Interpretation von Hartmut Pätzold und sehen mit ihm in dem Gedicht neben der Glückserfahrung in der Natur eine „Flucht aus den Verstrickungen der Gesellschaft in ein wirklichkeitsfernes, verklärtes Trugbild, das lediglich die Illusion eines auf den Augenblick beschränkten Glücks erlaubt“ (S. 14). Diese Interpretation verkennt den Symbolcharakter des Gedichts. Die letzte Strophe zeichnet nicht das negative Bild einer Flucht in die Illusion, sondern das positive Bild eines Neubeginns. Das Ich legt seiner Bewegung Zügel an, mäßigt und bändigt die überschäumende Hingabe an den Moment, weist den Traum zugunsten der unmittelbar anschaulichen Realität zurück und kann nach diesem Akt der Bewußtwerdung seine Umgebung nicht nur mit dem Gefühl, sondern auch gedanklich wahrnehmen. Die Natur erscheint ihm nun geordnet, und in der Ordnung tritt ein höherer Lebenssinn zutage.

b) Methodische Überlegungen

An diesem Gedicht soll das Verständnis des Symbolbegriffs überprüft werden. In den letzten drei Stunden wurde in konzentrierter Arbeit den Schülern die notwendigen Grundlagen vermittelt: Nun werden die Schüler nicht mehr auf jeden Schritt hingeführt, sondern entwickeln ihre eigenen Ideen zum Vorgehen bei der Behandlung des Gedichts. Es ist zu erwarten, daß der Vorschlag zum Vergleich mit dem Sonett (im Leistungskurs) oder mit dem Dornburger Gedicht (im Grundkurs) von den Schülern kommt. Erkennen sie die Gemeinsamkeiten im Inhalt, so werden sie von selbst den Schritt zur Untersuchung des Symbolgehalts tun.

Stundenverlauf

Phase 1:
Analyse der Form

Das Gedicht – von den Schülern zu Hause vorbereitet – wird laut gelesen. Dabei ist auf die metrisch richtige Betonung zu achten, durch die die Unterschiede zwischen den Strophen hörbar gemacht werden können. Nachdem die Schüler ihre Ergebnisse über Reim, Metrum und deren Wirkung vorgetragen haben und festgehalten wurde, daß der Wechsel von Metrum und Reim die erste Strophe frisch und direkt, die zweite zögernd, die dritte fließend und getragen wirken läßt (Einzelheiten vgl. Tafelanschrieb auf dem Stundenblatt), muß dieser erste Eindruck durch die genaue Untersuchung des Gedichtinhalts bestätigt werden.

Phase 2:
Analyse des Inhalts

Anstatt den Schülern konkrete Leitfragen zum Inhalt vorzulegen, ist es sinnvoller, sie an die Behandlung von „Nähe des Geliebten" oder des vorhergehenden Goethe-Gedichts zu erinnern und sie selbst Vorschläge zum weiteren Vorgehen machen zu lassen. Der Versuch, den Inhalt der verschiedenen Strophen wiederzugeben, und die Frage nach der Haltung des lyrischen Ich müßten darauf von den Schülern als mögliche nächste Interpretationsschritte angesprochen werden.
In drei Gruppen befassen sich die Schüler nun mit dem Gedicht, jede Gruppe untersucht eine Strophe. Sie bestimmen jeweils die Aussage der Strophe und die Beziehung des lyrischen Ich zur Natur und belegen ihre Ergebnisse durch Schlüsselwörter.

Strophe 1:
Schilderung einer Bootsfahrt voller Bewegung. Das lyrische Ich gibt sich ganz dem Naturerlebnis hin und fühlt sich dadurch – vielleicht nach einer schwierigen Lebensphase – belebt.
Schlüsselwörter: frisch, neu, frei, saugen, wiegen, hinauf, himmelan.

Strophe 2:
Vom Anblick der Natur wendet sich das Ich nach innen zur Reflexion. Ein Traum will das unmittelbare Erleben unterbrechen, wird aber abgewehrt. Natur kommt nicht direkt vor, aber in dem Satz „hier auch Lieb' und Leben ist" deutet sich an, daß das „hier" der Natur in diesem Moment wichtiger ist als der Traum, daß beide „Lieb' und Leben" enthalten.
Schlüsselwörter: niedersinken (im Gegensatz zu hinauf, himmelan), Träume.

Strophe 3:
Mehrere Aspekte der Natur werden gleichzeitig wahrgenommen: Gestirne, Nebel und Wind, Wasser und Ufer, die Frucht. Das Ich erscheint nicht mehr als direkt die Natur erlebendes, es taucht auch nicht mehr in dem Wort „Ich" auf wie in der ersten Strophe, sondern ist indirekt anwesend als Beobachter, der aus der Distanz alles gleichzeitig sehen kann. Seine gefühlsmäßigen Eindrücke sind gedämpft, die Bewegung hat sich beruhigt.
Schlüsselwörter: blinken, schweben, weiche Nebel umflügeln, beschatten.

Phase 3:
Vergleich mit anderen Goethe-Gedichten

Wenn die Parallelen zu den vorhergehenden Goethe-Gedichten nicht schon von den Schülern bemerkt wurden, ist es jetzt Zeit, sie darauf aufmerksam zu machen. Im Leistungskurs werden die Schüler auf folgende Gemeinsamkeiten zwischen „Mächtiges Überraschen" und „Auf dem See" kommen:
- die Dreiteilung in Bewegung – Wende – Beruhigung
- das Motiv des Wassers in beiden Gedichten, zu Anfang in Bewegung, dann beruhigt
- das Motiv des Sich-Spiegelns.

Für den Grundkurs finden sich folgende Ähnlichkeiten zwischen „Früh, wenn Thal, Gebirg und Garten" und „Auf dem See":
- Einheit von lyrischem Ich und Natur
- Simultanschau von Morgen und Abend
- Naturerlebnis und Reflexion darüber

Die Frage lautet nun: Können wir aus diesen Parallelen ein dichterisches Konzept herauskristallisieren, das jeweils beiden Gedichten zugrundeliegt?

Phase 4:
Klärung des Symbolgehalts

Wenn die Schüler bei dieser Frage nicht von selbst auf den Begriff des Symbols kommen, muß sie anders formuliert werden: Können wir auch in „Auf dem See“ Goethes symbolische Verarbeitung seiner Umwelt erkennen? Wie manifestiert sie sich?
Durch den Vergleich mit den vorhergehenden Gedichten ist schon ein erster Schritt zur Beantwortung dieser Frage getan. Der Leistungskurs wird erkennen, daß sich in dem symbolischen Bild in den letzten Zeilen des Gedichts eine ähnliche „Idee“ verbirgt wie in „Mächtiges Überraschen“: Bewältigen einer übermächtigen Empfindung und Finden eines neuen Sinns. Die Elemente des Bildes werden nun untersucht, in denen diese Idee erkennbar wird. Dabei stellt sich heraus, daß in „Auf dem See“ sowohl die Schilderung der Natur und Landschaft um den See die Idee anschaulich vermittelt als auch, auf kleinsten Raum reduziert, das Bild der reifenden Frucht. Es bleibt die Frage nach dem Anlaß oder Ereignis, zu deren Beantwortung eine weitere Information benötigt wird, die in einem Kurzreferat von Schülerseite erfolgen kann. Das WS Arbeitsbuch bietet auf S. 12 und 13 das Material dazu.
Der Grundkurs geht von der Simultanschau von Morgen und Abend im Dornburger Gedicht aus, die wir als symbolisch bezeichneten und die auch in „Auf dem See“ zu finden ist. Das Gedicht faßt verschiedene Stadien zusammen, durch die das lyrische Ich mit seinen Gefühlen und seiner Naturanschauung geht. Wie hinter dem Wissen um den kommenden schönen Abend Zuversicht durchschimmert, so verbirgt sich auch hinter der reifenden Frucht und hinter der neuen Perspektive, aus der die Natur gesehen wird, eine allgemeine Wahrheit. Daraufhin werden – wie im Leistungskurs – die Bildelemente genauer bestimmt.

Phase 5:
Methodenreflexion

Als Abschluß dieser Stunde kann diskutiert werden, ob die Information über Goethes biographische Situation für die Interpretation überhaupt relevant ist und welche Berechtigung die beiden Interpretationsweisen haben: die gesellschaftlich orientierte des WS Arbeitsbuchs auf der einen und die hier praktizierte auf der anderen Seite.

Lernziele

Die Schüler
- erkennen den Zusammenhang zwischen formalen und inhaltlichen Elementen des Gedichts
- erkennen die Gemeinsamkeiten zwischen „Auf dem See“ und dem Sonett bzw. dem Dornburger Gedicht
- bestimmen den Symbolgehalt von „Auf dem See“

7. Stunde: Brentano, „Der Spinnerin Nachtlied“

Sachinformationen

a) Fachliche Analyse

Das Gedicht (vgl. S. 59) hinterläßt im Leser oder Hörer einen Eindruck, der fast ausschließlich aus Klang und dahinfließender Musik besteht. Vom Inhalt bleibt nichts haften als ein paar aus dem Volkslied bekannte Wörter (Mond, Herz, weinen) und ein diffuses Gefühl der Trauer und Wehmut. Wie kommt diese zauberhafte, den Hörer bannende Wirkung des Gedichts zustande?

Der Spinnerin Nachtlied

Es sang vor langen Jahren
Wohl auch die Nachtigall,
Das war wohl süßer Schall,
Da wir zusammen waren.

Ich sing' und kann nicht weinen,
Und spinne so allein
Den Faden klar und rein
So lang der Mond wird scheinen.

Als wir zusammen waren
Da sang die Nachtigall
Nun mahnet mich ihr Schall
Daß du von mir gefahren.

So oft der Mond mag scheinen,
Denk' ich wohl dein allein,
Mein Herz ist klar und rein,
Gott wolle uns vereinen.

Seit du von mir gefahren,
Singt stets die Nachtigall,
Ich denk' bei ihrem Schall,
Wie wir zusammen waren.

Gott wolle uns vereinen
Hier spinn' ich so allein,
Der Mond scheint klar und rein,
Ich sing' und möchte weinen.

Clemens Brentano

Aus: Brentano, Werke, Bd. 1, München 1978, Hanser Verlag, S. 131

Geht man zunächst von der äußeren Form aus, so zeigt sich, daß vor allem das Reimschema und die Assonanzen für die Wortmusik verantwortlich sind. Alle Strophen sind gleich gebaut. Im ganzen Gedicht gibt es nur zwei Reimvokale: a in den geraden, ei in den ungeraden Zeilen, wobei innerhalb der a-Zeilen dunkle Vokale dominieren, vor allem a, o und u, und innerhalb der ei-Zeilen hellere, vor allem i und e. Mit diesem Gleichklang korrespondiert die inhaltliche Gleichförmigkeit des Gedichts. Strophe 1 schlägt das Thema an: „Da wir zusammen waren". Das Ich – das spinnende Mädchen – erinnert sich an den Gesang der Nachtigall, die uns schon aus dem Mittelalter als Lie-

besbotin bekannt ist, und an eine glücklichere Zeit der Liebe, die jedoch weit in der Vergangenheit liegt („vor langen Jahren") und um die der Schleier der Ungewißheit gebreitet ist (zweimal „wohl").
Die zweite Strophe beschäftigt sich mit der Gegenwart, in der es kein „wir" mehr gibt, sondern nur noch ein „ich". Das Singen der Nachtigall wird fortgesetzt. Jetzt singt das verlassene Mädchen selbst, um das alte Lied der Vergangenheit zurückzuholen. Sie singt beim Spinnen; das monotone Sichdrehen des Spinnrades, der Gesang des Mädchens und der der Nachtigall fließen zusammen zu einer großen musikalischen Bewegung, die weder Anfang noch Ende zu haben scheint.
Die restlichen vier Strophen bringen inhaltlich fast nichts Neues mehr. Die ersten acht Zeilen werden auf verschiedene Weise variiert, aber die Reimworte bleiben dieselben außer zwei neuen: „gefahren" und „vereinen". Die Strophen greifen eng ineinander. Die letzte Zeile der ersten Strophe bildet mit geringer Abweichung die erste der dritten, ebenso bei der zweiten und vierten Strophe usw. Ein Eindruck des Fließens entsteht, in dem die Zeitdimensionen aufgehoben sind. Vergangenheit und Gegenwart vermischen sich mit der Zukunft (schon in „solang der Mond wird scheinen" angesprochen) in der Bitte „Gott wolle uns vereinen", dem Wunsch, aus der Einsamkeit zurückzukehren zum früheren glücklichen Zustand. Doch dieser Wunsch scheint nicht erfüllbar, die Rückkehr wäre nur durch Tod oder Ende möglich, und die immer weiter kreisende Bewegung des Gedichts läßt diese Möglichkeit nicht zu.
Wenn wir nun das Gedicht auf seine Bilder hin untersuchen, finden wir folgende drei Zeilen:

> „den Faden klar und rein"
> „mein Herz ist klar und rein"
> „der Mond scheint klar und rein"

– drei völlig unterschiedliche Dinge der Welt und des Ich, kombiniert mit den gleichen Adjektiven. Die Bilder selbst sind von der denkbar einfachsten Art, sie benennen den Gegenstand und rufen ihn so wach für das Ohr des Hörers. Da die Bilder jedoch auf diese Art einander gleichgesetzt sind, können sie keine reale Entsprechung im Bereich der Anschauung mehr besitzen. Ebensowenig, wie es sich um eine konkrete Situation handelt, ist es möglich, Nachtigall oder Mond als eigenwertige Naturgegenstände zu behandeln. Sie sind um des Liedes willen da, als Ton- und Gefühlsträger. Brentano braucht keine konkreten Naturerlebnisse mehr, um seine Bilder zu finden. Sie stammen nicht aus der nahen Welt der Dinge, sondern aus seinem Innern.
Ein kurzer Vergleich von „Auf dem See" mit Brentanos Gedicht verdeutlicht den Unterschied zwischen Goethes symbolischem und dem romantischen Bild.
In „Auf dem See" enthält die erste Strophe ebenfalls direkte, unbewußte Hingabe an ein Gefühl, die zweite den von innen aufsteigenden Traum, der überhandnehmen will. Doch hier liegt der entscheidende Unterschied: Bei Goethe heißt es

> „Weg, du Traum so gold du bist:
> hier auch Lieb und Leben ist."

und die letzte Strophe zeigt die Bewältigung der Diskrepanz zwischen Traum und Wirklichkeit, die durch einen bewußten gedanklichen Willensakt vollzogen wird. Das Bild der reifenden Frucht entstammt der konkreten Anschauung und spiegelt eine Idee. In „Der Spinnerin Nachtlied" wird dieser Schritt der geistigen Bewältigung nicht geleistet. Das lyrische Ich nimmt von Anfang an das Material zu seinem Lied aus seinem Inneren. Die erste Strophe ist nicht Anschauung, sondern Erinnerung, und auch die gegenwärtige Tätigkeit, das Singen und Spinnen, scheint unwirklich und traumhaft.

Von vornherein ist das Ich also in seiner eigenen Subjektivität eingeschlossen, seine Bilder repräsentieren nichts Reales. Was in Goethes Symbol Erscheinung, Anlaß von außen war, ist hier Musik aus der Erinnerung, die „Idee“ ist dem reinen Gefühl gewichen. Das Bild wird nicht mehr geschaut, sondern aus einem reichen Vorrat abgerufen. Die Balance zwischen den Bildelementen im Goetheschen Sinne ist also gestört, das subjektive Element überwiegt bei weitem.

b) Methodische Überlegungen

Bei einem solchen Gedicht werden biographische Hinweise unnötig. Es kann rein werkimmanent analysiert werden.
Die Schüler haben im Verlauf des bisherigen Unterrichtsganges zwei wichtige Untersuchungskriterien für die Gedichtanalyse erarbeitet. Sie wissen, daß es bei der Interpretation auf die Beschaffenheit der Bilder und auf die Haltung des lyrischen Ich zur Natur ankommt. Wie schon erwähnt wurde, ist es ein wichtiges Ziel dieser Unterrichtseinheit, die Selbständigkeit der Schüler bei der Interpretation zu fördern. Am Brentano-Gedicht kann sich zum ersten Mal zeigen, ob die Schüler in der Lage sind, das bisher Gelernte auf einen neuen Stoff zu übertragen. Kommt der Vorschlag zu einem Vergleich mit dem Goethe-Gedicht von ihnen, so ist schon viel erreicht.
Ausgehend von der Klanggestalt des Gedichts wird im Lauf der Stunde Schritt für Schritt gezeigt, daß die Wirkung des Gedichts, das auf den ersten Blick ganz mühelos von selbst zu sprechen scheint, vom Dichter sorgfältig geplant ist. Die Erkenntnisse hinsichtlich der Bilder werden in der nächsten Stunde durch kurze Äußerungen zur romantischen Universalpoesie theoretisch untermauert.

Stundenverlauf

Phase 1:
Einführung des Gedichts

Der Lehrer trägt das Gedicht selbst vor oder spielt es auf Schallplatte bzw. Tonband vor, damit die Klangwirkung möglichst gut zum Ausdruck kommt. Die Schüler sollten dabei den Text noch nicht vor sich liegen haben, sondern sich ganz aufs Hören konzentrieren. Da das Gedicht keine Verständnisschwierigkeiten bietet, können die Schüler schon nach dem ersten Hören ihre Reaktion formulieren. In dieser Phase braucht der Lehrer kaum Impulse zu geben, vielleicht Rückfragen zu stellen, wenn sich die Schüler unklar ausdrücken. Ansonsten ist ein möglichst lebhafter Meinungsaustausch unter den Schülern anzuregen. Es werden verschiedene Stichworte fallen, wie Monotonie, Zyklik, Wiederholungen, Entwicklungslosigkeit, Hingabe an Liebessehnsucht, die im weiteren Verlauf der Stunde wieder aufgegriffen werden.

Phase 2:
Analyse der Klangwirkung

Das Gedicht wird ausgeteilt und von einem Schüler noch einmal gelesen. Es ist auch möglich, verschiedene Schülervorträge zu vergleichen und von da aus zur Formanalyse überzugehen. Das Gespräch wird mit der Frage eingeleitet, wodurch der Eindruck der Monotonie, der Kreisbewegung (Spinnrad!), des liedhaften Immer-Weiter-Fließens denn entstehe. Wenn die Schüler zuerst auf den Inhalt eingehen, werden sie noch einmal auf die rein akustische Wirkung des Gedichts verwiesen. Dann bekommen die Schüler die Aufgabe, in Partnerarbeit die Form des Gedichts zu analysieren. Folgende Hilfsfragen können dabei gestellt werden:

1. Analysieren Sie das Reimschema, und beachten Sie auch die Assonanzen.

2. Welche Konsequenz für die Wirkung des Gedichts auf den Leser hat das Reimschema?
3. Was ist über die Wortwahl zu sagen?

Die Schüler sollten erkennen, daß alle sechs Strophen entweder dem Reimschema abba oder cddc folgen, daß innerhalb einer Strophe nur ein Reimvokal verwendet wird und eine Folge von Assonanzen zum Klangreichtum des Gedichts beiträgt, daß nach der zweiten Strophe keine neuen Reimwörter mehr erscheinen außer „gefahren" und „vereinen" und daß der Hörer durch den ständigen Vokalfluß eingelullt und in die monotone Drehbewegung des Spinnrades mit hineingenommen wird, so daß der eigentliche Inhalt des Gedichts für ihn in den Hintergrund tritt.

Phase 3:
Klärung des Inhalts

Daraus ergibt sich von selbst die Frage nach dem Inhalt, der nun im Gespräch geklärt werden soll: Wenn immer wieder dieselben Wörter benutzt werden, was wird dann überhaupt ausgesagt? Ist es möglich, wie bei den Goethe-Gedichten der Entwicklung des Inhalts Strophe für Strophe zu folgen? Für die ersten beiden Strophen werden die Schüler eine Antwort finden können: der Kontrast zwischen der Vergangenheit mit ihrem Glück (das jedoch schon mit Ungewißheit umgeben ist) und der Gegenwart mit ihrer Einsamkeit und Trauer („und spinne so allein") sowie das Motiv des Singens, das Vergangenheit und Gegenwart zusammenschließt, ist deutlich. In den folgenden vier Strophen jedoch werden die Schüler feststellen, daß das bei den Goethe-Gedichten so hilfreiche Verfahren, für jede Strophe ein Stichwort oder eine Überschrift zu finden, hier nicht weiterführt. Außer der Tatsache, daß die Liebenden getrennt sind, daß das singende und spinnende Ich Sehnsucht und Wehmut empfindet, erfahren wir nichts Neues; das Gedicht zeigt keine Entwicklung.

Phase 4:
Vergleich des Gedichtes mit Goethes „Auf dem See"

Im nächsten Schritt sollten die Unterschiede zwischen dem Brentano- und dem Goethe-Gedicht thematisiert werden. Vielleicht entdecken die Schüler selbst inhaltliche Parallelen und Unterschiede zu „Auf dem See", die dann diskutiert werden können. Andernfalls kann – vom Lehrer initiiert – eine kurze Stillarbeitsphase eingeschaltet werden, in der sich die Schüler Stichworte zu einem inhaltlichen Vergleich der beiden Gedichte notieren. Der wichtigste Aspekt ist dabei das Verhältnis von Wirklichkeit und Traum, Gegenwart und Erinnerung. Bei Goethe und bei Brentano sind eine direkt erlebte Gegenwart und die sehnsüchtige, traumhafte Erinnerung an eine Vergangenheit vorhanden. Diese beiden Schichten sind bei Goethe einander deutlich entgegengesetzt und vom lyrischen Ich gedanklich erfaßt, bei Brentano jedoch ineinander verwoben und nur gefühlsmäßig angedeutet. Bei Goethe wird der Traum entschieden zurückgewiesen zugunsten einer bewußten Bewältigung der Konfliktsituation, bei Brentano dagegen wird kein Versuch unternommen, Traum und Wirklichkeit, Innen und Außen, voneinander zu trennen. Die völlige Hingabe an das aus dem Inneren strömende Gefühl beherrscht das Gedicht.

Phase 5:
Bestimmen der Bilder im Brentano-Gedicht

Nun soll versucht werden, diese Behauptung durch die Analyse der Bilder in „Der Spinnerin Nachtlied" – eventuell wiederum im Vergleich mit „Auf dem See" – zu untermauern. Die Frage muß zuerst lauten: Welche Bilder sind im Brentano-Gedicht zu finden? Können sie mit denselben Kategorien beschrieben werden, die auch bei Goethe verwendet wurden? Die Schüler werden auf Nachtigall, Faden, Mond, Herz und den Vorgang des Spinnens verweisen. Wenn dann die Attribute untersucht werden, mit denen diese Gegenstände näher gekennzeichnet sind, stellt sich heraus, daß Mond, Faden und Herz „klar und rein" sind. Das macht deutlich, daß die Bilder bei Brentano keine Entsprechung in der Realität haben, nicht aus der direkten Anschauung eines Gegenstandes entstehen, sondern aus dem Innern des Sprechers aufsteigen. Dies kann durch den Vergleich mit „Auf dem See" veranschaulicht werden, wo eine konkrete Situation nachvollziehbar ist, die in Brentanos Gedicht fehlt. Die Schüler werden daran erinnert, daß bei Goethe der objektive, allgemein verständliche und der subjektive Gehalt der Bilder sich die Waage halten. Auf die Frage hin, wie dieses Verhältnis bei Brentanos Bildern aussehe, sollen sie erarbeiten, daß seine Bilder subjektiv sind, weil das Gefühl sie hervorruft, nicht das Anschauen aus der Distanz, und weil die Gegenstände, wenn sie so stark durch das Gefühl beansprucht werden, ihre Eigenbedeutung verlieren.

Als Hausaufgabe werden die Äußerungen zur romantischen Universalpoesie gelesen (vgl. S. 63). Fragen zum Inhalt (vgl. Stundenblatt) werden stichwortartig beantwortet.

8. Stunde: Das lyrische Bild bei Brentano – die romantische Chiffre

Sachinformationen

a) Fachliche Analyse

Bei Goethe gab uns die Frage nach seinem Verhältnis zur Natur Aufschluß über die Entstehung und Beschaffenheit des Symbols. Bei Brentano stellen wir nun dieselbe Frage; die Antwort erfolgt aber diesmal nicht mit Hilfe persönlicher Äußerungen des Dichters, sondern durch die von Novalis formulierte Theorie der Universalpoesie, die als tragender Anspruch aller romantischen Lyrik betrachtet werden kann, und in der sich die Haltung der Romantiker der Natur gegenüber spiegelt: „Die Poesie ist das echt absolut Reelle. ... Je poetischer, desto wahrer." Für Goethe waren Natur und Naturerlebnis das „Reelle", aus dem sich die Idee formte. Für die Romantiker gilt die Umkehrung: die Poesie ist das „Reelle", erst sie gibt den Dingen ihren Sinn. Dadurch wird der Gegenstand an sich unbedeutend, wichtig ist vor allem, welche Stimmung, welches Gefühl er hervorruft.

„Angesichts dieser Vorherrschaft des Subjektiven über das Objektive geschieht etwas mit dem Gegenstande, welcher sich so intensiv beansprucht findet. Er wird nicht nur grenzenlos, unbestimmt. Er verliert auch an Sagekraft, indem er so stark gebraucht wird. ... So kommt es, daß das romantische Gedicht zumeist nicht nur mehr von *einem*, sich in Raum und Zeit entfaltenden Bilde lebt. Es reiht vieler Bilder, Bilderfluchten ständiger Gemütsspiegelungen, ohne Verweilen auf- und abklingend. Keine Figur wird festgehalten, vielmehr geht sie sogleich in Seelenraum über ..." (Killy, S. 27/28)

Wie Brentano seine Bilder aneinanderreiht, ist schon in „Der Spinnerin Nachtlied", noch viel deutlicher jedoch in „Die Abend-

2.1.7 In den „Neuen Fragmenten" formuliert Novalis in drei lapidaren Sätzen die Prinzipien, die seinen Naturbegriff – und den Naturbegriff der frühen Romantik überhaupt – bestimmen. Sie lauten:

Die Poesie ist das echt absolut Reelle. Dies ist der Kern meiner Philosophie. Je poetischer, desto wahrer. (Neue Fragmente 27)

Poesie ist hier also nicht verstanden als Werk und Produkt des Menschen, sondern die Dinge selbst – die Natur, die Schöpfung also – sind „Poesie". Der poetische Gehalt der den Menschen umgebenden Natur ist für Novalis identisch mit dem Geist ihres Schöpfers, der sich in ihr niedergeschlagen oder vergegenständlicht hat. Die Dinge, denen sich der Mensch gegenübersieht, sind damit nur vordergründig „Natur"; in Wirklichkeit sind sie Träger des Göttlichen, Medien oder Chiffren (= Geheimzeichen) der ihnen einwohnenden absoluten Poesie, der „Universalpoesie". Was auch immer die auf Vernunft und Verstand basierenden Naturwissenschaften an ihnen zu erforschen oder zu erkennen vermögen – es bezieht sich lediglich auf das Äußere, bloß Gegenständliche. Das innerste Wesen der Dinge, die in ihnen verborgene Poesie, wird durch sie nicht berührt oder zu lebendiger Wirksamkeit befreit. Die Natur bleibt unter dem Zugriff der wissenschaftlich orientierten Betrachtung, so kann Novalis erklären, „eine versteinerte Zauberstadt".

2.2.1 Dadurch, daß die Dinge der Natur primär als Träger der absoluten Poesie gelten, verlieren sie an eigenständigem oder gegenständlichem Wert. Dinge und Worte, ihres Realgehaltes beraubt, sind lediglich „Tasten", die zum Klingen gebracht werden, sobald der Dichter sie berührt. – „Der Poet braucht Dinge und Worte wie Tasten,"[11] heißt es bei Novalis. Diese Reduktion des Wortes auf eine bloße Vermittlungsfunktion führt zu seiner Austauschbarkeit oder auch dazu, daß nur noch ein sehr begrenztes Arsenal besonders poetisch klingender Wörter verwendet wird, wie es ja in der romantischen Lyrik tatsächlich der Fall ist. Der sehr begrenzte Vorrat lyrischer Versatzstücke – Mond und Sterne, Wald und Reh – gilt infolgedessen auch heute noch häufig als Gegenstand und Vokabular des Lyrischen schlechthin.
Mit dieser Auflösung der Wortinhalte geht die Auflösung der herkömmlichen, vernunftbestimmten Sinnzusammenhänge parallel; es vollzieht sich eine entschiedene Trennung von Sprache und Sinngehalt. Das von Novalis postulierte Gedicht der Zukunft entsteht aus „selbsttätiger, absichtlicher, idealischer Zufallsproduktion"[12], es ist, wie Novalis formuliert, „bloß wohlklingend und voll schöner Worte – aber auch ohne allen Sinn und Zusammenhang – höchstens einzelne Strophen verständlich – es muß wie Bruchstücke aus den verschiedensten Dingen sein."[13] Im dinglichen Stoff soll es entfernteste Elemente vermischen, durch metaphorische Verschränkungen die Grenzen zwischen Innen und Außen aufheben, in „allseitiger Verfremdung" soll es den Blick auf die „höhere Heimat" der ursprünglich-absoluten Poesie freigeben.

[11] Novalis: Schriften Bd. 3, hrsg. von Richard Samuel, Darmstadt 1969, S. 451.
[12] ebd.
[13] ebd. S. 572

Aus: Wort und Sinn, Literatur, Struktur und Geschichte, Paderborn 1980, Schöningh Verlag, S. 22, 23/24 winde wehen“ zu beobachten. Zum Verständnis der Theorie der Universalpoesie siehe die Texte S. 64, die alle notwendige Hintergrundinformation für Lehrer und Schüler liefern.

b) Methodische Überlegungen

Diese Stunde schafft den theoretischen Hintergrund für das Verständnis des romantischen Bildes, das in der vorigen Stunde vorläufig bestimmt wurde. Die Schüler müssen nicht mehr, wie im Fall des Goetheschen Symbols, die Erklärungen selbst erschließen und Zusammenhänge herstellen, sondern sie bekommen den Hintergrund durch den klaren Text im WS Arbeitsbuch geliefert und brauchen ihn dann nur noch auf das Gedicht zu beziehen. Eine komprimierte Zusammenfassung alles bisher Gelernten soll auf einem Arbeitsblatt erfolgen, das Goethes und Brentanos Bildlichkeit und ihre Hintergründe gegeneinanderstellt und dadurch die Eigenart des klassischen Symbols und der romantischen Chiffre deutlicher hervortreten läßt (vgl. Stundenblatt).

Stundenverlauf

Phase 1:
Der Begriff „romantisch“ in der Alltagssprache

Um den Begriff zu problematisieren, sollen sich die Schüler ein paar Minuten lang Gedanken darüber machen, was der Begriff romantisch für sie außerhalb des literaturwissenschaftlichen Kontexts bedeutet. Die Tatsache, daß sich ein – für die Schüler vielleicht nicht mehr akzeptabler – Gefühlsgehalt hinter dem Begriff verbirgt, schafft den Zusammenhang mit unserem theoretischen Text, der als Hausaufgabe bearbeitet wurde.

Phase 2:
Die Theorie der Universalpoesie

Wir fragen nun: Was unterscheidet den Naturbegriff der Romantiker, speziell Brentanos, von dem Goethes? Dazu ist es notwendig, daß die Schüler die Grundgedanken des Textes über die romantische Universalpoesie in ihren eigenen Worten wiedergeben. Die Beantwortung der als Hausaufgabe gestellten Fragen zum Text soll zeigen, daß die Schüler folgende Punkte erfaßt haben:

1. Für das Welt- und Naturbild der Romantik ist typisch, daß die Gegenstände an sich unbedeutend sind, daß sie erst durch den „Geist“, die „Poesie“ in ihnen für den romantischen Dichter zum Leben erwachen.
2. Das romantische Ich hat keine Distanz mehr zu Natur und Welt, wie Goethe sie hatte, der aufgrund dieser Distanz die Dinge objektiv betrachten konnte. Solche Anschauung ist dem Romantiker nicht mehr möglich, er geht in den Dingen auf, weil er das Göttliche in ihnen sucht.
3. Da die Dinge keine Eigenbedeutung mehr haben, sondern nur noch „Tasten“ sind, deren Klang die Poesie in ihnen zum Ausdruck bringt, ist ihr Sinngehalt reduziert. Sprachliche Bedeutung und Sinngehalt sind voneinander getrennt, es existiert keine Allgemeingültigkeit mehr. Die Dinge der Natur sind nicht mehr Bilder für etwas „Höheres“, eine Idee, sondern „Chiffren“, d.h. verschlüsselte Zeichen, nicht mehr jedem zugänglich.

Phase 3:
Rückbezug der erarbeiteten Ergebnisse auf „Der Spinnerin Nachtlied“

Um von der Theorie wieder zur Interpretation zu gelangen, sollen die Schüler versuchen, an „Der Spinnerin Nachtlied“ zu zeigen, inwiefern Brentanos Gedicht diese Gedanken widerspiegelt. Hier ist es am besten, keine Leitfragen zu stellen, sondern die Schüler ihre eigenen Gedankengänge äußern zu lassen. Sie sollten erkennen, daß in „Der Spinnerin Nachtlied“ die vom Dichter berührten „Tasten“ Worte wie Nachtigall, Mond, Faden, Herz, weinen, allein sind, und daß sie nicht unbedingt in einem logischen Verhältnis zueinander stehen, sondern durch ihren musikalischen Klang und ihre Kombination miteinander die Stimmung der Wehmut oder Trauer hervorrufen wollen. Erst aus der Aneinanderreihung und aus der eigenartigen Variation ergibt sich, daß sie alle – durch ihren reichen Vokalklang ebenso wie durch die Assoziationen, die sich mit ihnen verbinden – eine Grundstimmung gemeinsam haben, die dann durch das Gedicht als Ganzes, durch seine sorgfältig konstruierte Versstruktur, vermittelt wird. Bei der Nachtigall z. B. handelt es sich nicht um einen wirklichen Vogel, den Brentano zu bestimmter Zeit singend beobachtete, sondern um eine unbestimmte Erinnerung des Ich, um die seit Jahrhunderten bestehende Verkörperung des Singens selbst, das sich im lyrischen Ich fortsetzt. Ähnliches gilt für die anderen Gegenstände der Welt im Gedicht. Deshalb bleibt auch beim Hörer keine bildlich vorstellbare Situation haften, sondern ein Klang, eine Stimmung.

Phase 4:
Ergebnissicherung und Zusammenfassung

Es ist zu hoffen, daß die Schüler während der Gespräche über Brentanos Gedicht von den Grundkenntnissen ausgehen, die sie aus den Stunden über die Goethe-Gedichte mitbringen, und daß sie von selbst Vergleiche anstellen. Erst auf dem Hintergrund von Goethes Symboldefinition wird im Gegensatz zu ihr die Eigenart des romantischen Bildes wirklich deutlich. Bevor das zweite Brentano-Gedicht zur Vertiefung behandelt wird, soll deshalb durch ein Arbeitsblatt (vgl. Stundenblatt) eine gemeinsame Basis für die Schüler geschaffen werden, die ihnen Rückblick und Vorausblick ermöglicht. Da der Begriff der romantischen Chiffre erst bei der Behandlung von „Die Abendwinde wehen“ vollständig geklärt wird, soll die dritte Spalte über das Bild erst in der nächsten Stunde ausgefüllt werden. Das Arbeitsblatt bietet eine Zusammenfassung aller bisher erwähnten wichtigen Punkte und hat den Vorteil, daß die Schüler sich bemühen müssen, knappe, klare Formulierungen zu finden.

Um wieder zum Ausgangspunkt der Stunde zurückzukommen, kann in einer abschließenden Diskussion auf die Alltagsbedeutung des Begriffs romantisch im Vergleich mit dem literaturwissenschaftlichen Begriff, möglicherweise auch mit dem, was die Schüler über romantische Malerei und Musik wissen, eingegangen werden. Wie läßt sich romantische Musik oder Malerei charakterisieren und mit der anderer Epochen vergleichen? Hilft uns das Verständnis von Novalis’ Gedanken zur Erklärung dieser Besonderheit? Dabei sollte klar werden, daß die ursprüngliche Theorie der Romantiker für uns heute vergessen und verflacht ist und daß das Wort romantisch bis heute eine Bedeutungsverflachung und -verschlechterung erfahren hat, die es uns erschwert, einem romantischen Gedicht und der Absicht seines Verfassers unvoreingenommen entgegenzutreten.

Als Hausaufgabe für die 9. Stunde bereiten die Schüler Brentanos Gedicht „Die Abendwinde wehen“ mit Hilfe folgender Leitfragen vor:

1. Welche Wirkung hat das Gedicht beim Lesen oder Hören auf Sie?
2. Weisen Sie am Text nach, wie diese Wirkung entsteht,
   a) durch genaue Analyse des Reimschemas
   b) durch das Aufzeigen anderer Mittel, die die akustische Wirkung des Gedichts verstärken.

3. Welche Beziehung besteht zwischen diesen formalen Elementen und dem Inhalt des Gedichts?

Lernziele für die Stunden 7 und 8

Die Schüler
- analysieren die Klanggestalt von „Der Spinnerin Nachtlied“ und bestimmen ihre Wirkung
- lernen Novalis' Theorie der Universalpoesie kennen
- wenden sie in bezug auf Brentanos Gedicht an

9. Stunde: Brentano „Die Abendwinde wehen“ – Vertiefung der romantischen Chiffre

Sachinformationen

a) Fachliche Analyse

Weil der Klang- und Gefühlswert der Bilder bei Brentano wichtiger geworden ist als ihre Verankerung in der Realität und ihre allgemeine Gültigkeit, hat sich *ein* Bildelement zuungunsten der anderen emanzipiert. Es besteht die Gefahr, daß der allgemein nachvollziehbare Sinngehalt der Bilder völlig verlorengeht, weil sie keine reale Entsprechung in der Außenwelt mehr haben, sondern allein der Innenwelt des Dichters entstammen, der sie als klangvolle Versatzstücke aneinanderreiht, ohne daß sie wirklich etwas bedeuten. An „Die Abendwinde wehen“ (vgl. S. 68/69) mag deutlich werden, daß die logische Konsequenz der Emanzipation eines Bildelements ein völliges Auseinanderfallen des Wortes selbst (mit seinem Klanggehalt) und seiner Bedeutung, seiner Entsprechung in der Realität, sein könnte, wie wir dies in der Lyrik der Gegenwart später vorfinden.

Wiederum bildet die Vokalmusik den Ausgangspunkt für die Interpretation. Der Hörer wird gefangen von dem ständigen Gleichklang: die Reimvokale sind mit wenigen Ausnahmen ei und e, und durch die Häufung von Reimen, wie z.B. in der 1., 3. und 5. Strophe aaabaaab entsteht „ein Echospiel von Lauten, das nicht er (Brentano), das vielmehr ihn beherrscht“ (Staiger, S. 162). Der Inhalt ist dieser Sprachmusik untergeordnet. Motive und Bilder werden aneinandergereiht, die fast alle Trauer, Verlust, Wehmut und Schmerz ausdrücken, jedoch läßt sich keine konkrete Situation feststellen, auch die Zeitverhältnisse stimmen nicht zusammen.

In Strophe 4 z.B. wird die Geliebte mit Du angeredet, in den folgenden Zeilen jedoch erscheint sie in der dritten Person; in Strophe 5 wechselt die Zeit ganz unvermittelt vom Präsens zum Imperfekt. Wieder zeigt sich hier der Grundgedanke der „Universalpoesie“: die Dinge selbst sind nicht wichtig, sondern die Poesie in ihnen, die Brentano hervorzaubert. Wir finden sogar ein Zitat aus „Der Spinnerin Nachtlied“: „Ich sing und möchte weinen“, das seines Klanges wegen an dieser Stelle eingefügt wurde, nicht, um Bedeutung zu schaffen. Ebenso verhält es sich mit dem Kehrreim, einer alten Volksliedstrophe aus „Des Knaben Wunderhorn“, als „Echo, Widerhall eines anderen, aber verwandten Wehs, eine Zustimmung von fern ... ein seelischer Reim auf das Gedicht“ (Staiger, S. 170).

b) Methodische Überlegungen

In dieser Stunde sollen die Schüler all das aktiv auf die Interpretation eines romantischen Gedichts anwenden, was in den vor-

Die Abendwinde wehen

Die Abendwinde wehen,
Ich muß zur Linde gehen,
Muß einsam weinend stehen,
Es kommt kein Sternenschein;
Die kleinen Vöglein sehen
Betrübt zu mir und flehen,
Und wenn sie schlafen gehen,
Dann wein ich ganz allein!
  Ich hör ein Sichlein rauschen,
  Wohl rauschen durch den Klee,
  Ich hör ein Mägdlein klagen
  Von Weh, von bitterm Weh!

Ich soll ein Lied dir singen,
Ich muß die Hände ringen,
Das Herz will mir zerspringen
In bittrer Tränenflut,
Ich sing und möchte weinen;
Solang der Mond mag scheinen,
Sehn ich mich nach der einen,
Bei der mein Leiden ruht!
  Ich hör ein Sichlein rauschen . . .

Mein Herz muß nun vollenden,
Da sich die Zeit will wenden,
Es fällt mir aus den Händen
Der letzte Lebenstraum.
Entsetzliches Verschwenden!
In allen Elementen
Mußt ich den Geist verpfänden,
Und alles war nur Schaum!
  Ich hör ein Sichlein rauschen . . .

Was du mir hast gegeben,
Genügt, ein ganzes Leben
Zum Himmel zu erheben;
O sage, ich sei dein!
Da kehrt sie sich mit Schweigen
Und gibt kein Lebenszeichen.
Da mußte ich erbleichen,
Mein Herz ward wie ein Stein.
  Ich hör ein Sichlein rauschen . . .

Heb, Frühling, jetzt die Schwingen,
Laß kleine Vöglein singen,
Laß Blümlein aufwärts dringen,
Süß Lieb geht durch den Hain!
Ich mußt mein Herz bezwingen,
Muß alles niederringen,
Darf nichts zutage bringen,
Wir waren nicht allein!
    Ich hör ein Sichlein rauschen . . .

Wie soll ich mich im Freien
Am Sonnenleben freuen?
Ich möchte laut aufschreien,
Mein Herz vergeht vor Weh,
Daß ich muß alle Tränen,
All Seufzen und all Sehnen
Von diesem Bild entlehnen,
Dem ich zur Seite geh!
    Ich hör ein Sichlein rauschen . . .

Wenn du von deiner Schwelle
Mit deinen Augen helle
Wie letzte Lebenswelle
Zum Strom der Nacht mich treibst,
Da weiß ich, daß sie Schmerzen
Gebären meinem Herzen
Und löschen alle Kerzen
Daß du mir leuchtend bleibst.
    Ich hör ein Sichlein rauschen,
    Wohl rauschen durch den Klee,
    Ich hör ein Mägdlein klagen
    Von Weh, von bitterm Weh!

Clemens Brentano

Aus: Brentano, Werke, Bd. 1, München 1978, Hanser Verlag, S. 567

hergehenden Stunden erarbeitet wurde. In „Der Spinnerin Nachtlied" erkannten die Schüler, wie stark sich Brentanos Bildlichkeit von der Goethes unterscheidet. Nach der Einführung des Begriffs „Universalpoesie" war es den Schülern möglich, die Zusammenhänge zu erschließen, auf deren Hintergrund die Öffnung des Goetheschen Symbols zur romantischen Chiffre hin erfolgen mußte. Bei der Behandlung von „Die Abendwinde wehen" soll den Schülern nun klar werden, daß diese Entwicklung noch weiter führt, weil die Reihung und Variation der Stimmungs- und Tonträger so weit geht, daß nur noch ein diffuser Eindruck von Trauer und Kummer zurückbleibt. Während

„Der Spinnerin Nachtlied" durch die Knappheit seiner künstlerischen Mittel noch einen tiefen Eindruck hinterließ, ist an den „Abendwinden" bereits abzulesen, daß diese Art zu dichten irgendwann im Leerlauf enden muß, denn die Aneinanderreihung von Tonträgern birgt die Gefahr in sich, zum Selbstzweck und somit bedeutungslos zu werden. Es bleibt dem Lehrer überlassen, auf diese Gefahr zwar hinzuweisen, den Schülern aber trotzdem einen Eindruck von Brentanos Klangkunst zu vermitteln, die auch in den „Abendwinden" fasziniert.

Stundenverlauf

Phase 1:
Akustischer Eindruck des Gedichts

In Phase 1 und 2 greifen wir auf die den Schülern gestellte Hausaufgabe zurück. Da die Stunde relativ komplex ist, sollten die Ergebnisse zügig vorgetragen und verglichen werden.
Das Gedicht wird von einem Schüler (möglichst nach häuslicher Vorbereitung) gelesen. Daraufhin sollten die anderen Schüler äußern, wie das Gedicht auf sie gewirkt hat. Bemerkungen zum Inhalt, die hier sicher schon einfließen, werden möglichst zurückgestellt. Es wäre gut, wenn sich die Schüler ganz auf den weich dahinfließenden Klang und die fast hypnotisch wirkende Silbenmusik konzentrieren und die entsprechenden Worte für diese Eindrücke finden könnten. Fällt ihnen das schwer, so kann der Lehrer ein paar klangvolle Stellen unter besonderer Hervorhebung der Vokale noch einmal vorlesen und eventuell einige Zeilen eines weniger klangvollen, eher inhaltsbetonten Gedichts (z. B. „Sachliche Romanze" von Kästner oder „Die Liebe war nicht geringe" von Wilhelm Busch) dagegensetzen.

Phase 2:
Analyse der Klangwirkung

Eine genaue Formanalyse macht den Schülern klar, welche Mittel der Dichter angewendet hat, um diese Wirkung zu erzeugen. Den Schülern sollte die wichtige Rolle bewußt werden, die die Vokale in den Endreimen und in den Assonanzen innerhalb der Zeilen spielen. Die Auswertung der Hausaufgabe ergibt folgendes:
Die meisten Strophen folgen dem Schema aaabcccb, Strophe 1, 3 und 5 sogar dem kunstvollen Schema aaabaaab. Beidesmal folgen mehrere gleiche Reime dicht aufeinander, das ist ungewöhnlich und wirkt wie Musik für das Ohr. Die Reimvokale der 1. bis 3. und 5. bis 8. Zeilen, die ausschließlich aus e, ei oder i bestehen, verstärken den Gleichklang und den Wohllaut noch. Der Hörer erwartet nach einer oder zwei Strophen diese Vokale immer wieder und läßt den Rest der Zeilen an sich vorbeifließen. Die Mittel- und Schlußzeilen der Strophen (wobei der Kehrreim im Moment nicht beachtet wird) haben öfter dunkle Reimvokale – u oder au –, was wie eine Zäsur innerhalb der Strophe wirkt, das Ohr aufhorchen läßt und den Fluß für kurze Zeit unterbricht, um ihn dann sogleich wieder aufzunehmen. Besonders auffällig sind auch die Assonanzen innerhalb der Zeilen, die die Wirkung der klangvollen Reime noch unterstützen. Das kann z. B. an Strophe 3 gezeigt werden:

„Mein Herz muß nun vollenden,
Da sich die Zeit will wenden,
Es fällt mir aus den Händen
Der letzte Lebenstraum.
Entsetzliches Verschwenden!
In allen Elementen
Mußt ich den Geist verpfänden ..."

Der Satz „Entsetzliches Verschwenden!/In allen Elementen/mußt ich den Geist verpfänden" ... gibt nicht viel Sinn. Es ist deutlich, daß die Worte vor allem ihres Vokalklangs wegen gewählt wurden.

Phase 3:
Die Beziehung zwischen Form und Inhalt

Damit sind wir bei der Frage, was die Schüler eigentlich mit dem Inhalt anfangen können. Dabei sollte der Lehrer im Hintergrund bleiben – das Resultat ist, daß die Schüler in ihren Aussagen über den Inhalt immer unsicherer werden. Ein Impuls kann gegeben werden durch die Frage nach Ort, Zeit und Grundsituation des Gedichts, die bei Goethe stets klar bestimmbar waren, hier jedoch völlig verschwimmen: z. B. die erwähnte Unstimmigkeit in Strophe 4 und 5, die überraschende Wendung in Strophe 5 „Wir waren nicht allein“ oder die Verwendung des Kehrreims aus dem Volkslied, der ohne inhaltlichen Zusammenhang an das Ende jeder Strophe montiert ist. Während „Der Spinnerin Nachtlied“ noch von einer vorstellbaren Grundsituation – dem singenden Mädchen am Spinnrad – ausging, läßt sich eine solche hier nicht mehr bestimmen. Es existieren zwar ein Ich und ein Du, und an zahlreichen Schlüsselwörtern kann festgemacht werden, daß das Ich unglücklich ist, weil sich die Geliebte von ihm abwendet. Doch kommen wieder Zweifel über die Richtigkeit dieser Behauptung auf, wenn man solche Stellen liest wie: „Und alles war nur Schaum ... Was du mir hast gegeben/ Genügt, ein ganzes Leben/Zum Himmel zu erheben ...“. In zwei aufeinanderfolgenden Strophen zwei völlig gegensätzliche Aussagen! Nach Herausarbeitung dieser Widersprüche werden die Schüler erkennen, daß das einzig Greifbare an dem Gedicht der Gefühlsgehalt in Verbindung mit einer Liebesempfindung ist, bei der Enttäuschung und Sehnsucht im Vordergrund stehen. Daraus wird deutlich, daß der Interpret bei Brentanos Gedichten von anderen Voraussetzungen ausgehen muß als bei Goethe.

Phase 4:
Bestimmen der Bilder

Damit kommen wir zum wesentlichen Schritt dieser Stunde und zu einem wichtigen Punkt in der ganzen Unterrichtseinheit. Hier zeigt es sich, ob die Schüler bis jetzt dem „roten Faden“ gefolgt sind, ob sie den Goetheschen Begriff des Symbols so weit verstanden haben, daß sie nun Brentanos Bilder auf dem Hintergrund des Novalis-Textes verstehen und den Wandel erkennen können, der sich zwischen dem klassischen Symbol und der romantischen Chiffre vollzieht. Am erfreulichsten wäre es, wenn der Vergleich mit Goethes Bildern von den Schülern selbst käme, andernfalls kann der Lehrer den Impuls geben. Bei der Frage nach dem Realitätsgehalt und der Beschaffenheit der Bilder sollten sich die Schüler noch einmal die Komponenten des Symbols vergegenwärtigen. Die Schüler sollten hier erkennen, daß Goethe und Brentano ihre Bilder zwar beide der Natur entnehmen, jedoch auf ganz unterschiedliche Weise verwenden. Goethes Bilder dienen dazu, *einen* Grundgedanken zu erhellen, der oft dem *einen* Symbol zugrundeliegt, von dem das Gedicht getragen wird. Brentano reiht seine Bilder aneinander, und durch den Klang, der durch ihre Häufung oder Variation hervorgerufen wird, entsteht eine Stimmung, ein Gefühl, das dazu dienen soll, das „Lied, das in allen Dingen schläft“ (Eichendorff) wachzurufen und dadurch die vom Romantiker ersehnte Einheit des Individuums mit der Welt herzustellen. Die Ergebnisse des Unterrichtsschrittes werden in das Arbeitsblatt zur 8. Stunde eingetragen.

Phase 5:
Welche Gefahr birgt die romantische Chiffre?

In dieser Phase soll vor allem das selbständige Weiterdenken der Schüler angeregt werden und die Fortführung der Unterrichtseinheit vorbereitet werden. Wir haben die konkrete Arbeit am Text beendet und gehen einen Schritt weiter, indem wir uns in die Situation eines Dichters hineinversetzen, der kurz nach Brentano versucht, ein Liebesgedicht zu schreiben. Reizvoll ist es hier, wenn genügend Zeit zur Verfügung steht, die Schüler ein kleines Gedicht aus romantischen Versatzstücken produzieren zu lassen – diese kreative Tätigkeit wäre nach so viel Rezeption und Gedankenarbeit sicher erfrischend. Auf Grund ihrer eigenen Schöpfungen wird den Schülern dann schnell klar, welcher Gefahr die lyrische Sprache der späteren Romantik ausgesetzt ist, wenn ein Geringerer als der Klangkünstler Brentano sich ihrer bedient. Zu diesem Ergebnis kann man aber auch kommen, wenn man die „Abendwinde" mit der „Spinnerin" vergleicht. Was in der „Spinnerin" den Leser noch tief berührt, weil das relativ kurze Gedicht mit sparsamen Mitteln auskommt, wird in den „Abendwinden" bereits fragwürdig, weil die Aneinanderreihung von Bildern den Leser stellenweise vielleicht schon überfordert. Dieser Gedanke der sich hier andeutenden Verbrauchtheit der Bilder leitet zu Heine und seiner Sprachnot über.

Ein Schüler erhält die Aufgabe, ein Kurzreferat über die technische und geschichtliche Entwicklung zur Zeit Heines zu halten. (Material: Synoptische Tabelle aus dem Bd. 10 „Restauration, Vormärz, 48er Revolution" der Reclam-Reihe „Deutsche Literatur in Text und Darstellung".)

Lernziele

Die Schüler
- analysieren Reimschema und Vokalstruktur des Gedichts und erkennen seine Wortmusik
- stellen die Verbindung zur Theorie der Universalpoesie her und sehen, daß das Hervorrufen einer Stimmung durch Klang wichtiger ist als die Stimmigkeit des Inhalts
- unterscheiden zwischen Goethes und Brentanos Bildlichkeit und erkennen, daß Brentanos Bilder keine Entsprechung in der Realität mehr haben

10. Stunde: Heinrich Heines „Sprachnot" – Ausklang der Romantik

Sachinformationen

a) Fachliche Analyse

Mit Heine endet die Epoche der deutschen Lyrik, die durch Goethes Sesenheimer Lieder eingeleitet wurde. Goethe dichtete aus dem direkten Erleben heraus; bei ihm war zum ersten Mal das Gefühl des Erlebenden wichtiger als alle formalen Kategorien. Bei den Romantikern verabsolutierte sich dieses Gefühl, der erlebte Gegenstand trat in den Hintergrund. Heine war zwar noch der Romantik verhaftet, spürte aber deutlich die Gefahr, die im romantischen Dichten lag. Was dort gesagt wurde, hatte keine Verbindung zur wirklichen Welt mehr. Der Anspruch, das tiefste Wesen der Dinge durch die Poesie zu enthüllen, konnte nicht erfüllt werden. Zurück blieben Enttäuschung und Mißtrauen:

> „Indem die Naturerscheinung Chiffre totalen Gefühls geworden war, schwand ihr eigenes Dasein. Dessen Anschein ist nur zurückzugewinnen, wenn die Gefühlskraft reduziert, unverbindlich behandelt oder widerrufen wird. In jedem Fall ist das einzelne Bild von der Geschichte bestimmt, die es erlitten hat, und jede Reduktion wird es flacher werden lassen." (Killy, S. 105)

Vor diesem Dilemma stand Heine als lyrischer Dichter. In seiner „Sprachnot" spiegelt sich auch die Tatsache, daß der Mensch zu dieser Zeit die Harmonie mit seiner Umwelt und sein Vertrauen in einen Schöpfergott verloren hatte und seine feste Einbindung in einen Kosmos aufgehoben sah, daß er seine Einsamkeit spürte und sich als unbedeutendes Teilchen einer nicht mehr überblickbaren Welt empfand. Die Industrialisierung mit ihrer zunehmenden Technisierung hat zu einem erheblichen Teil zu der Veränderung des menschlichen Weltverständnisses beigetragen, die Heines Sprachnot zugrundeliegt. An fünf Gedichten Heines soll gezeigt werden, wie er sie zu überwinden versucht: durch Parodie, Ironie, Reduktion, Zurücknehmen oder Flucht ins Exotische.

Zunächst zu den beiden Versionen des Gedichts „Die Lotosblume" (vgl. S. 74), dem noch sehr romantisch anmutenden eigentlichen Gedicht und Heines späterer Eigenparodie.

In „Die Lotosblume ängstigt" finden wir bekannte romantische Versatzstücke: Blume, Nacht, den Mond als Buhlen, Liebe und Liebesweh. Bei genauerem Hinsehen entdecken wir aber Unterschiede zu Brentanos Gedichten. Während dort eine unbestimmte Trauer verlorener Liebe galt, handelt es sich hier um eine konkrete Situation: Verzweiflung über unerfüllbare Liebe. Bei Brentano findet der Hörer Trost durch die Hingabe an die Sprachmusik, die ihm eigene Empfindung ermöglicht, bei Heine bleibt ein unsagbarer schmerzlicher Rest.

Das Bemühen bei Heine um unverbrauchte Bilder ist unverkennbar. Nicht mehr von Rose oder Lilie ist die Rede, sondern von der exotischen Lotosblume, die „bis zu Heine nicht mit Gefühlen überlastet und in (ihrem) Sinn nicht festgelegt" (Killy, S. 106) ist.

Das Gedicht lebt von seiner inneren Spannung:

„Die beiden Bilder der zwei ersten Strophen stehen antithetisch gegeneinander, in einem vollkommenen Gegenüber. Die dritte löst es nicht auf, sondern läßt das Blühen, Glühen, Duften, Leuchten und Zittern in eine hoffnungslose Vergeblichkeit strömen, Liebesweh schlechthin aussprechend. Die liebende Blume ist zur Fremdheit verurteilt, Erfüllung kann es über eine solche Distanz, zwischen so verschiedenen Erscheinungen nicht geben ... Und daß der Mond ihr Buhle sei, traulich mit dem sinnlichen Liebeswort des Volkslieds bezeichnet, ist im Grunde nur eine Wendung, die die Sehnsucht noch brennender fühlen läßt." (Killy, S. 106/107)

Heine benutzt zwar noch Bilder, doch ist ihre Verbindung mit der konkreten Welt der Dinge verloren gegangen, sind sie nicht mehr für sich selbst bedeutend. Lotosblume und der Mond sind in ihrem Tun vermenschlicht. Sie haben kein Eigenleben als Naturgegenstände mehr.

Später hat sich Heine über seine eigene Flucht ins Exotische lächerlich gemacht, seine Selbstparodie zum Gedicht „Lotosblume" vermittelt jedenfalls diesen Eindruck. Hier wird der eben angedeutete Vorgang der Anthropomorphisierung ad absurdum geführt, indem der Mond mit einem alten, zittrigen Liebhaber (als der sich Heine in seiner Krankheit und Bitterkeit in Paris wohl fühlte) und die Lotosblume mit der schwächlichen Geliebten gleichgesetzt werden. Diese Übertreibung parodiert das eigene Gedicht, nimmt das ursprünglich Gesagte völlig zurück. Doch nicht nur die absurde Liebesbeziehung wird mit Hohn übergossen, auch der Vorgang des Dichtens selbst: „empfängt sie nur ein Gedicht". In dieser Wendung spiegelt sich mehr als Witz und Ironie, reine Bitterkeit über die Unmöglichkeit des Dichtens kommt in ihr zum Ausdruck.

b) Methodische Überlegungen

Bei der Zusammenstellung von Gedichten Heines, die in dieser und den nächsten beiden Stunden behandelt werden, wurden drei

Die Lotosblume ängstigt
Sich vor der Sonne Pracht,
Und mit gesenktem Haupte
Erwartet sie träumend die Nacht.

Der Mond, der ist ihr Buhle,
Er weckt sie mit seinem Licht,
Und ihm entschleiert sie freundlich
Ihr frommes Blumengesicht.

Sie blüht und glüht und leuchtet
Und starret stumm in die Höh;
Sie duftet und weinet und zittert
Vor Liebe und Liebesweh.

Heinrich Heine

Aus: Heine, Werke, Bd. 1, München 1968, Hanser Verlag, S. 78

Wahrhaftig, wie beide bilden
Ein kurioses Paar,
Die Liebste ist schwach auf den Beinen,
Der Liebhaber lahm sogar.

Sie ist ein leidendes Kätzchen
Und er ist krank wie ein Hund,
Ich glaube, im Kopfe sind beide
nicht sonderlich gesund.

Sie sei eine Lotosblume,
Bildet die Liebste sich ein;
Doch er, der blasse Geselle,
vermeint der Mond zu sein.

Die Lotosblume erschließet
Ihr Kelchlein dem Mondenlicht,
Doch statt des befruchtenden Lebens
Empfängt sie nur ein Gedicht.

Heinrich Heine

Aus: Heine, Werke, Bd. 6/1, München 1975, Hanser Verlag, S. 342

Gesichtspunkte beachtet. Erstens sollten die Gedichte alle Mittel enthalten, mit denen Heine versucht, der Sprachnot zu begegnen, unter der er leidet. Zweitens sollte es sich möglichst um Liebesgedichte handeln, um eine Kontinuität der Thematik durch die Unterrichtseinheit zu garantieren; dabei bildet „Wahrhaftig" die einzige Ausnahme. Drittens soll mit diesen Gedichten die hier notwendig werdende Lockerung in der Unterrichtseinheit eintreten. Die vorhergehenden Stunden forderten oft ein relativ großes Maß an Konzentration von den Schülern; das wird in den Stunden über Benn wieder der Fall sein. Deshalb sollen die Schüler in den Stunden über Heine die Möglichkeit haben, auch einmal zu lachen und ohne langwierige Interpretationen direkten Zugang zu den Gedichten zu finden.

Stundenverlauf

Phase I:
Einordnung Heines in den literaturgeschichtlichen Kontext

Der Übergang von der Romantik zu Heine wird deutlich gemacht durch zwei kurze theoretische Texte von Eichendorff und Heine (vgl. S. 76), die den Gedichten vorangestellt werden, um bei den Schülern eine gewisse Erwartungshaltung aufzubauen. Die Texte werden vorgelesen, und die Schüler bearbeiten sie in einer kurzen Stillarbeitsphase. Die Lebendaten von Heine (1797–1856) und Eichendorff (1788–1857) sollten bekannt sein, Eichendorffs Position als wichtigster romantischer Dichter neben Brentano kann erwähnt werden. Die Schüler sollen herausarbeiten, an welchen Stellen in den Texten Bezug auf die Romantik genommen wird und welches Verhältnis zu dieser Epoche aus den Texten spricht. Dabei werden sie zu dem Ergebnis kommen, daß die Romantik von Heine und Eichendorff hier als nicht mehr aktuell betrachtet wird, daß also die Entleerung der lyrischen Versatzstücke, die bei der Behandlung der „Abendwinde" vorausgesehen wurde, tatsächlich eingetreten ist. Die Folge ist „Ekel und Langeweile vor dem hohlen Spiel". Aus dem Heine–Text wird klar, daß die Gedankenwelt, in der sich die Romantiker bewegten, zu der wirklichen Welt, in der technische Fortschritte die Bewegung des Lebens beschleunigen, in Widerspruch steht; daß sich Neues ankündigt. Aus beiden Texten spricht Distanz zur Romantik. Diese Epoche verliert im Rückblick in den Augen beider Dichter an Wert, weil sie an der Wirklichkeit vorbei geht.

Phase 2:
Hintergrundinformation über die Zeit Heines

Nun stellt sich von selbst die Frage: Welche tiefgreifenden Änderungen vollzogen sich denn zu Heines Zeit, speziell in den dreißiger und vierziger Jahren des 19. Jahrhunderts? Heine spricht von Dampfwagen, Eisenbahn und Gasbeleuchtung. Am besten tragen die Schüler zunächst zusammen, was sie über diese Zeit wissen – gleich, auf welchem Gebiet. Dann kann ein Kurzreferat folgen, für das ein Schüler möglichst selbständig die wichtigsten technischen, wissenschaftlichen und historischen Daten aus verschiedenen Lexika zusammengestellt hat. Wird Informationsmaterial benötigt, so empfiehlt sich die synoptische Tabelle aus dem Reclam-Band 10 der Reihe „Die deutsche Literatur in Text und Darstellung" (Restauration, Vormärz, 48er Revolution). Einige Beispiele daraus:

1830: England: 1. Dreschmaschine, 1. Eisenbahnlinie mit Dampfbetrieb, 1. Straßendampfwagen in London

1834: Erfindung des Elektromotors, der Mähmaschine

1835: Darwin „Artenbildung", 1. deutsche Eisenbahn

1. Joseph von Eichendorff über Heine:

„Heinrich Heine, ursprünglich selbst noch Romantiker, macht hierbei die Honneurs, indem er aller Poesie das Teufelchen frivoler Ironie anhängt, das jubelnd ausruft: Seht da, wie hübsch, ihr guten Leute! Aber glaubt ja nicht etwa, daß ich selber an das Zeug glaube! Fast jedes seiner schönen Lieder schließt mit solchem Selbstmorde. Die Zeit hat allgemach den Romantikern hinter die Karte geguckt und insgeheim Ekel und Langeweile vor dem hohlen Spiel überkommen. Das sprach Heine frech und witzig aus, und der alte Zauberbann war gelöst.“[1]

2. Heinrich Heine über seine Zeit:

„Die höchsten Blüten des deutschen Geistes sind die Philosophie und das Lied. Diese Blütezeit ist vorbei, es gehört dazu die idyllische Ruhe; Deutschland ist jetzt fortgerissen in die Bewegung, der Gedanke ist nicht mehr uneigennützig, in seine abstrakte Welt stürzt die rohe Tatsache, der Dampfwagen der Eisenbahn gibt uns eine zittrige Gemütserschütterung, wobei kein Lied aufgehen kann, der Kohlendampf verscheucht die Sangesvögel, und der Gasbeleuchtungsgestank verdirbt die duftige Mondnacht.“[2]

Zitiert nach:
[1] W. Killy, Wandlungen des lyrischen Bildes, Göttingen 1958, S. 115
[2] s.o., S. 95

1836: Heines Schrift „Die romantische Schule“
1838: Bau der 1. deutschen Lokomotive
1840: Morse-, Telegraphenalphabet
1842: Tod Brentanos
1844: Heine „Deutschland, Ein Wintermärchen, Turners Gemälde „Regen, Dampf, Geschwindigkeit“
1846: 1. Pferdeomnibus in Berlin
1848: Marx/Engels „Kommunistisches Manifest“, 1. Kabelverbindung Europa – USA

Phase 3:
Heines Situation als Dichter

Um die dichterische und zeitgeschichtliche Situation zusammenzufassen, in der Heine sich befindet, werden die Schüler dazu aufgefordert, sich vorzustellen, sie fühlten sich zum Dichter berufen, lebten aber in der Zeit der Nachromantik mit den eben umrissenen Neuerungen. Welchen Konflikten wären sie ausgesetzt, und wie würden sie sie lösen? Im Gespräch, in das die Schüler ihr Vorwissen über Heine einbringen (und dabei möglicherweise auf politische Aspekte eingehen), können folgende Punkte angesprochen werden: In der Klassik und Romantik schöpften die Dichter aus dem reichen Vorrat an Naturbildern, weil sie sich mit der Natur in Einheit und Harmonie befanden, weil ihr Leben und Erleben sich in der Natur abspielte. Heine spürt, daß die ihn umgebende Natur nicht mehr beseelt ist, daß Fortschritt und Technik eine wichtigere Stellung im Leben der Menschen einnehmen. Durch Darwins Lehre z. B. wird der Glaube an eine weise geordnete Schöpfung, deren Krone der Mensch ist, umgestoßen. Heine und seine Zeitgenossen stehen also ihrer Umwelt distanziert gegenüber, das Gefühl der Einheit mit der Natur fehlt. Die Sprache der Romantiker wirkt für ihn verbraucht und klischeehaft. Für das dichterische Sprechen stehen ihm nurmehr die Mittel des Spotts, der Ironie und Kritik zu Verfügung.

Phase 4:
Analyse des Gedichtes „Die Lotosblume ängstigt“

An zwei Beispielen werden nun diese Vermutungen bestätigt: an „Die Lotosblume ängstigt“, das zunächst für sich allein, ohne Hinweis auf die Parodie, behandelt werden sollte, damit seine eigenartige Schönheit besser zum Ausdruck kommt, und dann an der späteren Version der „Lotosblume“.
Nach lautem Lesen des Gedichts (oder, noch besser, nach dem Abspielen der Vertonung als Lied) werden zunächst im Unterrichtsgespräch Thema und Bilder des Gedichts bestimmt:

1. Thematik?
- Unerfüllte Liebe zwischen Lotosblume und Mond.
2. Unterschied zu den Liebesgedichten Goethes und Brentanos?
- Nicht mehr das lyrische Ich spricht im Gedicht, sondern Mond und Blume sind anthropomorphisiert zu Liebenden.
3. Möglicher Grund dafür?
- Heine ist nicht mehr unbefangen genug, um über die Liebe in menschlichem, persönlichem Kontext zu sprechen. Er stilisiert sie, rückt sie in die Ferne.
4. Warum ausgerechnet Lotosblume (vgl. Rose, Lilie, Veilchen z. B. im Volkslied)?
- Letztere sind abgegriffen, belastet durch romantische Tradition. Lotosblume wirkt exotisch und kostbar. Durch die Wahl des Bildes wird aber auch deutlich, daß nicht mehr unmittelbar Erlebtes zum Ausdruck kommt.

In kurzer Still- oder Partnerarbeit folgen die Schüler nun der Entwicklung des Themas in den drei Strophen, indem sie Stichworte für die Liebesthematik suchen. Das Ergebnis könnte ungefähr so aussehen:

Strophe 1: Blume in träumender Erwartung der Nacht, auch der Leser nimmt Erwartungshaltung ein.

Strophe 2: Der Mond wird als „Buhle“ eingeführt, die Liebesbegegnung wird durch das Sich-Öffnen der Blume vorbereitet, doch die Liebenden sind zu weit voneinander entfernt.

Strophe 3: Keine Erfüllung, sondern (durch Häufung der Verben betont) schmerzliche, unwiderrufliche Unerfüllbarkeit.

Die Schüler werden spüren, daß dieses Gedicht noch keine ausgesprochene Brechung der romantischen Gefühle und Gedanken darstellt, sondern ihnen noch verhaftet ist. Auf die Frage, was im Gedicht gegenüber der Romantik neu wirkt, könnten sie einbringen, daß die Bilder der Blume und des Mondes durchaus der Romantik entstammen, daß aber die Flucht in die Exotik und die Distanz neu sind. Die Hoffnung auf ein völliges Verschmelzen von Mensch und Natur, Innen und Außen, scheint aufgegeben, dafür wird die Spannung und Verzweiflung betont.

Phase 5:
Vergleich des Gedichtes mit der Selbstparodie

Zur Auflockerung dient dann das Lesen der Selbstparodie, zu dem die Information gegeben werden muß, daß Heine inzwischen älter und krank war und das Gedicht auf seinem Krankenlager in Paris schrieb. Der Vergleich mit „Die Lotosblume ängstigt“ kann im Gespräch erfolgen, nachdem die Schüler ihre Beobachtungen zunächst spontan geäußert haben. Dabei sollte klar werden, daß Heine das Bild der Lotosblume und des Mondes nun völlig ins Lächerliche zieht, indem er es auf eine absurde menschliche Situation überträgt.
Die Schüler bestimmen die Grundstimmung

des Gedichts, nämlich Hohn und Bitterkeit, und erkennen, daß sie sich nicht nur auf die Unmöglichkeit der Liebe beziehen, sondern auch auf die Unmöglichkeit des Dichtens selbst, das nicht mehr ernstgenommen werden kann.

Lernziele

Die Schüler
- erkennen Heines Sprachnot und ihre Gründe
- sehen im Gedicht „Die Lotosblume ängstigt" die romantische Tradition und Heines Versuch, sie zu überwinden
- erkennen Heines Selbstparodie in der zweiten Version des Gedichts

11. Stunde: Das lyrische Bild bei Heine – Verneinung und Zurücknahme

Sachinformationen

a) Fachliche Analyse

Die drei im folgenden besprochenen Gedichte sollen nicht eingehend interpretiert werden. An ihnen wird vielmehr gezeigt, mit welch unterschiedlichen Möglichkeiten Heine seine dichterische Konfliktsituation zu bewältigten sucht. In „Wahrhaftig" (vgl. S. 79) begegnet uns in den ersten sechs Zeilen eine von Brentano her vertraute Reihung von Bildern, die dem Vorrat romantischer Chiffren entnommen sind: Frühling, Sonnenschein, Blümlein, Mond, Sternlein usw. In drei Bedingungssätzen wird ein, durch die dreimalige Wiederholung der Satzstruktur jedoch schon fragwürdiges, Idyll aufgebaut, in dem die romantische Welt in Ordnung scheint, um dann in den letzten vier Zeilen völlig zerstört zu werden. Die letzte Zeile „So macht's doch noch lang keine Welt" enthält den Schlüsselgedanken des Gedichts und einen Hinweis auf Heines dichterische Situation: die vorher erwähnten Naturdinge haben keinen Bezug zur Realität, sie sind leere Klischees, die vielleicht gefallen, aber wertlos sind, weil sie zu oft gebraucht wurden. Mit Killys Worten:

> „Wir haben es hier nicht mit bloßer literarischer Zeitkritik zu tun. Sie mag den Ansatz abgeben und sich mit Heines persönlichen Eigenschaften verbinden. Aber das dahinterstehende Problem ist tiefer; es ist der Mangel an „Welt", der im Bilde offenbar wird." (Killy, S. 102)

Hier beobachten wir also Zitieren des romantischen Vokabulars, dann abrupte Zurücknahme und Zerstörung der Illusion.

In „Sie saßen und tranken am Teetisch" (vgl. S. 79) wird dem Zuschauer eine groteske Szene präsentiert: die Diskussion des Themas Liebe durch lauter Karikaturen. Wieder wird Unvereinbares zusammengezwungen: die Liebe kann als Thema einer oberflächlichen Konversation am Teetisch nicht mehr als Gefühl und Erlebnis ernstgenommen werden, das Wort ist platt und abgegriffen. Der Reim „ästhetisch" auf „Teetisch" macht von vornherein klar, daß es sich hier um Spott und Ironie handelt. Die Liebe als Passion wird durch die gleichzeitig präsentierte Teetasse aufgehoben. Und die ganze absurde Szene, vom Sprecher und Hörer des Gedichts aus der Distanz betrachtet, wird noch einmal gebrochen durch die letzte Strophe, in der das Ich des Gedichts seine Ironie voll zum Ausdruck bringt, indem es – augenzwinkernd – die Liebe seines „Schätzchens" dem Teegespräch entgegenstellt. Hier wird gar nicht mehr der Versuch gemacht, in lyrischen Bildern zu sprechen; die Aussage des Gedichts wird in Form eines Miniaturdramas gemacht, welches das lyrische Ich ironisch kommentiert.

Sie saßen und tranken am Teetisch (1823)

Sie saßen und tranken am Teetisch,
Und sprachen von Liebe viel.
Die Herren, die waren ästhetisch,
Die Damen von zartem Gefühl.

Die Liebe muß sein platonisch,
Der dürre Hofrat sprach.
Die Hofrätin lächelt ironisch,
Und dennoch seufzet sie: Ach!

Der Domherr öffnet den Mund weit:
Die Liebe sei nicht zu roh,
Sie schadet sonst der Gesundheit.
Das Fräulein lispelt: Wieso?

Die Gräfin spricht wehmütig:
Die Liebe ist eine Passion!
Und präsentiert gütig
Die Tasse dem Herrn Baron.

Am Tische war noch ein Plätzchen;
Mein Liebchen, da hast du gefehlt.
Du hättest so hübsch, mein Schätzchen,
Von deiner Liebe erzählt.

Heinrich Heine

Aus: Heine, Werke, Bd. 1, München 1968, Hanser Verlag, S. 95

Wahrhaftig

Wenn der Frühling kommt mit dem Sonnenschein,
Dann knospen und blühen die Blümlein auf;
Wenn der Mond beginnt seinen Strahlenlauf,
Dann schwimmen die Sternlein hinterdrein;
Wenn der Sänger zwei süße Äuglein sieht,
Dann quellen ihm Lieder aus tiefem Gemüt;
Doch Lieder und Sterne und Blümelein,
Und Äuglein und Mondglanz und Sonnenschein,
Wie sehr das Zeug auch gefällt,
So macht's doch noch lang keine Welt.

Heinrich Heine

Aus: Heine, Werke, Bd. 1, München 1968, Hanser Verlag, S. 64

Der Wassermann

Es war in des Maien mildem Glanz,
Da hielten die Jungfern von Tübingen Tanz.
Sie tanzten und tanzten wohl allzumal
Um eine Linde im grünen Tal.
Ein fremder Jüngling in stolzem Kleid
Sich wandte wohl zu der schönsten Maid;
Er reicht ihr dar die Hände zum Tanz,
Er setzt ihr aufs Haar einen meergrünen Kranz.
„O Jüngling! Warum ist so kalt dein Arm?"
„In Neckars Tiefen, da ist's nicht warm."
„O Jüngling! Warum ist so bleich deine Hand?"
„Ins Wasser dringt nicht der Sonne Brand."
Er tanzt mit ihr von der Linde weit.
„Laß, Jüngling, weh! Die Mutter mir schreit!"
Er tanzt mit ihr den Neckar entlang:
„Laß, Jüngling, weh! Mir ist so bang!"
Er faßt sie fest um den schlanken Leib:
„Schön Maid, du bist des Wassermannes Weib!"
Er tanzt mit ihr in die Wellen hinein:
„O Vater, du, und o Mutter mein!"
Er führt sie in seinen kristallenen Saal:
„Ade, ihr Schwestern allzumal! Ade, ade!"

Justinus Kerner

Aus: Kerner, Werke, Bd. 1, Teil 2, Olms Verlag 1974, S. 79

In der „Begegnung" (vgl. S. 81) schließlich parodiert Heine eine romantische Ballade, den „Wassermann" von Justinus Kerner. Kerners Gedicht enthält typisch romantische Elemente (Zauberbann, Verführung, Motiv des Wassers), die bei Heine ins Lächerliche gezogen werden. Er übernimmt die äußere Form, bricht aber den Bann, indem er aus dem unschuldig verführten Erdenkind eine Nixe macht, die ebenso verschlagen ist wie ihr feuchter Verführer und diesem deshalb trotz aller Verführungskünste nicht auf den Leim gehen will.

b) Methodische Überlegungen

Die drei Gedichte können in einer Stunde behandelt werden, wenn die Frage in den Mittelpunkt gestellt wird, inwiefern hinter jedem Gedicht Heines gebrochenes Verhältnis zur Romantik zum Ausdruck kommt und welche dichterischen Mittel er jeweils verwendet. Im abschließenden Arbeitsblatt werden die Ergebnisse beider Stunden über Heine zusammengefaßt. Die musikalische Version des „Wassermanns" kann zur Auflockerung eingesetzt werden.

Begegnung

Wohl unter der Linde erklingt die Musik,
Da tanzen die Burschen und Mädel,
Da tanzen zwei, die niemand kennt,
Sie schaun so schlank und edel.

Sie schweben auf, sie schweben ab,
In seltsam fremder Weise,
Sie lachen sich an, sie schütteln das Haupt,
Das Fräulein flüstert leise:

„Mein schöner Junker, auf Eurem Hut
Schwankt eine Neckenlilje,
Die wächst nur tief in Meeresgrund –
Ihr stammt nicht aus Adams Familie.

Ihr seid der Wassermann, Ihr wollt
Verlocken des Dorfes Schönen.
Ich hab Euch erkannt, beim ersten Blick,
An Euren fischgrätigen Zähnen."

Sie schweben auf, sie schweben ab,
In seltsam fremder Weise,
Sie lachen sich an, sie schütteln das Haupt,
Der Junker flüstert leise:

„Mein schönes Fräulein, sagt mir, warum
So eiskalt Eure Hand ist?
Sagt mir, warum so naß der Saum
An Eurem weißen Gewand ist?

Ich hab Euch erkannt, beim ersten Blick,
An Eurem spöttischen Knixe –
Du bist kein irdisches Menschenkind,
Du bist mein Mühmchen, die Nixe."

Die Geigen verstummen, der Tanz ist aus,
Es trennen sich höflich die beiden.
Sie kennen sich leider viel zu gut,
Suchen sich jetzt zu vermeiden.

Heinrich Heine

Aus: Heine, Werke, Bd. 4, München 1971, Hanser Verlag, S. 393

Stundenverlauf

Phase 1:
„Wahrhaftig" als Beispiel für Heines Kritik an der Romantik

Zunächst sollen die Schüler noch einmal kurz Heines Haltung zur Romantik zusammenfassen, wie sie in der letzten Stunde anhand der Texte herausgearbeitet wurde. Dann wird ihnen das Gedicht „Wahrhaftig" mit der Frage vorgelegt, inwiefern diese Haltung im Gedicht zum Ausdruck komme. Die Schüler werden erkennen, daß Heine mit den Bildern, die er aneinanderreiht, nur spielt, daß er sie nicht ernsthaft als Chiffren oder „Tasten" einsetzt und daß er im zweiten Teil des Gedichts seinen Widerwillen gegen das „Zeug" äußert, weil es ihm zu wenig realitätshaltig ist.
In einer kurzen Still- oder Partnerarbeitsphase nehmen die Schüler Aufbau und Satzstruktur genauer in Augenschein.

Ergebnis: In den ersten sechs Zeilen genau parallel konstruierte wenn-dann-Sätze, die drei Versatzstücke aneinanderreihen, die aus Gedichten Brentanos oder Eichendorffs stammen könnten, doch ohne inneren Zusammenhang; Herabsetzung des Inhalts auch durch die dreimalige Verkleinerungsformel -lein. Dann abrupter Bruch durch das Wort „doch"; in den letzten vier Zeilen werden in umgekehrter Reihenfolge die vorher genannten Begriffe noch einmal aufgezählt und dadurch vollends jeden Sinngehalts beraubt. Der Kommentar des Dichters am Ende zeigt seine innere Distanz zu allem vorher Gesagten und nimmt die Aussagen der ersten sechs Zeilen zurück mit der Begründung, sie „machen keine Welt", d. h. die verwendeten Bilder und Begriffe hätten nichts mit der Wirklichkeit zu tun.

Phase 2:
Verzicht auf lyrische Bilder

„Sie saßen und tranken am Teetisch" sollte zunächst überflogen und dann von einem Schüler möglichst so vorgelesen werden, daß die Ironie schon im Vortrag deutlich wird. Im Gespräch wird anschließend geklärt, welche Grundhaltung sich im Gedicht spiegelt. Am besten wäre es, wenn die Schüler im freien Gespräch ihre Gedanken über das Gedicht äußern und die Ironie entdecken könnten, die aus ihm spricht. Wird mit Leitfragen gearbeitet, so könnten sie lauten:

1. Wie wird hier das Thema Liebe behandelt im Gegensatz zu allen vorigen Gedichten der Unterrichtseinheit?
   - Nicht als Erlebnis eines Individuums, sondern als Konversationsthema. Dadurch Herabsetzung des Begriffs Liebe.
2. Woran äußert Heine indirekt Kritik, und wie gelingt ihm das?
   - Ziel seines Spottes sind sowohl die Privilegierten (Domherr, Baron, Gräfin) als auch das Phänomen Liebe, das in der Vergangenheit zu sehr beansprucht wurde und nun am Teetisch zerredet wird. Die Liebe wird jedoch wieder aufgewertet durch die plötzliche Wendung in der letzten Strophe: durch die Andeutung, daß das Ich des Gedichts mit seinem Liebchen auf diesem Gebiet besser bewandert ist als die Herrschaften am Teetisch.
3. Was ist zur Verwendung des lyrischen Bildes zu sagen?
   - Es sind keine Bilder mehr zu finden, denn es wird keine Stimmung mehr heraufbeschworen, sondern aus der Distanz sachlich eine Situation geschildert.

Phase 3:
Vergleich eines Gedichts von Kerner mit der Parodie von Heine

Mit der Frage nach den bekanntesten romantischen Komponisten wird auf die

Schallplattenaufnahme des Kernergedichts vorbereitet. (Robert Schumann, Romanzen, Balladen und Lieder, Kammerchor Stuttgart, Frieder Bernius, EMI, ic 065 – 30 807) Es kann auf Schumann, Schubert und Brahms als Komponisten von Kunstliedern und Chorwerken verwiesen werden.
Die Schüler hören zunächst das Stück an mit der Aufgabe, den Text zu verstehen und einige charakteristische Merkmale herauszuhören: die Aufteilung in verschiedene, gleich gebaute Strophen, die neu einsetzende Melodieführung und der pointierte Rhythmus zu Beginn des Dialogs zwischen Wassermann und Mädchen, die Andeutung des Verschwindens im Wasser in den letzten Zeilen durch das Ausklingen im piano.
Dann wird das Gedicht ausgeteilt und gelesen. Auf die Frage nach dem Unterschied des Gedichts zu den vorher behandelten sollten die Schüler erkennen, daß es sich hier nicht um ein lyrisches, sondern um ein erzählendes Gedicht behandelt, um eine Ballade. Daraufhin liest der Lehrer Heines Parodie vor. Im Unterrichtsgespräch kann relativ rasch geklärt werden, was Heine an Kerners Fassung verändert hat, um dann ausführlicher zu besprechen, was Heine wohl zu der Parodie veranlaßt hat. Die Antwort lautet: Der Bann, der in Kerners Gedicht von der Märchenfigur des Wassermanns über das Mädchen geworfen wird, wirkt bei Heine nicht, weil hier die überraschende Pointe des Gedichts – das Opfer selbst stammt nicht „aus Adams Familie“ – den Märchencharakter zerstört. Indem Heine das Phänomen des Zauberbanns und der Verführung durch übernatürliche Kräfte in Frage stellt, zieht er ein typisch romantisches Motiv ins Lächerliche und tut als unrealistisch und weltfremd ab, was die Generation der Romantiker als Volksgut gesammelt und in Literatur verwandelt hatte.

Phase 4:
Zusammenfassung der Ergebnisse

Um einen Überblick über die verschiedenen Stilmittel zu schaffen, mit denen Heine seinen Schwierigkeiten als nachromantischer Dichter zu begegnen sucht, wird den Schülern ein Arbeitsblatt ausgeteilt, das sie entweder zum Schluß der Stunde oder als Hausaufgabe ausfüllen. (Vgl. Stundenblatt)

Als Hausaufgabe bereiten die Schüler den Text von Kurt Pinthus (vgl. S. 84) vor und notieren sich Fragen.

Lernziele

Die Schüler
- erkennen in drei Gedichten Heines die Mittel der Zurücknahme (oder des „literarischen Selbstmordes“), der Ironie und der Parodie
- verfolgen die Wandlung des lyrischen Bildes von Goethe bis Heine und erkennen, daß diese Entwicklung bei Heine einen Krisenpunkt erreicht hat

12. Stunde: Das Verhältnis des modernen Künstlers zur Wirklichkeit

Sachinformationen

a) Fachliche Analyse

Durch den Sprung von Heine zu Benn entsteht eine so große Lücke, daß es nun notwendig wird, die völlig neuen Gedankengänge zu erklären, die der Dichtung des 20. Jahrhunderts zugrundeliegen. Mörike, der Poetische Realismus, Impressionismus und

Kurt Pinthus: Zur jüngsten Dichtung

Die jüngsten Menschen aber, nach 1900 sich entwickelnd, fanden sich wehrlos und ungeschützt hineingestellt in den schimmernden Zauber der abenteuerlichen Reisen, der freier sich bietenden Geschlechtlichkeit, der von geheimnisvollen Farben, Geräuschen und Gestalten schwirrenden und verwirrenden Straßen, Landschaften, Cafés und Vergnügungspaläste, der rätselhaften Fabriken, Maschinen und Bewegungsmöglichkeiten ... Sie stürzten sich, beherrscht vom rasenden Takt der mechanisch abrollenden Umwelt, mit wollüstigem Schrei in die „Welt neuer Wunder", verschwendeten sich entzückt an die Erscheinungen, ließen Sinne und Nerven lodern und zucken ... und dichteten Rausch, Spannung und Kater. Bis allmählich in der Seligkeit des Seins leise anklingend, dann posaunenhaft dröhnend die Erkenntnis aufschwoll: ... Wir sind! Und sind Menschen! Uns Menschen soll nicht die Welt, sondern die Menschheit das wichtige sein. „Die Welt fängt im Menschen an." (Werfel) ... „Uns dient die Erde nur, uns selbst zu sehen" (Wolfenstein) ... Alle unsre Wege sollen nicht weg von uns, sondern zu uns hin führen. Nicht wollen wir einen Mikrokosmos in die Welt, sondern den Makrokosmos in unsern Mikrokosmos hineinprojizieren und umgebären. Von der Expansion hin zur Konzentration! Nicht Erschütterungen der Sinne, sondern Erschütterungen der Seele! Mit aufkeimender Einsicht: Wirklichkeit und Kunst seien nicht ein Abhängiges, Bedingtes, sondern (um es schärfstens zu formulieren) sie schlössen sich aus, beginnt die Epoche der jüngsten Kunst. Die Wirklichkeit, die starr und wild, mild und sanft uns umgibt, jene Wirklichkeit, die unsere Sinne lockt, ätzt, quält, entzückt, jene Wirklichkeit, von der wir nicht wissen, was eigentlich an sich sie ist, jenes uns ganz Fremde, das außer uns, ohne uns ist, Chaos, jenseits unseres geistigen Willens, in das mühsam wir Gesetze hineininterpretieren – und jene Kunst, die ganz und gar aus uns selbst strömt, die ganz in der Idee, in der von uns gegebenen Form lebt, also ganz und immer Schöpfung und Werk unseres Gefühls, Geistes und Willens ist ... was eigentlich haben sie miteinander gemeinsam? ... Was anderes, als daß wir der Kunst Ausdrucksmöglichkeiten, Requisiten wie eine Haut abnehmen von den Erscheinungen, welche die Wirklichkeit unseren Sinnen darbietet, – um das der Wirklichkeit Fremdeste: Geist, Fühlen, Wollen einander sichtbar zu machen.

Die Wirklichkeit vom Umriß ihrer Erscheinung zu befreien, uns selbst von ihr zu befreien, sie zu überwinden nicht mit ihren eigenen Mitteln, nicht indem wir ihr entfliehen, sondern, sie umso inbrünstiger umfassend, durch des Geists Bohrkraft, Beweglichkeit, Klärungssehnsucht, durch des Gefühls Intensität und Explosivkraft sie besiegen und beherrschen, ... das ist der gemeinsamste Wille der jüngsten Dichtung.

Unter Wirklichkeit soll nicht etwa nur die Erscheinungswelt der Natur und der uns umgebenden, von uns selbst geschaffenen körperlichen Kulissen der Städte und der Erzeugnisse formender Technik verstanden werden, sondern vor allem das Gewirr unserer sozialen, kulturellen, politischen, wirtschaftlichen Beziehungen und Einrichtungen.

Aus: Vom jüngsten Tag. Ein Almanach neuer Dichtung. Leipzig 1916.
Zitiert nach: Wort und Sinn, Arbeitsbuch Literatur, Struktur und Geschichte, Paderborn 1980, Schöningh Verlag, S. 46/47.

Symbolismus, George, Rilke und Hofmannsthal werden ausgespart. Erst bei Benn wird die Entwicklung weiter verfolgt, da dieser sich in seinen zahlreichen theoretischen Schriften mit den „Problemen der Lyrik" auseinandergesetzt hat und uns so den Hintergrund liefert, der es erleichtert, die Erscheinungsform des lyrischen Bildes zu verdeutlichen. Benn ist wie J. Becher einer der ganz wenigen Lyriker, die im Expressionismus begannen und ihn überwanden – die meisten Lyriker starben im ersten Weltkrieg. Die Wurzeln von Benns Kunstauffassung liegen im Expressionismus, und das Verstehen der Wirklichkeitsauffassung, die der modernen Dichtung zugrundeliegt, ist ohne die Auseinandersetzung mit den Grundgedanken des Expressionismus nicht möglich. Deshalb wird der Pinthus-Text „Zur jüngsten Dichtung" von 1915 (vgl. S. 84; auch im WS Arbeitsbuch) der Behandlung von Gedichten des 20. Jahrhunderts vorangestellt, denn er setzt den Gedankengang fort, den wir schon von Goethe bis Heine verfolgten: er befaßt sich nämlich mit dem veränderten Verhältnis des Künstlers zu der ihn umgebenden Wirklichkeit.

Heine beklagte den „Mangel an Welt" in seinem Gedicht „Wahrhaftig". Seine ganze Dichtung durchzieht das Dilemma, daß die ihn umgebende Welt ihm fremd geworden ist, daß die Sprache sie nicht mehr wiedergeben kann. Für die Expressionisten hatte sich das Problem noch verschärft, denn die äußere Wirklichkeit änderte sich zu ihrer Zeit schneller und tiefgreifender als je zuvor: technische Entwicklung, Wachstum der Großstädte, neue Erkenntnisse der Psychologie und der Naturwissenschaften machten das Individuum zu einem winzigen, unbedeutenden Bestandteil eines riesigen Räderwerks und nahmen ihm vollends das Gefühl der Identität mit sich selbst und seiner Umwelt, dies Goethe noch besessen hat. Heine trauerte der verlorenen „Welt" nach und versuchte entweder, sie zurückzuholen, oder bedachte sie mit Spott. Die Expressionisten gehen einen Schritt weiter: „Uns Menschen soll nicht die Welt, sondern die Menschlichkeit das Wichtigste sein. Die Welt fängt im Menschen an ..." (Werfel). Sie verzichten also auf die äußere Wirklichkeit, die ihnen keinen Impuls mehr für ihre Kunst zu geben vermag, wie das bei Goethe noch der Fall war, der seine Kunst direkt aus der angeschauten Wirklichkeit schuf. Diese Trennung von Kunst und Wirklichkeit ist der Kerngedanke dieses Texts und die Grundlage für die Behandlung der folgenden Gedichte:

„Mit aufkeimender Einsicht: Kunst und Wirklichkeit seien nicht ein Abhängiges, Bedingtes, sondern (um es schärfstens zu formulieren) sie schlössen sich aus, beginnt die Epoche der jüngsten Kunst ... Jene Wirklichkeit, von der wir nicht wissen, was eigentlich an sich sie ist, jenes uns ganz Fremde, das außer uns, ohne uns ist, Chaos ... und jene Kunst, die ganz und gar aus uns selbst strömt ... was eigentlich haben sie miteinander gemein?" (Pinthus)

Auf die Erkenntnis, daß die Wirklichkeit für das Individuum nicht mehr zu bewältigen ist, folgt also die völlige Abkehr von ihr. Die Kunst entspringt aus dem Menschen selbst, der die Macht hat, Wirklichkeit mit dem geistigen Auge zu sehen und seiner Vision entsprechend zu verändern.

b) Methodische Überlegungen

Eine der größten Schwierigkeiten für die Schüler besteht darin, zu erkennen, daß moderne Lyrik nichts mehr mit Anschauung und Erlebnis zu tun hat, daß die Welt, die im modernen Gedicht abgebildet wird, in erster Linie im Kopf des Dichters existiert. Die Bilder eines Gedichts haben nun allen Realitätsgehalt verloren, es muß von Motivkomplexen und Assoziationen ausgegangen werden – aber dazu ist eine theoretische Vorbereitung nötig, die der Text von K. Pinthus bieten soll. Wenn seine Kernaussa-

ge den Schülern nicht klar ist, fehlen ihnen für den Rest der Unterrichtseinheit die nötigen Verständnisvoraussetzungen.
Der Text ist nicht einfach, schon wegen seiner typisch expressionistischen Diktion, deshalb erscheint es sinnvoll, für ihn eine ganze Stunde vorzusehen. Auch der Abwechslung wegen bietet es sich an, nach so vielen Gedichten einmal konzentriert an einem Prosatext zu arbeiten.
Es wäre eine Bereicherung der Unterrichtseinheit, wenn an dieser Stelle genug Zeit zur Verfügung stünde, um eine Stunde dazwischenzuschalten, in der die theoretischen Positionen des Expressionismus durch Gemälde, Holzschnitte, Ausschnitte aus Gedichten oder Prosa illustriert werden könnte, die möglichst von den Schülern selbst zusammengetragen werden. Es steht im Ermessen des Lehrers, ob er eine Stunde dafür einplanen will oder nicht.

Stundenverlauf

Phase 1:
Klärung des Vorwissens

Vor Beginn der Textarbeit werden die Schüler gebeten, ihr Vorwissen über den Expressionismus einzubringen, nachdem sie darauf hingewiesen wurden, daß es sich bei dem Pinthus-Text um ein wichtiges Dokument des Expressionismus handelt. Die meisten Schüler werden den Begriff aus der bildenden Kunst kennen; sie werden nach Namen, Jahreszahlen und charakteristischen Merkmalen der Kunstwerke gefragt. Auf diese Weise bleibt der theoretische Text nicht isoliert, sondern wird mit den Vorkenntnissen der Schüler verknüpft. Vielleicht können einige bekannte Werke der expressionistischen Kunst kurz besprochen werden, vor allem im Hinblick auf das, was sie über den Menschen aussagen und mit welchen Mitteln der Künstler arbeitet, z.B.: „Der Schrei“ von Munch, Bilder von Otto Dix oder Holzschnitte von E. L. Kirchner oder Zeichnungen zum Thema Stadt.

Phase 2:
Analyse des Textes

Nun sollen die Schüler als Ergebnis der Hausaufgabe versuchen, den Text kurz in eigenen Worten wiederzugeben oder Fragen dazu zu stellen. Wenn dabei klar wird, daß die Schüler den Text in seinen wichtigsten Zügen erfaßt haben, kann diese Phase sehr schnell abgeschlossen werden, und es kann mehr Gewicht auf die Charakterisierung der expressionistischen „Epoche“ oder Bewegung allgemein gelegt werden. Material dazu befindet sich im entsprechenden Reclam-Band der Reihe „Deutsche Literatur in Text und Darstellung“.
Andernfalls wird für jeden Abschnitt des Textes eine Frage formuliert, die es den Schülern ermöglichen soll, den jeweiligen Abschnitt zu paraphrasieren. Die ersten zwei Abschnitte können gemeinsam, die folgenden beiden in Stillarbeit durchgegangen werden. Folgende Fragen und Antworten sind möglich:

1. Was veränderte sich in den ersten Jahren des 20. Jahrhunderts, und wie reagierten die Menschen auf die veränderte Umwelt?
- Die Technik entwickelte sich sehr schnell, Großstädte wuchsen, der Lebensrhythmus wurde stark beschleunigt. Die Menschen ließen sich von diesen Erscheinungen vereinnahmen und versuchten, sie künstlerisch wiederzugeben.

2. Worin bestand die neue Erkenntnis der Expressionisten?
- Nicht Erscheinungen sind wichtig, sondern Menschen, nicht Anschauung der nicht mehr zu bewältigenden Wirklichkeit, sondern die Substanz in uns.

3. Welches Verhältnis zur Wirklichkeit ha-

ben die neuen Künstler? Was ist die Quelle ihrer Kunst?
- Wirklichkeit ist außerhalb des Menschen, deshalb kann keine Kunst aus ihr entstehen. Kunst entspringt dem Inneren des Menschen, seinem Geist.
4. Was bedeutet „die Wirklichkeit vom Umriß ihrer Erscheinungen freilegen“? Welche Gefahr besteht bei einem solchen Vorgehen?
- Die Wirklichkeit nicht mehr so wiederzugeben, wie das menschliche Auge sie wahrnimmt, sondern in der Kunst solche Wesenszüge freizulegen, die nur dem geistigen Auge und dem Gefühl zugänglich sind. Dann ist Kunst nicht mehr mitteilbar, weil sie nicht mehr für alle gleich ist, sondern von der persönlichen Vision des Künstlers abhängt, die der Adressat unter Umständen nicht mehr nachvollziehen kann. Die Folge kann Unverständlichkeit sein.

Phase 3:
Zusammenfassung der Aussagen

Als Zusammenfassung dieser Gedanken werden die Fragen aus dem WS Arbeitsbuch beantwortet. Die Wirklichkeit wird vom Künstler daraufhin reduziert/verändert, was an ihr aussagekräftig und – vom Standpunkt des Künstlers aus – sagenswert ist. Funktion der Kunst ist, „Geist, Fühlen und Wollen einander sichtbar zu machen“, den innersten Kern der Dinge freizulegen.
Auf dieser Grundlage können die Schüler nun Vermutungen wagen, wie das lyrische Bild wohl unter solchen Voraussetzungen beschaffen sein werde. Sie sollten dabei wieder zur Form des Bildes bei Goethe zurückblicken. Wäre im Expressionismus das Symbol als Ruhepunkt des Gedichts noch denkbar? Die Antwort muß lauten: nein, weil die „Erscheinung“, eines der drei gleichgestellten Elemente des Symbols, nicht mehr wichtig ist. Das Bild kann nicht mehr aus der äußeren Welt der Erscheinungen stammen, sondern kommt aus der Vorstellungskraft des Dichters; es wird dadurch an Allgemeingültigkeit verlieren und nicht mehr direkt zugänglich sein. Auch in der Romantik entstammt das Bild dem Innern des Dichters, doch steht es dort noch im großen Zusammenhang des göttlichen Geheimnisses, das der Dichter hinter den Erscheinungen der Natur vermutet und das er durch sein Gedicht hervorzaubern will. Im Expressionismus ist das Bild nicht mehr in solche Zusammenhänge eingebettet, die Vereinzelung des Individuums ist zu weit fortgeschritten.

Phase 4:
Rückbezug der Aussagen auf Beispiele expressionistischer Kunst

Um an dem Punkt zu schließen, wo die Stunde begonnen wurde, werden die Schüler nun daran erinnert, welche Eindrücke sie über die ihnen bekannte expressionistische Kunst oder über die im Unterricht gezeigten Bilder geäußert haben. Sie werden aufgefordert, diese Eindrücke mit der Theorie in Einklang zu bringen, wie sie bei Pinthus formuliert wurde. Es muß betont werden, daß diese Theorie nicht nur für die Dichtung, sondern für alle expressionistische Kunst gilt. Die Schüler werden nun erklären können, warum Umrisse, Formen und Farben in expressionistischer bildender Kunst nicht mit den Vorlagen aus der Realität übereinstimmen oder solchen Vorlagen gar nicht nachgebildet sind. Die Künstler wollen nicht die Natur nachahmen, sondern ihre wesentlichen Grundzüge freilegen. Die grellen Farben in Munchs Gemälde „Der Schrei“ z. B. wollen nicht eine wirkliche Landschaft abbilden, sondern Gefühle hervorrufen oder wiedergeben, und ebenso wollen die Holzschnitte und Zeichnungen zum Thema Stadt nicht eine realistische Stadt zeigen, sondern die Essenz der Großstadt, nämlich Chaos, Verwirrung und Hektik.

Als Hausaufgabe beschäftigt sich der Grundkurs vorbereitend mit „Welle der Nacht", der Leistungskurs mit „D-Zug" von Benn – genaue Aufgabenstellung vgl. Stundenblatt.

Lernziele

Die Schüler
- verstehen die Grundaussage des Pinthus-Textes
- erkennen, daß vom Expressionismus an nicht mehr die äußere Wirklichkeit Grundlage und Ausgangspunkt der Kunst ist, sondern ihre geistige Substanz, die der Künstler in seinem Werk freilegen will
- sehen diese Tatsache als die Grundvoraussetzung für die neue Form des lyrischen Bildes im 20. Jahrhundert

13. Stunde: Benn „Welle der Nacht" (Grundkurs)

Sachinformationen

a) Fachliche Analyse

Die expressionistischen Gedichte des jungen Benn, van Hoddis', Lichtensteins, Stramms oder Heyms in die Geschichte des lyrischen Bildes aufzunehmen, ist schwierig, weil das Bild bei ihnen fast durchgehend verneint wird, weil durch Schock („Morgue"), Zurücknahme oder Negation versucht wird, die Sprachnot zu überwinden:

„Die Sprachnot des sogenannten Expressionismus erwächst aus der langen Geschichte der Bilder, die sich verbraucht haben, und all der Gefühle, für die sich seit der Romantik gar zu leicht ein Ausdruck bietet. Das Positive erweist sich als hohl, es überredet und gilt nicht mehr, und der „Ausweg" Heines ist nicht mehr gangbar." (Killy, S. 132)

Trakl bildet eine Ausnahme – er ist wohl auch kaum als typisch expressionistischer Dichter einzustufen –, doch die Interpretation seiner Bilder fordert in den meisten Fällen Kenntnis seines ganzen Werks. Um die Beschaffenheit der „absoluten Chiffre" zu verdeutlichen, bietet sich ein Gedicht des späten Benn an. Nachdem der junge Benn die Abgegriffenheit der Bilder so stark empfunden hatte, daß er ihnen alle Bedeutung nahm, kommt der späte Benn wieder zum lyrischen Bild zurück, allerdings zu einem Bild, das seine Wurzeln nicht mehr in der Wirklichkeit hat, sondern in der persönlichen Vision des Dichters. Was Killy über Trakl schreibt, gilt auch für den späten Benn:

„Ein lyrischer Dichter von erstem Rang ist hier der Erfahrung ausgesetzt, daß sich der Zusammenhang zwischen Wort und Sache in der Sprache der Poesie gelöst hat. Die Welt wird subjektiv zusammengehalten nur noch von der leidenden Person. Die Einheit des Gedichts wird hergestellt durch die inneren Relationen, welche einander bestimmen und die Waage halten. Mehr noch als früher muß die von außen kommende Frage nach der „Bedeutung" diese Einheit des Gedichts zerstören. Die Frage setzt nämlich einen Zusammenhang, einen Gemeinsinn voraus, dessen Fehlen gerade den Grund dieser Gedichte ausmacht. Die Abstimmung ihrer Chiffren aufeinander und der funktionale Bezug ist ein Ersatz für den in der Erfahrung der Realität vermißten Zusammenhang und für die verbrauchte Schönheit natürlicher Bilder. Die Abstraktion stellt eine neue Einheit her, die sich der Elemente der Wirklichkeit nur noch bedient, weil sonst Schweigen einträte." (Killy, S. 126)

Das Gedicht „Welle der Nacht" (vgl. S. 89) muß also von vornherein unter dem Aspekt angegangen werden, daß nicht die Frage nach der Bedeutung wichtig ist, sondern das Erkennen der Abstraktion und der inneren Bezüge:

Welle der Nacht

Welle der Nacht – Meerwidder und Delphine
mit Hyakinthos leichtbewegter Last,
die Lorbeerrosen und die Travertine
wehn um den leeren istrischen Palast,

Welle der Nacht – zwei Muscheln miterkoren,
die Fluten strömen sie, die Felsen her,
dann Diadem und Purpur mitverloren,
die weiße Perle rollt zurück ins Meer.

Gottfried Benn

Aus: Benn, Werke, Bd. 3, Hrsg. D. Wellershof, Wiesbaden/München 1960, S. 198

„Wenn wir verstehen wollen, müssen wir in den Raum dieser Sprache eintreten, der nicht notwendig der unserer Sprache ist." (Killy, S. 125)

Unter diesen Voraussetzungen können wir uns dem Gedicht nähern. Wir dürfen auf unsere Fragen aber nicht Antworten erwarten, die uns seine Bedeutung erschließen, sondern nur solche, die es uns ermöglichen, tiefer in seine eigengesetzliche Welt einzudringen.

Als erstes beschäftigen uns die Fremdwörter, deren Klang fasziniert, die jedoch nicht unmittelbar zugänglich sind. Benn war ein intellektueller Lyriker, der seine Gedichte mosaikartig aus Teilstücken aller möglichen Bereiche der Künste und Wissenschaften montierte. Folgende Bemerkungen stützen sich auf die Interpretation Reinhold Grimms (vgl. Bibliographie).

Meerwidder: aus Faust II, „fabelhafte Meerwesen, auf denen Psylen und Marsen, ebenso fabelhafte Völker, im großen Prunkzug der klassischen Walpurgisnacht reiten".

Hyakinthos: Freund Apolls, von diesem durch unglücklich geworfenen Diskus getötet, aus seinem Blut entsproß die Hyazinthe.

Delphine: „Im Britischen Museum befindet sich eine Gemme, die Hyakinthos auf einem Schwan sitzend neben einem Delphin zeigt."

Lorbeerrose: Oleander

Travertine: Plural von Travertin, Gesteinsart

Istrischer Palast: Schloß Miramar bei Triest, „das Erzherzog Maximilian, der als späterer Kaiser von Mexiko nicht nur ‚Diadem und Purpur', sondern auch sein Leben verlor, in der Mitte des vorigen Jahrhunderts auf einem Kalkfelsen über der Adria erbaute".

Was beabsichtigt Benn mit der Montage dieser Begriffe? Er schafft mit ihnen die eigene Welt dieses kurzen Gedichts (Strophe 2 entstand zwanzig Jahre nach Strophe 1!), indem er durch sie Klänge, Rhythmen, Assoziationen und Bezüge hervorruft. Das Gedicht wirkt auf den Hörer zunächst durch die Schönheit seiner reichen Vokaltöne, die durch weiche Konsonanten verbunden sind. In der ersten Strophe dominiert der Vokal e, in der zweiten bringt das u einen dunkleren Klang. Worte wie Hyakinthos, Lorbeerrosen, Travertine, Diadem schaffen durch ihren Kontrast von hellen und dunklen Vokalen eine Klangbasis, auf der sich das Gedicht entfaltet. Ebenso trägt der Rhythmus zur Gesamtwirkung des Gedichts bei. Die zweimalige Beschwörungsformel „Welle der Nacht“ bestimmt den daktylischen Beginn der Strophen, wobei echoartige Anklänge in der letzten Zeile der ersten Strophe und in der dritten Zeile der zweiten Strophe zu finden sind, die ebenfalls daktylisch beginnen, während die restlichen Zeilen iambisch sind. Die Gedankenstriche nach dieser Vorgabe des Themas schaffen eine Generalpause und erzeugen Spannung, die gelöst wird durch die Reihung und Verdichtung der Bilder, welche jeweils auf diese Formel folgen und sie mit farbigem Leben erfüllen. Durch den Rhythmus entsteht eine wellenartige Bewegung, denn fast nirgends scheinen sich die betonten Silben in das Metrum einzufügen; sie haben ein Eigenleben und erzeugen ein ständiges Auf und Ab:

Ẃelle der Ńacht – Ḿeerwidder und Delṕhine
Mit Hyákinthos ĺeichtbewegter Ĺast
Die Ĺorbeerŕosen und die T́raverf́ine
Ẃehn um den ĺeeren Ístrischen Paĺast ...

Klang und Rhythmus erreichen den Hörer als erstes, aber hier endet die Parallele zu Brentano bereits, denn bei ihm waren immer noch „die einzelnen Figuren durch eine unsichtbare Nabelschnur mit dem nährenden Grund ursprünglicher natürlicher Bedeutung verbunden“ (Killy, S. 122). Benns Gedicht ist absolut, ohne Verbindung mit der Welt außerhalb seiner dichterischen Imagination. Sein Inhalt ist nicht mehr „verständlich“, seine Komponenten sind aber so angeordnet, daß sich beim Leser Assoziationen einstellen, die sich zu einem Netz von Beziehungen zusammenschließen. Ein solcher Komplex ist z. B. der des Wassers: Welle, Meer(widder), Delphine, leichtbewegt, Muscheln, Fluten, strömen, Perle, Meer. Ein weiterer setzt sich zusammen aus den Begriffen Lorbeerrose, Palast, Diadem, Purpur – sie alle implizieren Herrschertum. Meerwidder evozieren die Welt der Fabel, Hyakinthos die der griechischen Sage, gleichzeitig aber eine Blume, eine Farbe, einen Duft, welche in der Rose von Lorbeerrose wiederum anklingen.

Durch die Substantive, die das Gedicht beherrschen, werden sinnlich vorstellbare Bilder hervorgerufen, die aber gleichzeitig abstrakt bleiben, weil Ort, Zeit und konkreter Inhalt des Gedichts nicht festlegbar sind. Durch die wenigen Verben wird die Bewegung des Gedichts unterstrichen, die sich schon in dem Bild „Welle der Nacht“ und im Rhythmus manifestierte: wehn, strömen, rollt. Diese Bewegung gipfelt in den Partizipien miterkoren – mitverloren, die Entstehen und Vergehen, Anfang und Ende anklingen lassen.

Diese Assoziationskomplexe und ihr Bezugssystem ließen sich beliebig weiterverfolgen, wobei auch andere Gedichte Benns weitere Aufschlüsse geben könnten, doch das führt über diesen Rahmen hinaus. Was als Grundeindruck im Leser oder Hörer zurückbleibt, ist Schönheit, Trauer, Verlust, Vergänglichkeit – vielleicht der Macht oder des Menschen selbst. Aber diese Begriffe sind fast schon zu konkret, als daß dieses absolute Gedicht mit ihnen gefüllt werden könnte.

b) Methodische Überlegungen

Das wichtigste Ziel dieser Stunde ist, daß die Schüler begreifen, wie ein Gedicht mit solchen absoluten Bildern anzugehen ist. Die Voraussetzung dafür wurde durch den Pinthus-Text geschaffen. In dieser Stunde sollen die Schüler lernen, daß ihr Nicht-Verstehen des Gedichts kein Zeichen ihrer Unfähigkeit ist, sondern aus der geistigen Haltung des Dichters (welche wiederum verständlich wird, wenn man dem Prozeß der Wandlung des lyrischen Bildes folgt) resultiert. Es ist zu erwarten, daß die Schüler immer wieder wissen wollen, was dieses oder jenes Bild oder das ganze Gedicht denn „bedeuten". Sie müssen deshalb wiederholt darauf hingewiesen werden, daß „Bedeutung" in diesem Falle die Verbindung zwischen Kunst und Wirklichkeit wäre, welche schon von Pinthus als nicht mehr existent erklärt wird. Weiterhin müssen sie lernen, mit dieser Art von Gedicht in der Interpretation umzugehen, sich zu öffnen, um seine Assoziationen nachvollziehen zu können, sich nicht mehr an traditionelle Satzgefüge oder sprachliche Logik zu klammern, sondern Klang und Rhythmus auf sich wirken zu lassen und Beziehungen zwischen scheinbar unverbundenen Dingen zu entdecken. Die verschiedenen Interpretationsschritte dürfen ihnen gedanklich nicht aufgezwungen werden, sondern sollten sich aus den Bedürfnissen der Schüler ergeben.

Stundenverlauf

Phase 1:
Vorstellen des Gedichts

Am besten trägt der Lehrer das Gedicht zunächst selbst vor und läßt es danach von einem oder mehreren Schülern lesen. Der Arbeitsauftrag für die anderen lautet, erste Eindrücke zu sammeln. Die Schüler haben sich schon in der Hausaufgabe mit dem Gedicht vertraut gemacht und äußern nun ihre Fragen und Beobachtungen, die sich wohl vor allem auf den Inhalt beziehen. Wahrscheinlich werden sie ihr Nicht-Verstehen formulieren, nach der Bedeutung der Fremdwörter fragen, möglicherweise die Besonderheit des Satzbaus bemerken: fast keine Verben, viele Substantive.

Phase 2:
Klären von Sachfragen

Nun wird systematisch auf die Fragen der Schüler eingegangen und Information zu dem Gedicht geliefert, welche für die Schüler nur schwer zugänglich ist. Zuvor sollen sie jedoch alle Worte im Gedicht unterstreichen, über deren Bedeutung sie sich nicht völlig im klaren sind. Dann werden die Schüler gefragt, wie sie sich das weitere Vorgehen bei der Interpretation vorstellen oder von welchen Voraussetzungen sie bei der Interpretation ausgehen würden. Handelt es sich um ein Erlebnis des Dichters wie bei Goethe, oder können wir nach der Haltung des lyrischen Ich zur Natur fragen? Ist ein lyrisches Ich im Gedicht überhaupt zu entdecken?
Alle diese Fragen sind mit nein zu beantworten. Nun werden die Schüler auf den Pinthus-Text verwiesen und gefragt, inwiefern er helfen kann, einen Zugang zu dem Gedicht zu finden. Die Schüler erinnern sich an die dort geforderte Trennung von Wirklichkeit und Kunst und erkennen, daß Benns Gedicht ein Leben mit eigenen Gesetzen hat und von der Wirklichkeit abstrahiert. Der Lehrer sollte hinzufügen, daß die Frage nach der Bedeutung hier keine Rolle spielt, sondern daß das Gedicht als geschlossenes Gebilde behandelt werden muß, innerhalb dessen gewisse Bezüge zwischen Form und Inhalt, Klängen, Rhythmen, Worten, Bildern und Vorstellungen entdeckt werden können.

Phase 3:
Formanalyse des Gedichts

Keiner der Schüler wird die intensive Wirkung des Gedichts beim Lesen oder Hören bestreiten. Nun soll untersucht werden, wie diese Wirkung zustande kommt. Dabei können die Schüler selbständig in Partnerarbeit eine Formanalyse vornehmen, wie sie bei Goethe und Brentano geübt wurde. Untersuchungsaspekte sind: Metrum und Rhythmus, Assonanzen und jeweils die Wirkung für den Gesamtcharakter des Gedichts. Ergebnis:

- Zeile 1, 4, 5 und 7 beginnen daktylisch, die restlichen iambisch; damit wird Bewegung, ein Auf und Ab des Gedichts erreicht.
- Vokale: In Strophe 1 dominiert der Vokal e (Welle, Meer, Delphine, Lorbeerrosen, wehn, leeren), in Strophe 2 u (Muscheln, Fluten, Purpur). Vokalreiche, klangvolle Wörter: Hyakinthos, Travertine, Diadem.
- Konsonanten: Durch das ganze Gedicht dominieren l und r, die zur Schönheit des Gesamtklangs beitragen.

Phase 4:
Inhaltliche Analyse des Gedichts

Die inhaltlichen Bezüge und Assoziationen werden im Unterrichtsgespräch geklärt und mit den formalen Aspekten in Verbindung gebracht.
Leitfragen des Gesprächs sind:

1. Stehen die hier montierten Begriffe ganz unverbunden nebeneinander, oder lassen sich Verbindungen zwischen ihnen feststellen?
- Welle, Meer, Delphine, Hyakinthos auf dem Schwan neben dem Delphin, der Palast an der Adria, Muschel, fluten, strömen, Meer: die Welt des Wassers und der See wird dem geistigen Auge durch diese Bilder evoziert, dem Ohr durch die rhythmische Bewegung im Gedicht.
- Lorbeerrose, Palast, Diadem, Purpur, Perle: diese Begriffe bilden einen Assoziationskomplex Herrschertum, Macht, Reichtum.
2. Inwiefern sind diese beiden Komplexe miteinander verwoben?
- Sowohl Wasser als auch Macht und Reichtum deuten auf Entstehen und Vergehen, Beginn und Ende. Der Palast ist leer; Muscheln entstehen (miterkoren), doch die Perle rollt zurück ins Meer, aus dem sie kam; Diadem und Purpur sind „mitverloren“; die Sage des Hyakinthos enthält Tod und neu entstandenes Leben in der Blume.
3. Wo sind noch Begriffe mit Assoziationen verbunden, die dem Gedicht eine Tiefe verleihen, welche weit über die bloße Bedeutung der Worte hinausgeht?
- Meerwidder, Hyakinthos, Palast: Sage, Fabel, Märchen, Vergangenheit
- Hyakinthos, Rosen: Duft und Farbe der Blumen
- Diadem, Purpur, Perle: Schönheit, Farbe, Glanz
- Welle der Nacht: beides assoziationsbeladene Begriffe, durch den Genitiv werden auf jedes Wort zusätzlich die Assoziationen des anderen übertragen.
4. Welche Funktion haben die Verben?
- Sie verbinden die Substantive, bringen Bewegung in das Gedicht, tragen wichtige Vorstellungen (miterkoren – mitverloren).
5. Was kann über den Gesamteindruck des Gedichts gesagt werden, nachdem diese Einzelbeobachtungen gemacht wurden?
- Die Tiefen, die unter der bloßen Wortbedeutung liegen, sind erschlossen worden, sie lassen sich nicht „erklären“, doch spielen alle Elemente des Gedichts zusammen zu einem Klang der Trauer, der Schönheit und des Verlustes.

14. Stunde: Das lyrische Bild bei Benn – die absolute Chiffre (Grundkurs)

Sachinformationen

a) Fachliche Analyse

Es geht nun darum, die Bilder der Benn-Gedichte in Bezug zu setzen zu denen Goethes, Brentanos oder Heines und damit den roten Faden der Unterrichtseinheit weiter

Ein Wort

Ein Wort, ein Satz –: aus Chiffren steigen
erkanntes Leben, jäher Sinn,
die Sonne steht, die Sphären schweigen
und alles ballt sich zu ihm hin.

Ein Wort – ein Glanz, ein Flug, ein Feuer,
ein Flammenwurf, ein Sternenstrich –
und wieder Dunkel, ungeheuer,
im leeren Raum um Welt und Ich.

Gottfried Benn

Aus: Benn, Werke, Bd. 3, Hrsg. D. Wellershof, Wiesbaden/München 1960, S. 208

5.2 Die Funktion der kreativen Phantasie bei der Produktion und Rezeption moderner Lyrik

5.2.1 Der Verlust eines verbindlichen Wirklichkeitsbegriffs hat nicht nur Veränderungen der Wahrnehmungs- und Erfahrungsweisen, sondern ebenso Veränderungen der daraus hervorgehenden lyrischen Sprache zur Folge. Ihre Beziehungen zur Wirklichkeit lockern sich; die Kongruenz von Sprache und Welt löst sich auf. Sprachzeichen, die die aus der ursprünglich als ganzheitliches Gefüge erfahrenen Welt zurückgebliebenen zeitlichen und gegenständlichen Splitter repräsentieren, werden vom Lyriker durch Kombination in neue, ungewöhnliche Beziehungen gebracht und als Materialien für den Aufbau einer nur sprachlich existenten Bildwelt verwendet, die durch Kombinations- oder Montagetechniken artifiziell erzeugten, von der Wirklichkeit losgelösten Bilder heißen „absolute Metaphern". Sie streifen die bei der herkömmlichen Metapher im tertium comparationis noch sichtbaren Bezüge zwischen Sprache und Bild ab. Sie sprechen nicht das vertraute Zusammengehören der Dinge aus, sondern pressen sie in die Form der Dissonanz hinein, indem sie das Auseinanderstrebende, Entfernte, zusammenzwingen und identifizieren. Absolute Metaphern entstammen der kreativen Phantasie des Dichters. Diese unbeschränkte Verfügungsgewalt über die vielfältige Perspektiven spiegelnden Bruchstücke einer ursprünglich als heil und ganz erfahrenen Wirklichkeit rückt den modernen Lyriker in die Nähe des von Novalis projizierten Dichters im Zustand des absoluten Schöpfers.

Aus: Wort und Sinn, Arbeitsbuch Literatur, Struktur und Geschichte, Paderborn 1980, Schöningh Verlag, S. 51/52

zu verfolgen. Der dichtende Mensch zur Zeit Benns hat die Verbindung zur Natur und zu der ihn umgebenden Welt verloren oder lehnt sie bewußt ab. Trotzdem schafft der Dichter noch Bilder, denn darin besteht seine einzige Möglichkeit, künstlerisch zu existieren. Die den Dichter umgebende Wirklichkeit ist in einzelne Splitter zerfallen, und aus diesen Splittern schafft er nun neue Kombinationen, „absolute Chiffren", es handelt sich um Geheimzeichen, die nicht entschlüsselt werden können, weil sie losgelöst sind von ihrem ursprünglichen Bedeutungszusammenhang mit der Welt. „Welle der Nacht“ ist ein typisches Beispiel für eine solche Chiffre. Zwei Begriffe aus zwei ganz verschiedenen Bereichen werden in Beziehung zueinander gesetzt, um ein neues Ganzes zu schaffen. Dabei ist es uns bei „Welle der Nacht“ sowie bei den meisten Chiffren dieses Gedichts noch möglich, eine geistige Vorstellung wachzurufen, die sinnliche Elemente enthält. In diesem Gedicht sehen, hören, riechen wir, was bei vielen Gegenwartsgedichten nicht mehr der Fall ist. Für sich selbst bleiben diese Chiffren ohne Suggestionskraft; erst durch die Bezüge, die das Gedicht zwischen ihnen schafft, erhalten sie Leben und Tiefe. Der Interpret kann nur versuchen, diese Beziehungen zu erkennen und die mit ihnen verbundenen Assoziationen nachzuvollziehen.

In Benns Gedicht „Ein Wort“ (vgl. S. 93) wird diese theoretische Erkenntnis dichterisch formuliert. Dem Wort, der Chiffre, wird eine ungeheure Bedeutung und Wirkung beigemessen, welche alle Faktoren, die das menschliche Leben je bestimmten, in den Hintergrund treten läßt. Hier äußert sich das Weltverständnis des modernen Dichters ebenso deutlich, wie Goethes Weltverständnis in seiner Symboldefinition zum Ausdruck kam. Der Abgrund, der sich zwischen der Vertrautheit des Menschen mit seiner Umwelt im 18. Jahrhundert und der völligen Isolierung des Menschen im 20. Jahrhundert auftut, wird deutlich. „Ein Wort“ sagt aus, daß Welt und Ich im leeren Raum schweben, ohne Sinn und Leben. Dieses Bild läßt die Einsamkeit, das Ausgeliefertsein des Menschen erkennen. Die einzige Möglichkeit, in diesen endlosen kosmischen Raum Leben, Licht und Sinn zu bringen, besteht im Schaffen von Worten, Sätzen und Chiffren. Der dichterischen Sprache wird eine Macht zugebilligt, die durch ein grandioses Bild so angedeutet wird: Die Bewegung der Sonne hält ein, der Klang der Sphären (eine Vorstellung, die in der griechischen Philosophie wurzelt und im Mittelalter und der Renaissance blühte) verstummt. Das Wort bildet den Mittelpunkt des Kosmos und schafft für Sekunden die Zusammenhänge, die dem modernen Menschen verlorengegangen sind. Doch wirkt diese Macht nur momentan, die kosmische Erscheinung erinnert an einen Meteor; „ein Flammenwurf, ein Sternenstrich“. Licht im Dunkel, Bewegung in der Statik werden dem Wort zugesprochen, bevor es erlischt, um die Welt im gleichen Zustand zurückzulassen, in dem es sie angetroffen hat. Nichts hat sich verändert: „Wieder Dunkel, ungeheuer . . .“. Benn war überzeugt, daß Dichtung keine Änderung herbeiführen könne, er dichtete, um in der Kunst den letzten Rest von Sinn zu finden, der dem Künstler seiner Generation geblieben war.

Methodische Überlegungen

Durch den Text aus dem WS Arbeitsbuch (vgl. S. 93) und Benns Gedicht „Ein Wort“ soll der Begriff der absoluten Chiffre so weit verdeutlicht werden, daß er für die Schüler greifbar wird und sie mit ihm umgehen und ihn selbständig anwenden können. Der Text aus dem WS Arbeitsbuch verwendet den Begriff „absolute Metapher“, wir ziehen jedoch den Begriff „absolute Chiffre“ vor (vgl. S. 11/12). Am Schluß der Stunden über die absolute Chiffre soll die Aussage Benns diskutiert werden, daß Dichtung nichts verändert und momentan bleibt. Die Schüler haben sich inzwischen genügend mit dem Thema beschäftigt und können sich darüber äußern, was ein Gedicht eigentlich erreichen will oder soll, an wen es gerichtet ist und welche Rolle der Dichtung in der Gesellschaft zukommt. Benn bildet für ein solches Gespräch einen besonders guten Ausgangspunkt, da sein Leben und sein Werk immer wieder starke Kontroversen hervorgerufen haben, z. B. weil sein Verhalten in der Zeit des Dritten Reiches angreifbar ist, als er sich in der Nazizeit für die „innere Emigration" entschied und dafür von den deutschen Dichtern im Exil verurteilt wurde, aber auch, weil seine geistige Haltung – die eines Intellektuellen – oft sehr elitär wirkt. Eine solche Diskussion hilft den Schülern, das bisher Behandelte in eine Perspektive zu bringen und Distanz dazu zu gewinnen, außerdem, die erlernte Fachsprache anzuwenden.

Stundenverlauf

Phase 1:
Wiederaufnahme des Begriffs des Bildes

In einem kurzen Gespräch wird geprüft, was von der Behandlung des Gedichts „Welle der Nacht" geblieben ist. Dabei kommt es darauf an, den Schülern noch einmal ins Gedächtnis zu rufen, wie bei der Interpretation vorgegangen wurde und wie dieses Vorgehen zu begründen ist.
Stichworte sind: Herstellen von Bezügen zwischen den einzelnen Bildern, Festhalten von Assoziationskomplexen und ihrer Verbindung zueinander, Analyse des Zusammenhangs von Form und Inhalt, Vordringen in die Tiefenschicht, die durch das Netz von inhaltlichen, klanglichen und rhythmischen Bezügen entsteht.
Dann wird die Beschaffenheit der Bilder im Gedicht in den Mittelpunkt gestellt. Wie sind Benns Bilder zu beschreiben, wenn man sich in Erinnerung ruft, mit welchen Kategorien Brentanos und Goethes Bilder erklärt werden konnten? Wie verhalten sie sich im Hinblick auf Goethes Symboldefinition und Novalis' Theorie der Universalpoesie? Die Antwort sollte den Schülern nicht schwerfallen, wenn sie auf den Pinthus-Text zurückgreifen: Die Bilder sind losgelöst von ihrem ursprünglichen Wirklichkeitsbezug, außerdem sind sie verrätselt. An dieser Stelle sollte vom Lehrer die Bezeichnung „absolute Chiffre" eingeführt werden.

Phase 2:
Verdeutlichung des Begriffs „absolute Chiffre"

Um diesen Begriff zu verdeutlichen, wird der Text über die „Funktion der kreativen Phantasie", (vgl. gelesen, und zwar unter folgenden Fragestellungen:
- Was unterscheidet die Bildwelt des modernen Lyrikers von der Goethes?
- Welche Funktion hat die absolute Chiffre im Gegensatz zum Goetheschen Symbol?
- Vergleichen Sie Goethes Haltung gegenüber der Welt, aus der er seinen Bildvorrat bezog, mit der des modernen Dichters.

Die Antworten sollten darauf hinzielen, daß die Bildwelt des modernen Dichters nur in der Sprache existiert, während die Goethes die Wirklichkeit widerspiegelt, daß die absolute Chiffre Nicht-Zusammengehöriges verbindet und so sprachlich etwas Neues schafft, während Goethes Symbol die Bereiche des Anschaulichen und des Geistigen, die einander stets durchdringen, zu einem Ganzen zusammenschmelzen läßt und im Bild zugänglich macht, und daß der moderne Dichter die Welt für nichtig erklärt und sich selbst zum Schöpfer einer neuen, nur sprachlich existenten Welt macht, während Goethe sich der Harmonie der göttlichen Schöpfung ein- oder unterordnet und versucht, in seinem Werk einen Abglanz dieser Harmonie zu schaffen.
Im Rückbezug auf „Welle der Nacht" kann die Eigenart der absoluten Chiffre noch einmal am Text sichtbar gemacht werden. Die Formel „Welle der Nacht" selbst kann dabei genauer in Augenschein genommen wer-

den. Inwiefern handelt es sich hier um eine typische absolute Chiffre?

- Zwei Bilder aus verschiedenen Bereichen sind zusammengezwungen.
- Das Bild spielt eine wichtige Rolle im inneren Bezugssystem des Gedichts (Wasser; Nacht fügt sich in den Bereich „Vergänglichkeit, Verlust" ein).
- Logischer Wirklichkeitsbezug ist nicht mehr feststellbar.

Phase 3:
Analyse des Gedichts „Ein Wort"

Benns Gedicht „Ein Wort" wird nun von den Schülern in Stillarbeit auf die Frage hin untersucht, was es aussagt über die Aufgabe, Funktion und Wirkung der Chiffre, durch welche Bilder diese Aussage eingängig gemacht wird und welche Haltung des lyrischen Ich gegenüber dem Leben und der Welt sich im Gedicht spiegelt. Im Gespräch werden die Ergebnisse der Schüler ausgewertet, wobei folgende Punkte angesprochen werden sollten:
- „leerer Raum um Welt und Ich" steht für den Verlust des Bezugs zur Wirklichkeit.
- Aufgabe der Chiffre und der dichterischen Sprache allgemein ist es, für diesen Verlust Ersatz zu schaffen.
- Dadurch gewinnt die Chiffre immense Bedeutung. Ihre unglaubliche Macht und Kraft wird in kosmischen Bildern dargestellt, die sich in Dimensionen bewegen, welche dem menschlichen Verstand nicht zugänglich sind.
- Die Wirkung der Chiffre ist aber nur momentan, nicht von Dauer und läßt nichts zurück.
- Im Gedicht spiegeln sich Einsamkeit, Hoffnungslosigkeit und Glaubenslosigkeit, die nur für Augenblicke aufgehoben werden im schöpferischen Akt des Dichtens.

Phase 4:
Kritische Auseinandersetzung mit Benns Position

Ausgehend von der im Gedicht implizierten Behauptung, Dichtung könne keine langfristige Wirkung haben, läßt sich nun eine Diskussion anregen. Es kann frei darüber geredet werden, was der Sinn eines solchen „absoluten Gedichts" ist. Je provokativer der Lehrer wirkt, desto lebendiger wird die Diskussion.
Lehrerimpulse: Für wen kann ein solches Gedicht geschrieben sein – mit so vielen unverständlichen Wörtern, deren Zusammenhang sich nur aus den persönlichen Assoziationen des Dichters erklärt (Beispiel: Hyakinthos – Delphin, wahrscheinlich von Benn im Britischen Museum gesehen)? Welche Absicht hat ein solches Gedicht? Was ist der Sinn von Gedichten überhaupt? Können/sollen sie nur schön sein, oder wollen sie etwas verändern? (Vgl. Benns Theorie, daß Dichtung „ohne Glaube, ohne Hoffnung, an niemanden gerichtet" sein solle – im Gegensatz z. B. zu Brecht!) Ist eine solche Haltung elitär?

Lernziele zu Std. 13 und 14 des Grundkurses

Die Schüler
- verstehen Benns Gedicht „Welle der Nacht" als eigengesetzlich, ohne Bezug zur Wirklichkeit
- analysieren die Mittel auf formaler und inhaltlicher Ebene, mit denen Benn die Wirkung des Gedichts zustande bringt
- erkennen das Bild bei Benn als absolute Chiffre
- stellen den Zusammenhang her zwischen dieser Ausprägung des lyrischen Bildes und seinen geistesgeschichtlichen Voraussetzungen
- machen sich Gedanken zum Stellenwert der Dichtung in der Gesellschaft

13. Stunde: Benn „D-Zug“ (Leistungskurs)

Sachinformationen

a) Fachliche Analyse

Das Gedicht (vgl. S. 98) entstand in einer früheren Phase Benns und ist deshalb weniger abstrakt als „Welle der Nacht“. Reste von „Realität“ oder „Erlebnis“ sind darin zu spüren. Es finden sich auch Anklänge an die Zynismen, die in Benns frühen Gedichten immer wieder für Kontrast- und Schockwirkungen sorgen (z. B.: „Eine Frau ist etwas für eine Nacht./Und wenn es schön war, noch für die nächste!“).
Das Gedicht reiht sinnliche Eindrücke, Erinnerungsfetzen und Reflexionen aneinander, läßt sie am Hörer vorbeiziehen, verwebt sie miteinander. Den Rahmen oder Anlaß – der angedeutete Rest von „Realität“ – bildet eine Zugfahrt.

„Die Perspektive ist insofern überraschend, als es sich nicht im eigentlichen Sinn um eine D-Zug-Fahrt handelt, sondern eher um die Beobachtungen in einem Zug, der von den Ostseebädern kommt. Das legt die Bezeichnung der Zugstrecke und das Imperfekt in der 3. Zeile nahe. Alles sind Beobachtungen oder bloßgelegte Stimmungen bei der Rückkehr aus der Badesaison (bezeichnenderweise bezieht sich der Dichter durch das zweimalige ‚uns‘ selbst in das Erlebnis von Herbst und Blut mit ein).“ (Heselhaus, S. 280)

Die Formulierung „Beobachtungen oder bloßgelegte Stimmungen bei der Rückkehr . . .“ ist mit Vorsicht zu behandeln, denn sie verweist auf eine reale Situation als Grundlage des Gedichts. Das ist sicher nicht der Fall, sondern die Vorstellung vom Zug ist nur der Ausgangspunkt für Assoziationen, die mit der realen Zugfahrt nichts mehr zu tun haben, sondern eine eigene Welt aus Farben, Gerüchen und Gefühlen konstituieren. Die Loslösung von diesem Ausgangspunkt erfolgt nach der zweiten Zeile: In der Überschrift „D-Zug“ wird eine Vorstellung oder Situation vorgegeben, dann folgt in der ersten Zeile eine Reihung optischer Eindrücke, ohne daß gesagt wird, wie sie entstehen, wer sie erfährt oder worauf sie sich beziehen – ihr schnelles Vorbeigleiten deutet aber auf die Bewegung und Geschwindigkeit des Zuges hin. In der zweiten Zeile läßt die Ortsangabe die Vermutung aufkommen, daß die Farben etwas mit dem Zug und den Bädern zu tun haben. Bereits hier wird deutlich, daß es sich nicht um eine konkrete Situation handelt, denn es werden zwei verschiedene Gegebenheiten angesprochen: der Zug und die Bäder, nicht der Zug von den Bädern. Sowohl die Bewegung des Zugs als auch die Bäder (aus denen er möglicherweise zurückkommt, wir erfahren aber nichts Genaues) dienen als Ausgangspunkt für freie Assoziationen, bei denen Ort, Zeit oder Logik keine Rolle mehr spielen.
Zurück bleibt ein Eindruck von Farben – Gelb- und Brauntönen –, von Herbst und Ende, von Erotik. Das Gedicht wirkt nicht so abgeklärt und zeitlos wie „Welle der Nacht“, eher zerrissen, unruhig, rauschhaft (ein typischer Gegensatz zwischen einem frühen und einem späteren Gedicht Benns). Diese Wirkung entsteht u. a. durch die Form: Langzeilen mit freien Rhythmen, dreimal durch Absätze unterbrochen – und obwohl die Rhythmen nicht auf ein bestimmtes Schema festgelegt werden können, tragen sie zu einem großen Teil das Gedicht, halten es zusammen und verleihen ihm seine flackernde Bewegung. Was das Gedicht weiterhin zusammenhält, sind verschiedene Assoziationskomplexe, die in ihrem Zusammenspiel ein Netz von Beziehungen schaffen. Es handelt sich jeweils um Andeutungen sinnlicher Erfahrungen, die vom Leser nachvollzogen werden können, wenn er bereit ist, in die eigengesetzliche Welt des Gedichts einzudringen. Es gibt verschiedene

D-Zug

Braun wie Kognak. Braun wie Laub. Rotbraun. Malaiengelb.
D-Zug Berlin-Trelleborg und die Ostseebäder.

Fleisch, das nackt ging.
Bis in den Mund gebräunt vom Meer.
Reif gesenkt, zu griechischem Glück.
In Sichel-Sehnsucht: wie weit der Sommer ist!
Vorletzter Tag des neunten Monats schon!

Stoppel und letzte Mandel lechzt in uns.
Entfaltungen, das Blut, die Müdigkeiten,
die Georginennähe macht uns wirr.

Männerbraun stürzt sich auf Frauenbraun:

Eine Frau ist etwas für eine Nacht.
Und wenn es schön war, noch für die nächste!
Oh! Und dann wieder dies Bei-sich-selbst-sein!
Diese Stummheiten! Dies Getriebenwerden!

Eine Frau ist etwas mit Geruch.
Unsägliches! Stirb hin! Resede.
Darin ist Süden, Hirt und Meer.
An jedem Abhang lehnt ein Glück.

Frauenhellbraun taumelt an Männerdunkelbraun:

Halte mich! Du, ich falle!
Ich bin im Nacken so müde.
Oh, dieser fiebernde süße
letzte Geruch aus den Gärten.

Gottfried Benn

Aus: Benn, Werke, Bd. 3, Hrsg. D. Wellershof, Wiesbaden/München 1960, S. 27

Möglichkeiten, diese Assoziationen zu ordnen und zueinander in Beziehung zu setzen. Zunächst sind es Farben und visuelle Eindrücke, die zu dominieren scheinen und die Oberflächenstruktur des Gedichts bestimmen. Doch bereits in der ersten Zeile deutet sich unter der rein visuellen Oberfläche eine tiefere Dimension an: nicht nur braun, sondern „braun wie Kognak". Durch diesen Vergleich wird sowohl der Braunton ganz exakt bestimmt als auch durch das Wort Kognak eine weitere sinnliche Erfahrung heraufbeschworen: ein Geruch, ein Geschmack, die Wärme, die das Getränk im Körper hervorruft. Ähnlich verhält es sich mit „braun wie Laub". Auch in diesem Vergleich ist ein Geruch verborgen, die Vorstellung vom Herbst, vom Ende. „Malaiengelb" vermittelt die Dimension des Exotischen, Entfernten, der Wärme. Die Ortsbestim-

mung in der zweiten Zeile wirkt danach fast schockierend nüchtern. Doch die visuellen Eindrücke werden sofort weiter verfolgt, diesmal in Verbindung mit einer noch tiefer reichenden Dimension: Erotik. Durch das ganze Gedicht wäre diese Struktur weiter zu verfolgen. Die visuellen oder sonstigen sinnlichen Eindrücke werden einige Male unterbrochen: durch Reflexionen („wie weit der Sommer ist") oder durch die Darstellung seelischer Zustände („Oh! Und dann wieder dieses Bei-Sich-Selbst-Sein . . .") oder durch die Andeutung wörtlicher Rede („Halte mich . . ."). Ansonsten können die assoziativ gebrauchten, aneinandergereihten Wörter oder Sätze auf verschiedene Weise einander zugeordnet werden, z. B. durch die Assoziationskomplexe Herbst (Farben, Gerüche, Vergänglichkeit), Erotik (sinnliche Eindrücke, Seelisches), Süden (für Benn der positive Gegenpol zu der „Verhirnung" des modernen Menschen, Süden als Ort des paradiesischen natürlichen Urzustandes, unreflektierten Glücks). Dabei ist zu beachten, daß die Komplexe eng miteinander verzahnt sind: die Gerüche z. B. gehören sowohl zum Herbst als auch zum Komplex der Erotik, ebenso die Brauntöne (der Haut, des Laubs, der Stoppel).
Clemens Heselhaus nimmt eine andere Zuordnung vor, er entdeckt im Gedicht sinnliche, psychische und visionäre Elemente. All diese Gruppierungen sind nur ein Versuch, in die Tiefe des Gedichts vorzudringen und mitteilbar zu machen, was auf jeden Leser oder Hörer, je nach dessen Vorerfahrungen, wieder etwas anders wirkt.

b) Methodische Überlegungen

Das Hauptziel der Stunde ist es, den Schülern zu zeigen, daß unter der Oberfläche des Gedichts, die sie vielleicht abschreckt, weil sie die traditionellen Regeln der Logik und der Sprache nicht mehr einhält und deshalb unverständlich wirkt, eine Tiefenschicht verborgen liegt, die jedem zugänglich ist, der bereit ist, die Eigengesetzlichkeit des Gedichts zu akzeptieren. Dieses Ziel erfordert vom Lehrer ein Höchstmaß an Einfühlung und Konzentration. Hauptvoraussetzung für die erfolgreiche Interpretation des Gedichts ist, daß die Schüler keinen Versuch machen, das Gedicht als „Erlebnis" zu behandeln, als logisch erklärbare Realität, sondern daß sie seinen Kunstcharakter, seine geistige Wirklichkeit erkennen. Vielleicht ist den Schülern der Begriff des inneren Monologs schon bekannt, und sie finden von der Prosa her einen Zugang zu der inneren Ausdruckswelt des Gedichts. Es ist auch möglich, auf die Forschungsergebnisse der Psychologie seit Beginn des 20. Jahrhunderts zu verweisen, um zu zeigen, daß erst durch sie Einblick in Gedanken- und Assoziationsströme möglich wurde und Raum, Ort und Zeit ihre Bedeutung verloren, weil sie von Gedanken überwunden werden können.

Stundenverlauf

Phase 1:
Erste Reaktionen auf das Gedicht

Das Gedicht kann entweder still gelesen oder vom Lehrer (der versuchen sollte, die Rhythmen der Langzeilen gut zum Ausdruck zu bringen) vorgetragen werden, wobei die Schüler den Text mitverfolgen. Der Lehrer muß darauf vorbereitet sein, daß die Schüler zunächst negativ auf das Gedicht reagieren. Emotionale Äußerungen bieten einen guten Ausgangspunkt für ein erstes Gespräch. Wenn dic Schüler formulieren sollen, was sie an dem Gedicht abstößt, müssen sie zuerst darüber nachdenken, und hier beginnt bereits die Interpretation. Mit der Frage an die Schüler, wodurch ihre Reaktion hervorgerufen wird und ob sie mit dem Verstand oder mit dem Gefühl auf das Gedicht reagieren, geschieht eine weitere Annäherung. Vielleicht ist es den Schülern in dieser Phase schon möglich, Einzelbeobachtungen zu äußern, die gesammelt und im Lauf der Stunde in die Interpretation einbezogen werden.

Phase 2:
Klärung der veränderten Interpretationsvoraussetzungen

Durch die Frage der Hausaufgabe nach der dichterischen Veränderung der Wirklichkeit sind die Schüler bereits darauf vorbereitet, daß das Gedicht nicht von der beobachtbaren Realität ausgeht. Im Rückbezug auf den Pinthus-Text werden nun die Voraussetzungen für die Interpretation geschaffen: Welche Behandlung der Wirklichkeit erwarten die Schüler vom Gedicht? Wie unterscheidet sie sich von Goethes Wirklichkeitsbezug? Die Antwort muß lauten, daß Goethe von einem in der konkreten Wirklichkeit verwurzelten Anlaß dazu inspiriert wurde, eine allgemein zugängliche Wahrheit weiterzugeben, und daß für ihn das Wort und seine Bedeutung eine untrennbare Einheit bildeten; daß der moderne Dichter jedoch keine äußeren Anlässe mehr akzeptiert, auch nicht mehr an eine allgemeine Wahrheit glaubt, sondern von individuellen seelischen Faktoren ausgeht, von Stimmungen oder geistigen Strömungen, für die er in der Wirklichkeit eine Entsprechung sucht, so daß nicht mehr die konkrete Bedeutung der Worte wichtig ist, sondern ihre Assoziationskraft.

Phase 3:
Bestimmung des Inhalts

Bevor in tiefere Schichten des Gedichts vorgedrungen werden kann, muß die Oberfläche einigermaßen geklärt werden. Nachdem die Schüler nun auf das Prinzip der Montage von disparaten Bildern vorbereitet sind, versuchen sie in einer Stillarbeitsphase, das Gedicht in kleine Abschnitte einzuteilen und für jede Sinneinheit ein Stichwort zu finden. Das Ergebnis kann ungefähr so aussehen:

- Zeile 1: Brauntöne
- Zeile 2: Ortsbestimmung
- Zeile 3–5: Strand – Vision
- Zeile 6–8: Herbst
- Zeile 9–10: Seine Wirkung auf „uns"
- Zeile 11–13: Sinnlichkeit, Begierde
- Zeile 14–15: Menschliche Situation – Einsamkeit, Unruhe
- Zeile 16–19: Südliche Vision, ausgelöst durch sinnliche Eindrücke
- Zeile 20–22: Erotik – Hingabe
- Zeile 23–24: Sinnliche Wahrnehmung des Herbstes.

Phase 4:
Erschließen der tieferen Schichten des Gedichts

Nun geht es darum, in die Tiefenschicht des Gedichts vorzudringen. Ein erfreuliches Ergebnis der Stunde wäre es, wenn die Schüler von selbst darauf kommen könnten, daß das Gedicht von bestimmten Motivkomplexen zusammengehalten wird (durch die Hausaufgabe sind sie eigentlich schon darauf vorbereitet) und daß die Interpretation es sich zur Aufgabe machen kann, sie herauszukristallisieren. Durch folgende Fragen kann dieses Ziel erreicht werden:

1. Können Sie Zusammenhänge zwischen den einzelnen Impressionen des Gedichts entdecken? Z. B. Brauntöne – gebräuntes Fleisch – Frauenhellbraun und Männerdunkelbraun
2. Beachten Sie die Wiederholung bestimmter Wörter. Z. B. braun, Meer, Glück, Geruch
3. In welchen Zusammenhängen finden sich jeweils diese Wörter? Z. B. braun : Kognak, Laub, Fleisch / Meer : Strand, Süden
4. (Vgl. Hausaufgabe) Finden sich bestimmte Motive, Bilder, Zustände oder Gegebenheiten, die immer wieder angedeutet

werden und das ganze Gedicht durchziehen?
– Herbst, Geruch, Sinnlichkeit, Süden

Wenn die Schüler nicht verstehen, was mit „Motive“ gemeint ist, kann beispielhaft erklärt werden: Woran läßt „braun wie Laub“ denken, wenn man gleichzeitig den Ausruf betrachtet „Wie weit der Sommer ist!“. Beidesmal wird das Motiv des Herbstes zwar nicht ausgesprochen, aber angedeutet.
Die Schüler werden nun gebeten, für diese Motivkomplexe in Gruppenarbeit Schlüsselwörter zu suchen – jede der vier Gruppen für einen Komplex. Zum Ergebnis vgl. den Tafelanschrieb auf dem Stundenblatt.

Phase 5:
Bestimmen des Gedicht„themas“

Die Schüler haben nun die vier Motivkomplexe an der Tafel vor Augen und können den nächsten Interpretationsschritt vollziehen: Stehen diese Motivkomplexe unverbunden nebeneinander, oder gibt es Querverbindungen zwischen ihnen? Können die Schüler Wörter/Bilder finden, in denen mehr als ein Motivkomplex repräsentiert ist? Gute Beispiele wären hier:
Braun: Laub – Herbst / Mann, Frau, Haut – Sinnlichkeit, Erotik / Kognak – Geruch.
Ebenso gehören Georgine, Resede und Gärten sowohl zu dem Motivkomplex Herbst als auch zu dem des Geruchs. Viele der Wörter sprechen den Leser also zunächst durch eine bestimmte Eigenschaft an, die sich mit dem Wort verbindet, z. B. stellt sich bei dem Wort Kognak sofort die Assoziation braun ein. Läßt der Leser jedoch das Gedicht in seiner Gesamtheit auf sich wirken, so öffnen sich durch das Netz von Beziehungen noch weitere Dimensionen dieses Worts oder Bildes, im Fall des Kognaks der Geruch, die Wärme, die er hervorbringt und die Sinnlichkeit hervorruft.
Nachdem die Schüler sich diese Tatsache vergegenwärtigt haben, machen sie sich bewußt, welche Konsequenzen für das Gedicht in seiner Gesamtheit bestehen, wenn durch die enge Beziehung der Worte und Bilder untereinander immer wieder neue Aspekte eines bereits angedeuteten Begriffs erscheinen. Das Gedicht, welches anfangs als Montage unverbundener Bilder und Vorstellungen verwirrt, wächst vor den Augen des Lesers zu einem Netz von Bedeutungen zusammen, aus dem Nacheinander wird Simultanität, und die Tiefe des Gedichts eröffnet sich.
Schließlich wird die Frage gestellt, ob es möglich ist, aus diesem Netz von Bedeutungen ein Thema herauszuarbeiten. Die Schüler können einige Minuten lang still die bisherigen Ergebnisse noch einmal überfliegen.
Das Thema könnte z. B. lauten: Hingabe an Erotik/Sinnlichkeit angesichts des Herbstes/der Vergänglichkeit.

Um einen weiteren Aspekt des Gedichts anzusprechen und die Schüler noch einmal selbständig an dem Gedicht arbeiten zu lassen, wird die Hausaufgabe gestellt, zu erklären, was Heselhaus (vgl. S. 99) mit „sinnliche und psychische Wirklichkeit“ meint (der Begriff des Visionären ist nur verständlich, wenn man mit Benns Gesamtwerk vertraut ist).

14. Stunde: Das lyrische Bild bei Benn – die absolute Chiffre (Leistungskurs)

Sachinformationen

Diese Stunde entspricht Stunde 14 des Grundkurses. Der einzige Unterschied besteht darin, daß der Begriff „absolute Chiffre“ an „D-Zug“ verdeutlicht wird anstatt an „Welle der Nacht“. In seinen frühen Gedichten, zu denen „D-Zug“ gehört, verwendet Benn weniger Bilder als in seinen späteren Phasen. Seine lyrische Ausdruckskraft erreichte er durch andere Stilmittel, z. B. durch Montage von schnoddrigen Gesprächsfetzen, medizinischen Ausdrücken und verbrauchten Klischees, die er durch ihre Nebeneinanderstellung ad absurdum führte. In „D-Zug“ ist noch ein Rest dieser Technik vorhanden; wir können aber auch schon wirkliche Bilder entdecken, die auf die abgeklärte Schönheit der späteren Gedichte verweisen. Das Bild des Meers z. B. wird im Gedicht in doppelter Funktion verwendet. In der Zeile „bis in den Mund gebräunt vom Meer“ hat es noch eine starke Verbindung mit der Realität, während es in der Zeile „darin ist Süden, Hirt und Meer“ bereits jenen visionären Charakter annimmt, hinter dem sich ganze Ketten von Assoziationen und Gedanken verbergen: die Farbe blau, die Idee der Natürlichkeit, Ursprünglichkeit und Körperlichkeit im Süden im Gegensatz zur „Verhirnung“ und Starrheit, die er mit dem Norden in Verbindung bringt. Ähnlich chiffrierte Bilder, verkürzte sinnliche Zeichen, die auf eine meist nicht mehr zugängliche Idee hindeuten, sind „griechisches Glück“ und „an jedem Abhang lehnt ein Glück“, wiederum der Verweis auf die für den modernen Nordeuropäer verlorene und von Benn zurückgewünschte Naivität der Bewohner südlicher Länder, die noch nicht unter der Trennung von Geist und Körper leiden; „Sichel-Sehnsucht“, eine Chiffre, die auf das Ernten des Getreides im Herbst bezogen ist (das Wort reif in der Zeile vorher würde dies unterstützen); „Georginennähe“ und „Resede“, die beide verwendet werden, um Farben, Gerüche, den Eindruck einer Jahreszeit heraufzubeschwören, der in den Zeilen „O dieser fiebernde süße/letzte Geruch aus den Gärten“ wieder anklingt, und „Süden, Hirt und Meer“, drei Begriffe, die in ihrer Kombination das „griechische Glück“ wieder aufleben lassen.

All diese Bilder sind als absolute Chiffren zu bezeichnen, als Worte, aus denen „erkanntes Leben, jäher Sinn“ aufsteigt und die nicht in ihrer oberflächlichen Bedeutung, sondern in der Tiefe der Beziehungen erkannt werden müssen, die sie für den Dichter, aber auch für den Leser eröffnen können.

Stundenverlauf

Phase 1: Auswertung der Hausaufgabe

Das Gedicht „D-Zug“ wird noch einmal in den Mittelpunkt gerückt, um sicherzustellen, daß die Schüler sich intensiv mit ihm beschäftigt haben. Zunächst wird die Frage der Hausaufgabe beantwortet: Was meint Heselhaus mit „sinnliche und psychische Wirklichkeit“? Die Antwort sollte ungefähr so lauten:
Im Gedicht finden wir erstens Worte, die Sinneseindrücke bezeichnen, und zweitens solche, die sie hervorrufen können. Ein Beispiel für erstens wären die verschiedenen Brauntöne oder der „süße Geruch“, Beispiele für zweitens: Stoppel, letzte Mandel, Georginennähe, Resede, Meer. Diese Worte bezeichnen konkrete Dinge, dahinter aber verbergen sich auch die Vorstellungen, die diese Dinge im Menschen hervorrufen, z. B. Stoppel: braun / Mandel: braun, Geruch.
Außerdem findet sich eine zweite Kategorie von Worten, die nicht konkrete, sinnlich faßbare Dinge bezeichnen, sondern abstrakte, meist psychische Zustände, z. B. Sehnsucht, lechzen, Entfaltungen, Müdigkeiten, wirr, Bei-Sich-Selbst-Sein, Stummheiten, Getrieben-werden. Wenn diese Begriffe in die Gesamtheit des Gedichts integriert werden, zeigt sich, daß sie seelische Reizzustände bezeichnen, die die Folge der sinnlichen Wahrnehmungen sind und die Unruhe und Zerrissenheit der erotischen Gefühle reflek-

tieren, die Spannung, die durch den Willen zur Hingabe und das gleichzeitige Wissen um die Vergänglichkeit hervorgerufen wird.

Phase 2:
Wiederaufnahme des Begriffs des Bildes

Die Schüler sollen sich nun das Vorgehen bei der Gedichtinterpretation noch einmal vergegenwärtigen, so daß sie es auch auf ähnlich strukturierte Gedichte anwenden können. Welche Interpretationsschritte folgten aufeinander?
- Einteilung des Gedichts in Sinneinheiten, die durch ein Stichwort zusammengefaßt wurden
- Herauskristallisieren von Motiven
- Zuordnung zu Motivkomplexen
- Herstellen von Beziehungen zwischen den Motivkomplexen
- Finden einer Grundstimmung, eines Themas

Daraufhin werden die Schüler an die Bilder Goethes erinnert und aufgefordert, sich über die Bilder in „D-Zug" Gedanken zu machen:
- Wo finden wir im Gedicht Bilder?
- Was ist ihre Funktion?

Nachdem die Schüler in kurzer Stillarbeit die Bilder unterstrichen haben (griechisches Glück, Sichel-Sehnsucht, Stoppel und letzte Mandel, Georginennähe, Resede, Süden, Hirt, Meer, „An jedem Abhang lehnt ein Glück"), können sie die Antwort auf die Frage nach der Funktion formulieren, wobei der Unterschied zu Goethes Bildlichkeit hilfreich sein kann: Benns Bilder wollen nicht die äußere Wirklichkeit wiedergeben, sondern im Leser Stimmungen und Assoziationen hervorrufen. Sie repräsentieren weit mehr als ihren konkreten Bedeutungswert, hinter ihnen öffnen sich letztlich unergründliche Räume.
Vom Lehrer wird nun der Begriff absolute Chiffre für diese Bilder eingeführt und erklärt:

Chiffre, weil das Bild verrätselt ist, auf etwas verweist, was nicht mehr zugänglich ist;
absolut, weil das Bild losgelöst ist von der äußeren Wirklichkeit, weil seine Bedeutung nicht mehr der in der normalen Alltagssprache entspricht.

Phase 3–5

vgl. Phase 2–4 von Stunde 14 des Grundkurses

Lernziele für Stunde 13 und 14 des Leistungskurses

Die Schüler
- erkennen, daß das Gedicht eine subjektive, innere Wirklichkeit wiedergibt und deshalb Ort, Zeit und die Gesetze der uns vertrauten Sprache verläßt
- daß das Gedicht aus einem Netz von Motiven besteht, die sich auf die Komplexe Herbst, Sinnlichkeit und Süden beziehen
- verstehen die Beschaffenheit der absoluten Chiffre, die der Phantasie des Dichters entstammt und die Splitter der verlorenen Wirklichkeit zu einem neuen schöpferischen Ganzen vereint

15. Stunde: Die Aufgabe des Lesers bei der Interpretation moderner Dichtung

Sachinformationen

Fachliche Analyse/Methodische Überlegungen

Diese Stunde wiederholt die bisher erarbeiteten Erkenntnisse über die absolute Chiffre und stellt die Beziehung zu den früheren

R. Grimm: Zum Verständnis moderner Lyrik

Wir wollen den gewandelten Wirkungsprozeß des modernen Gedichts noch näher betrachten. Halten wir darum fest: ein solches Gedicht gibt keine Wirklichkeit wieder, es konstituiert eine neue. Das erkannte schon Baudelaire, mit dem ja die moderne Lyrik beginnt. Er notierte vor genau hundert Jahren: „Die Phantasie zerlegt die ganze Schöpfung; nach Gesetzen, die im tiefsten Seeleninnern entspringen, sammelt und gliedert sie die Teile und erzeugt daraus eine neue Welt." Und Kurt Pinthus, der Herausgeber der berühmtesten expressionistischen Anthologie „Menschheitsdämmerung", griff 1917 diesen Gedanken in einer Programmzeitschrift auf: „Mit aufkeimender Einsicht: Wirklichkeit und Kunst seien nicht ein Abhängiges, Bedingtes, sondern (um es schärfstens zu formulieren) sie schlössen sich aus, beginnt die Epoche der jüngsten Kunst." Wer folglich das moderne Gedicht so zu verstehen versucht, als ob es eine Wirklichkeit wiedergäbe, muß notwendig zu völlig falschen Ergebnissen gelangen.

Die Sprache Benns, Trakls, Celans, Krolows und der Bachmann ruht nicht, wie dies Goethe von der seinen behaupten durfte, auf den Grundfesten der Erkenntnis. Ein zusammenhängendes anschauliches Bild von der Realität ist nicht mehr vorhanden oder jedenfalls weitgehend reduziert. Statt dessen erscheinen Willkürlichkeiten, dunkle Anspielungen und verwirrende Kombinationen. Das Gedicht wird zum Kaleidoskop hieroglyphischer Chiffren. Die geheimen Zeichen sind aber, wenn überhaupt, bloß scheinbar auflösbar; in Wahrheit können sie nur durch einen schöpferischen Nachvollzug verstanden werden. Einer aus der jüngsten Generation, der von Formeln oder Bildextrakten spricht, erläutert uns diesen Vorgang: „Solche Formeln", heißt es da, „treffen im Leser auf das eigens dazu ausgebildete Organ. Hier werden die Extrakte aufgelöst. Die in ihnen angelegte Landschaft baut sich auf." Lösen wir uns von der bildlichen Umschreibung, so wird deutlich, daß die zerstreuten, für sich genommen unverständlichen suggestiven Zeichen sich erst im aufnehmenden Leser zur Einheit zusammenschließen. Die Aneignung moderner Lyrik ist ein kreativer Akt.

Aus: Reinhold Grimm: Nichts – aber darüber Glasur. In: H. O. Burger / R. Grimm: Evokation und Montage – Zum Verständnis moderner Lyrik. Göttingen 1967, S. 38f.

Formen des Bildes her, so daß die Wandlung des lyrischen Bildes wieder in den Mittelpunkt rückt. Sie trägt zum Zusammenhalt der Unterrichtseinheit bei, indem sie auf das Enzensberger-Gedicht der zweiten Stunde zurückgreift und den Schülern zeigt, daß sie – als Resultat der letzten zwölf Stunden – nun eine bessere Interpretationsgrundlage für das Gedicht haben. Die Betrachtung der Bilder von „Call it love" bereitet außerdem auf die Behandlung des lyrischen Paradox vor. Mit der Reflexion über die Aufgabe des Lesers in der modernen Dichtung anhand eines Textes von R. Grimm (vgl. oben, auch im WS Arbeitsbuch) schließlich werden Gedanken aufgegriffen, die eventuell schon in der Diskussion über die Benn-Gedichte zur Sprache kamen und den Schülern bewußtmachen, daß ein Gedicht nicht ein im leeren Raum stehendes Artefakt ist, sondern daß es nur lebendig wird, wenn es vom Leser bewußt und aktiv rezipiert wird.

„Call it love“ verliert durch das Wissen um die absolute Chiffre natürlich nicht seine Rätselhaftigkeit, aber es dürfte für die Schüler jetzt einfacher sein, sich zu dem Gedicht zu äußern als zu Beginn der Unterrichtseinheit. Wenn sie sich auf die Beschaffenheit des lyrischen Bildes im Gedicht konzentrieren und nicht mehr nach einer realen Situation suchen, sondern das Bezugssystem der Bilder untereinander verfolgen, wird das Gedicht in seiner Gesamtheit eher zugänglich. Ähnlich wie Benns „D-Zug“ geht „Call it love“ von sinnlichen Eindrücken aus und läßt darauf eine gedankliche Vorstellung folgen. Anders als bei Benn ist diese Vorstellung nicht von sinnlichen Reizen durchströmt; Enzensbergers Bilder sind kühler, distanzierter und deshalb weniger leicht durch Einfühlung nachvollziehbar. Das ist vor allem an der Wortwahl abzulesen. Während Benn fast nur Substantive verwendet und so zuläßt, daß sich Bild an Bild reiht und die Beziehungen zwischen ihnen frei spielen können, ist bei Enzensberger die Assoziationsfreiheit eingeschränkt, weil durch die Verben Beziehungen festgelegt sind. Zunächst wird der durch Sinneseindrücke abgesteckte Rahmen oder Schauplatz geschaffen, von dem sich dann die gedankliche Vorstellung im zweiten Teil, beginnend mit Zeile 8, abhebt. Eine Zeit wird genannt: jetzt, wodurch die Unmittelbarkeit der geschilderten Eindrücke, die Direktheit des Augenblicks angedeutet wird. Es folgt ein Geräusch: das Verb summen in Verbindung mit Körbe läßt an Bienen denken, aber die Ortsangabe „in den nackten Häusern“ macht diese Vorstellung wieder fragwürdig. Die ganze Zeile vermittelt trotz der scheinbaren Unvereinbarkeit ihrer Einzelglieder den Eindruck von Stadt, Geschäftigkeit, Bewegung. Ein Bild aus der Natur ist in eine fremde Umgebung verpflanzt; diese Unstimmigkeit wird durch das Wort „nackt“ hervorgehoben.

Da außer in Zeile 11 und 10 keine Satzzeichen vorhanden sind, bleibt die Satzstruktur des Gedichts offen und kann verschieden ausgelegt werden. „Auf und nieder“ kann sich sowohl auf die summenden Körbe in den Häusern beziehen (vielleicht Aufzüge) als auch auf die Bewegung des Lichts in den Lampen. Ebenso verhält es sich mit „betäubend“, das sich auf die Lampen und auf den April – wahrscheinlich seinen Geruch – beziehen kann. Durch diesen Kunstgriff werden die sonst disparaten Sinneseindrücke von Geräuschen, Lichtern und Gerüchen zu einer intensiven Erfahrung zusammengezogen. Es entsteht der Eindruck von Gleichzeitigkeit und Vielschichtigkeit. Die Intensität der sinnlichen Erfahrung spiegelt sich in dem Adjektiv „betäubend“, das für sich eine Zeile ausfüllt, und in der fast gewaltsamen Bewegung des April: er „schlägt durchs gläserne Laub“. Visuelle Eindrücke verbinden sich hier mit akustischen. Die Wirkung des Aprils, der Leben, Erneuerung und Frühling assoziieren läßt, auf „gläsernes Laub“ (wiederum sind unvereinbare Bereiche – Natur und Technik – zu einem Bild zusammengezwungen) ist so stark, daß er physische Veränderungen zu bringen scheint. „Gläsern“ deutet ebenso wie Park und Dächer, Lampen und Häuser auf die Vorstellung Stadt, in deren Unwirtlichkeit sich die ersten Anzeichen des Frühlings ankündigen. Pelze, Reste des Winters, springen auf – auch hier die Wirkung des Aprils.

Die Bilder, die in den ersten sieben Zeilen gebraucht werden, vereinen Totes (nackte Häuser, gläsern) mit Zeichen des Lebens (summen, lodern, Laub) und zeigen, wie die Naturerscheinungen Frühling, Abend zwar im Schatten der Stadt bleiben und an Eigenwert verlieren, aber auch – durch ihre Fremdheit in dieser Umgebung – eine um so stärkere Wirkung erzielen (vgl. „unvermutet“, Z. 9).

Die Zeile „Ja über den Dächern preisen die Diebe den Abend“ enthält Elemente, die mit dem Rest des Gedichts in Verbindung

stehen: die Dächer und die Diebe gehören zur Stadt, preisen und Abend weisen auf die ungewöhnliche Schönheit des Abends hin, die in der letzten Zeile noch einmal evoziert wird. Außerdem lenkt Zeile 7 den Blick nach oben und schafft so die Voraussetzung für die nächsten acht Zeilen, die einen langen Satz umfassen. Zeile 8 und 9 beginnen mit einem Irrealis, der von vornherein deutlich macht, daß das hier Angesprochene nur eine Vorstellung ist und niemals geschehen sein kann. Der ganze Satz bildet einen großen Spannungsbogen. Zunächst werden nur ein Vergleich und Attribute genannt, und der Leser wartet vergeblich auf ein Subjekt. Diese Erwartung konzentriert sich auf etwas Schönes, Ungewöhnliches, Erlösendes – der Vergleich mit der weißen Taube weckt eine fast religiöse Vorstellung, die jedoch relativiert wird durch die Ergänzung „aus weißem Batist“: die Taube ist künstlich, aber dennoch schön. Die Spannung wird weiter erhalten, weil das Subjekt nie wirklich genannt wird, sondern nur die Bezeichnung „die Verschollene“ und „die Ausgewiesne“ erhält. Erst der Zusammenhang mit der Überschrift (love), mit der Andeutung der Schönheit und der Erlösungsfunktion, dem Frühling und dem Abend läßt vermuten, daß die Liebe gemeint ist, doch wird das Wort selbst nirgends genannt.
Ist der deutsche Begriff zu verbraucht, um noch in ein Gedicht aufgenommen werden zu können? Die Leere und Abgenutztheit nicht nur des Wortes, sondern auch seines Inhalts zeigt sich ebenso in den Umschreibungen, die anstatt des wirklichen Subjekts gebraucht werden: verschollen, ausgewiesen, verbannt, ohne Paß, ohne Schuhe – die Liebe als ungewollter Flüchtling, verdrängt von Technik, Geschäft und Hast, gejagt. Doch sind die Jäger selbst „bitter“ und „todmüde“, und das Erscheinen dessen, was man Liebe nennen könnte, was aber nicht mehr existiert, wäre für sie Schönheit, Erlösung und Ruhe.
Diese Ruhe tritt am Schluß des Gedichts ein, obwohl die Unmöglichkeit der Erlösung klar ist. Die Vision ist vorüber, aber es bleibt etwas zurück. Der leichte Ton der letzten Zeile fängt eine Stimmung ein, in der die Resignation über diese Unmöglichkeit einer momentanen stillen Freude oder Befriedigung Platz macht.
Der ganze zweite Teil von „Call it love“ wird von einer absoluten Chiffre geprägt, die sich aus dem Vergleich mit der Taube und aus den Attributen zusammensetzt, die auf Flucht, Exil, Heimatlosigkeit verweisen. Das Bild ist verrätselt, deutet Sinnliches an und zielt auf Abstraktes, es ist komplex und wird durch ein Netz von Beziehungen gehalten, die sich über das ganze Gedicht hinziehen. Die Liebe ist nicht mehr, wie bei Goethe, ein persönliches Erlebnis, das durch die Natur erfahren wird. Sie ist nicht mehr zu Hause in der Welt der Gegenwart, wo auch die Natur keine Rolle mehr spielt, sie hat keinen Namen und keine Daseinsberechtigung. Aus dem Gedicht spricht Trauer über den Verlust und Wissen um einen einstmals besseren Zustand, der nicht mehr erreicht werden kann.

Stundenverlauf

Phase 1:
Wiederholung des Begriffs „absolute Chiffre“

Durch die Zusammenfassung der Ergebnisse der beiden Benn-Stunden sollen die Schüler zeigen, daß sie mit dem Begriff der absoluten Chiffre umgehen können und ihre Funktion verstehen. Auf die Aufforderung, die absolute Chiffre mit den anderen, bereits behandelten Ausprägungen des lyrischen Bildes zu vergleichen, sollten ungefähr diese Äußerungen folgen:

13. Stunde: (Grundkurs) Benn „Welle der Nacht"

Lyrik von der Klassik zur Moderne

Unterrichtsphasen	Unterrichtsformen / Fragestellungen	Erwartungen / Ergebnisse
Phase 1: Vorstellen des Gedichts	Vortragen des Gedichts / Unterrichtsgespräch – Erste Reaktion der Schüler, Ergebnis der Hausaufgabe: Was fällt auf / ist unverständlich?	– Schüler fragen nach den Fremdwörtern, nach dem Sinn des Gedichts.
Phase 2: Klären von Sachfragen	Lehrervortrag / Unterrichtsgespräch – Erklärung der Fremdwörter – Hinweis auf den Pinthus-Text: Sammeln von Voraussetzungen für die Interpretation des Benn-Gedichts: Erlebnis? Lyrisches Ich?	– (vgl. Textteil) – Abstraktion von der Wirklichkeit – keine Frage nach der Bedeutung mehr – Eigenwelt des Gedichts mit inneren Bezügen
Phase 3: Formanalyse des Gedichts	Partnerarbeit – Untersuchung von Metrum, Rhythmus, Assonanzen und ihrer Wirkung für den Gesamtcharakter des Gedichts	– Wechsel von Daktylus und Iambus: Bewegung, Atem, Auf und Ab. – Kontrast von hellen und dunklen Vokalen (e – u), Konsonanten (l, r): großer Klangreichtum des Gedichts
Phase 4: Inhaltliche Analyse des Gedichts	Unterrichtsgespräch / Tafelanschrieb – Finden von Zusammenhängen zwischen den montierten Begriffen, von Assoziations- und Motivkomplexen – Verbindung zwischen diesen Komplexen? – Wo sind Assoziationen möglich? Was bewirken sie für das Gedicht? – Funktion der Verben? – Gesamtwirkung und -eindruck	drei Motivkomplexe: – Wasser (Welle, Meer, Delphine, leicht bewegt, Perlen, Fluten, spülen, Meer) – Macht und Reichtum (Lorbeerrose, Palast, Perlen, Diadem, Purpur) – Sage, Vergangenheit (Meerwidder, Delphine, Hyakinthos, leerer istrischer Palast, Diadem und Purpur, mitverloren) – Entstehen – Vergehen, Beginn – Ende – Schüler erkennen den Reichtum an gedanklichen Verbindungen und Vorstellungen hinter den meisten Wörtern – Schaffen Bewegung, tragen Vorstellungen – Schönheit, Trauer, Verlust

12. Stunde: Das Verhältnis des modernen Künstlers zur Wirklichkeit	*Lyrik von der Klassik zur Moderne*

Unterrichtsphasen	**Unterrichtsformen / Fragestellungen**	**Erwartungen / Ergebnisse**
Phase 1: Klärung des Vorwissens	Unterrichtsgespräch, möglicherweise Bildmaterial – Schüler tragen ihre Kenntnisse über den Expressionismus zusammen: Kunstwerke, Namen von Künstlern, Daten?	
Phase 2: Analyse des Textes	Textarbeit / Beantwortung von Leitfragen im Gespräch und dann in Stillarbeit – Veränderungen in den ersten Jahren des 20. Jahrhunderts? Reaktion der Menschen? – Neue Erkenntnisse der Expressionisten? – Verhältnis der neuen Künstler zur Wirklichkeit – Quelle ihrer Kunst? – Bedeutung von „Befreiung der Wirklichkeit vom Umriß ihrer Erscheinungen"? Gefahr?	– Technische Entwicklung, beschleunigter Lebensrhythmus. Menschen geben diese Erscheinungen künstlerisch wieder und verlieren sich darin. – Wichtigkeit des Menschen selbst – Wirklichkeit ist unwichtig. Kunst entspringt der Seele des Menschen. – Kunst legt Wesenszüge der Wirklichkeit frei, die nur dem geistigen Auge zugänglich sind. Kunst verliert ihre Mitteilbarkeit.
Phase 3: Zusammenfassung der Aussagen	Unterrichtsgespräch – Beantworten der Arbeitsfragen im WS Arbeitsbuch	– Reduktion der Wirklichkeit durch den Künstler auf ihre Essenz hin. Funktion der Kunst: Geist, Fühlen und Wollen freizulegen.
Phase 4: Rückbezug der Aussagen auf Beispiele expressionistischer Kunst	Unterrichtsgespräch – Wie sind die Bemerkungen der Schüler über expressionistische Kunst mit der Theorie von Pinthus in Einklang zu bringen?	– Formen und Farben entsprechen nicht der Wirklichkeit, weil sie diese nicht nachahmen, sondern als Vision des Künstlers wiedergeben, der sie auf ihre Essenz, ihr Gefühl hin reduziert.

Hausaufgabe: (Leistungskurs)	Lesen von Benns Gedicht „D-Zug" unter folgenden Leitfragen: 1) Inwiefern ist die Wirklichkeit im Gedicht dichterisch verändert? 2) Welche Motive können Sie aus dem Gedicht isolieren, und durch welche Schlüsselwörter können Sie sie belegen? 3) Finden Sie Worte / Bilder in dem Gedicht, bei denen es möglich ist, bestimmte Assoziationen zu entwickeln. Beispiel: griechisch – Wärme, Ursprünglichkeit, Meer . . .
Hausaufgabe: (Grundkurs)	Lesen von Benns Gedicht „Welle der Nacht" und Notieren von Fragen dazu.

14. Stunde: (Leistungskurs) *Das lyrische Bild bei Benn – die absolute Chiffre*		*Lyrik von der Klassik zur Moderne*
Unterrichtsphasen	**Unterrichtsformen / Fragestellungen**	**Erwartungen / Ergebnisse**
Phase 1: Auswertung der Hausaufgabe	Unterrichtsgespräch – Bestimmen der sinnlichen und psychischen Wirklichkeit im Gedicht? – Worauf verweisen diese Worte?	– Schüler finden Wörter, die Sinneseindrücke bezeichnen oder assoziieren können, und Wörter, die psychische Zustände bezeichnen (z. B. Stummheiten, Getriebenwerden) und ordnen die Schlüsselwörter dementsprechend – Auf Reizzustände als Folge der sinnlichen Wahrnehmungen, darin Reflektieren der erotischen Spannung
Phase 2: Rekapitulation des Vorgehens, Überleitung zum Begriff Bild	Unterrichtsgespräch / Stillarbeit – Festhalten der Interpretationsschritte – Wo finden sich Bilder im Gedicht? – Funktion dieser Bilder? – Lehrer führt den Begriff absolute Chiffre ein und erklärt ihn	– Schüler erinnern sich an die Gedichtanalyse, die von der Oberfläche des Gedichts und der kleinsten Sinneinheit ausging und durch Herstellen von Zusammenhängen das Verständnis für das Gedicht als Ganzes und seine Tiefe weckt. – Schüler unterstreichen bildhafte Vorstellungen – Hervorrufen von Assoziationen und Stimmungen – Chiffre: Verrätselung, Verweis auf nicht mehr Zugängliches – absolut: losgelöst von äußerer Wirklichkeit
Phase 3 – 5: vgl. Phase 2 – 4 von Std. 14 des Grundkurses		

Phase 4: Erkennen der tieferen Schichten des Gedichts	Unterrichtsgespräch – Zusammenhänge zwischen einzelnen Sinneinheiten? – Wortwiederholungen? – In welchen Zusammenhängen tauchen diese Wörter auf? – Bestimmen von Motiven Gruppenarbeit / Tafelanschrieb – Gruppen suchen Schlüsselwörter für jeden der 4 Motivkomplexe	– z. B. wiederholtes Auftauchen von Braun – braun, Meer, Glück, Geruch – braun: Kognak, Laub, Fleisch Meer: Strand, Süden – Herbst, Geruch, Sinnlichkeit, Süden **Tafelanschrieb** Motivkomplexe: HERBST: braun / Laub / gebräunt / Sommer / Stoppel / letzte Mandel / neunter Monat / Georgine / Resede GERUCH: Kognak / Laub / Geruch / Mandel / Georgine / Resede / Gärten SINNLICHKEIT: Fleisch / nackt / Mund / Sehnsucht / lechzt / Blut / wirr / Mann / Frau / Geruch SÜDEN: braun / nackt / Meer / Sommer / Süden / Hirt / Meer
Phase 5: Bestimmen des „Themas"	Unterrichtsgespräch – Gibt es Querverbindungen zwischen den Motivkomplexen? Finden sich Worte / Bilder, in denen mehr als ein Motivkomplex repräsentiert ist? – Funktion der Bilder? Wie sprechen sie den Leser an? – Konsequenzen für das Gedicht als Ganzes? – Herausdestillieren eines Themas	– Braun: Kognak – Geruch / Laub – Herbst / Mensch – Sinnlichkeit Georgine, Resede, Gärten: Herbst und Geruch – Zuerst nur durch bestimmte sinnliche Eigenschaft, in der Gesamtheit des Gedichts durch vielfältige Bezüge – vom Eindruck der Montage unverbundener Eindrücke zu einem Netz von Beziehungen – Hingabe an Sinnlichkeit angesichts der Vergänglichkeit
Hausaufgabe:	Clemens Heselhaus interpretiert das Gedicht nicht nach Motivkomplexen, sondern entdeckt in ihm sinnliche, psychische (und visionäre) Wirklichkeit. Versuchen Sie, am Gedicht durch Schlüsselworte zu zeigen, was er wohl mit sinnliche und psychische Wirklichkeit meint.	

13. Stunde: (Leistungskurs)
Benn „D-Zug"

Lyrik von der Klassik zur Moderne

Unterrichtsphasen	Unterrichtsformen / Fragestellungen	Erwartungen / Ergebnisse
Erste Reaktionen auf das Gedicht	Lesen des Gedichtes / Unterrichtsgespräch – Formulieren der ersten Reaktionen, Einzelbeobachtungen, Fragen – Ist die Reaktion verstandesmäßig oder gefühlsmäßig? Wodurch bedingt?	– Schüler reagieren mit Abwehr oder Nicht-Verstehen auf das Gedicht – Schüler versuchen, ihre Kritik des Gedichts zu begründen
Phase 2: Klärung der veränderten Interpretationsvoraussetzungen	Unterrichtsgespräch / Auswertung der Hausaufgabe – Welche Behandlung der Wirklichkeit ist vom Gedicht zu erwarten? Unterschied zu Goethes Wirklichkeitsbezug?	– Goethe: Anlaß in konkreter Wirklichkeit verwurzelt, Wort und Bedeutung bilden untrennbare Einheit. – Der moderne Dichter geht von seelischen Zuständen aus und sucht unter den Splittern der Wirklichkeit dafür Entsprechungen. Nur Assoziationskraft des Wortes zählt, nicht seine Bedeutung.
Phase 3: Bestimmen des Inhalts	Stillarbeit – Einteilen des Gedichts in kleinere Sinnabschnitte mit Stichworten	Z. 1 : Brauntöne Z. 2 : Ortsbestimmung Z. 3 – 5 : Strand – Vision Z. 6 – 8 : Herbst Z. 9 + 10 : Seine Wirkung Z. 11 – 13 : Sinnlichkeit, Begierde Z. 14 + 15 : menschliche Einsamkeit und Unruhe Z. 16 – 19 : Südliche Vision Z. 20 – 22 : Erotik, Hingabe Z. 23 + 24 : Herbst

<u>Phase 4:</u> Kritische Auseinandersetzung mit Benns Position	<u>Diskussion</u> Lehrerimpulse: – Adressat, Absicht und Sinn eines solchen lyrischen Gedichts? – Ist Benns Haltung elitär? – Kann / soll ein Gedicht Veränderungen bewirken? Welche? Vgl. Brecht! – Gesellschaftliche Funktion der Kunst?	– Schüler machen sich Gedanken, die über die reine Textbehandlung hinausgehen und formulieren ihre eigenen Erfahrungen mit oder ihre Erwartungen an Kunst.

14. Stunde: (Grundkurs)
Das lyrische Bild bei Benn – die absolute Chiffre

Unterrichtsphasen	Unterrichtsformen / Fragestellungen	Erwartungen / Ergebnisse
Phase 1: Wiederaufnahme des Begriffs des Bildes	Unterrichtsgespräch – Wiederholung der Ergebnisse der Behandlung von „Welle der Nacht" – Vorgehen und Begründung? – Versuch der Beschreibung der Bilder in „Welle der Nacht" / Rückbezug auf Goethe und Novalis – Einführung des Begriffs absolute Chiffre durch den Lehrer	– Finden von Bezügen zwischen den Bildern, von Assoziationskomplexen und ihren Verbindungen zueinander, Vordringen in Tiefenschicht des Gedichts – Verrätselt, ohne Bezug zu erlebter Wirklichkeit
Phase 2: Verdeutlichung des Begriffs „absolute Chiffre"	Lesen des Textes über Funktion der kreativen Phantasie (vgl. Textteil) Unterrichtsgespräch – Unterschied zwischen der Bildwelt Goethes und der des modernen Lyrikers? – Funktion der absoluten Chiffre im Vergleich zu Goethes Symbol? – Haltung des modernen Dichters gegenüber der Welt? – Rückbezug auf „Welle der Nacht"	– Moderne Bildwelt existiert nur in der Sprache selbst, ohne Wurzeln in der Wirklichkeit – Absolute Chiffre verbindet diskrepante Splitter der alten Wirklichkeit und schafft dadurch Neues – Moderner Dichter erkennt keine Realität an außer der seines eigenen Werks: absoluter Schöpfungsanspruch – Bilder hier sind absolute Chiffren, aus verschiedenen Bereichen der Wirklichkeit zu einem Bezugssystem innerhalb des Gedichts verwoben
Phase 3: Analyse des Gedichts „Ein Wort"	Lesen des Gedichtes / Stillarbeit – Aufgabe, Funktion und Wirkung der Chiffre? – Haltung des lyrischen Ich gegenüber Leben und Welt?	– Herstellen einer neuen, künstlerischen Wirklichkeit an Stelle der verlorenen – Wirkung der Chiffre nur momentan – Isolation und Hoffnungslosigkeit des Ich momentan aufgehoben im schöpferischen Akt

- Die absolute Chiffre ist nicht mehr wie Goethes Symbol in der Wirklichkeit verwurzelt.
- Sie dient dem Dichter nicht mehr als Ausdruck einer Idee, sondern schafft eine eigene Welt der Kunst als Ersatz für die verlorene Wirklichkeit.
- Sie verweist nicht auf Göttliches wie die romantische Chiffre, sondern ist sinn- und zweckfrei.
- Ihre Bedeutung kann nicht erschlossen werden wie die des Symbols, sondern sie wird wirksam innerhalb des Netzes von Beziehungen, die jedem modernen Gedicht eine von der äußeren Wirklichkeit unabhängige Eigengesetzlichkeit verschaffen.

Daraus ergibt sich die Frage: Welche Konsequenzen entstehen daraus für den Leser? Wie kann er sich einem Gedicht nähern, das absolute Chiffren enthält? Bevor nun der Text von R. Grimm (vgl. S. 104) gelesen wird, sollen sich die Schüler selbst Gedanken darüber machen und ihre eigenen Erfahrungen mit moderner Lyrik einbringen.

Phase 2:
Aufgabe des Lesers moderner Lyrik

Die Schüler lesen den Text von R. Grimm und vergleichen ihre eigenen Äußerungen über die Probleme des Rezipienten moderner Lyrik damit. Im Gespräch sollte hervorgehoben werden, daß jeder, der ein gewisses Maß an Engagement aufbringt, einen Einblick in die Welt des jeweiligen Gedichts gewinnen kann. Ein weiterer Impuls des Lehrers kann die Frage aufwerfen, ob dieses Engagement nicht bei Goethe und Brentano auch nötig war, und ob es nicht etwas mit der Tatsache zu tun habe, daß sich hinter jedem guten Gedicht etwas Unsagbares verbirgt, das entdeckt werden will. Bei moderner Lyrik ist lediglich die Hemmschwelle höher, weil die Gesetze der Logik und des Gewohnten aufgehoben sind.

Phase 3:
Analyse der absoluten Chiffren in „Call it love“

Mit diesen vertieften Kenntnissen und Einsichten kann nun das Enzensberger-Gedicht noch einmal hervorgeholt werden. In Partnerarbeit versuchen die Schüler, über seine Bilder Zugang zu ihm zu bekommen. Die Fragestellung lautet zunächst: Wo finden sich in dem Gedicht Bilder, und wie sind sie zu interpretieren? Bestehen Beziehungen zwischen ihnen?

Die Schüler können folgende Beispiele finden:

1. *Summende Körbe in nackten Häusern.*
   Verrätseltes Bild, läßt an Bienen denken, an Natur, diese Vorstellung wird aber durch das negative „in den nackten Häusern“ aufgehoben. Die Vorstellung von unwirtlicher Stadt, Geschäftigkeit, Bewegung wird geweckt.
2. *„Gläsernes Laub“.*
   Die beiden Worte sind in der Wirklichkeit unvereinbar. Wieder Verbindung von Natur und künstlich vom Menschen Verfertigtem.
3. *„Wie eine Taube aus weißem Batist.“*
   Vergleich, doch ist das, was mit der Taube verglichen wird, dem Leser (noch) nicht bewußt. Taube – Element der Natur, Symbol für Friede und Erlösung. Aus Batist – das Bild wird wieder aus der Wirklichkeit gelöst, wirkt künstlich, verrät den Einfluß des Menschen.
4. *Verwitterte Sterne.*
   Das Bild verweist auf Kälte, Ferne, Vergessenheit. Das Wort Stern, aus der Natur genommen, beliebtes Bild der romantischen Dichtung, wird durch das Adjektiv verwittert negativ besetzt, deutet auf die Einsamkeit des Menschen im Kosmos.
5. *Die Chiffre des weiblichen Flüchtlings, der mit der Taube aus Batist verglichen wird.*
   Die beiden Bilder sind unvereinbar: Wo

ist das tertium comparationis zwischen einer Flüchtenden „ohne Paß ohne Schuhe“ und einer „Taube aus weißem Batist“? Dennoch sind beide Vorstellungen im Verb zusammengefaßt: im Niederlassen auf die Jäger. Die Chiffre ist doppeldeutig: Müdigkeit, Verfolgung, Ferne, Not – und Schönheit, Erlösung. Die vom modernen Menschen nicht mehr zugelassene, geleugnete Liebe, die ihm Befreiung bringen könnte, wenn er sie wieder in seinem Leben zu Hause sein ließe, könnte möglicherweise der gemeinsame Bezugspunkt beider Bilder sein.

Gemeinsam ist allen Bildern, daß zwei gegensätzliche Vorstellungsbereiche (Natur- und Menschenwelt) zusammengebracht werden. Die Bilder haben keine Entsprechung in der Wirklichkeit, sind aber sinnlich – visuell oder akustisch – nachvollziehbar.

Phase 4:
Gesamtdeutung des Gedichts

Die Schüler überlegen nun, wie die Analyse der Chiffren für die Gesamtdeutung des Gedichts verwendet werden kann. Wo zeigt sich, daß die Welt nicht mehr als ganzheitliches Gefüge erfahren wird?
Als Ergebnis sollte festgehalten werden: Alle verwendeten Bilder sind zusammengesetzt aus Wirklichkeitssplittern. Sie schaffen durch ihre Beziehung untereinander eine neue Wirklichkeit, die des Gedichts. Dinge aus der Natur werden mit Attributen zusammengezwungen, die auf die Macht des Menschen über die Natur verweisen. Die Natur ist dem Menschen zum Opfer gefallen. Die Menschen sind auch die „bittern, todmüden Jäger“ (der Liebe?). Durch diese Jagd haben sie sich selbst unglücklich gemacht. Natur und Liebe sind verloren, ausgebeutet. Sie existieren aber noch bruchstückhaft oder in der Vorstellung, der Vision: sie können durch ungewöhnliche Wort- oder Bildkombinationen, durch Evokation, vom Künstler wieder zum Leben erweckt werden – allerdings nur andeutungsweise und ohne Hoffnung auf Dauer.

Phase 5:
Behandlung des Themas Liebe bei Goethe, Brentano, Heine, Benn, Enzensberger

Im Rückblick können die Schüler nun die Darstellung des Themas Liebe in den verschiedenen Gedichten vergleichen, die bisher behandelt wurden. Dabei läßt sich ein enger Zusammenhang mit dem geistesgeschichtlichen Hintergrund der jeweiligen Epoche und mit der Haltung des Dichters zur Natur beobachten:

- Goethes Verhältnis zur Natur ist ungebrochen; sie dient ihm als Spiegel seiner Empfindungen, und sie hilft ihm bei ihrer Bewältigung. Liebe war für Goethe ein persönliches Gefühl, das sich auf ein bestimmtes Du konzentrierte.
- Brentano verwandelte Liebessehnsucht und ungetrösteten Schmerz in Sprachmusik. Zwischen dem Ich und den Bildern der Natur, in denen es seine Gefühle wiederfindet, besteht keine Grenze mehr, die bestimmte Situation verschwimmt.
- Heine stellt diese völlige Hingabe in Frage und distanziert sich von ihr. Es ist ihm nicht mehr möglich, tiefe Empfindung in adäquate Worte und Bilder zu fassen.
- Benns Gedichte haben keinen Platz mehr für das lyrische Ich; sie sind unpersönlich und können deshalb auch keine persönlichen Gefühle mehr reflektieren. „D-Zug“ enthält Sinnlichkeit und Erotik, die als kollektive Triebkräfte erscheinen und durch das Wissen um die Vergänglichkeit des menschlichen Daseins intensiviert werden.
- Enzensberger ist am weitesten entfernt von Goethes Liebeserlebnis. Für ihn ist Liebe eine abstrakte Vision, die, vom Menschen selbst aus einer technisch

orientierten Welt vertrieben, im Gedicht als schattenhafte, vergessene Möglichkeit angedeutet wird.

Als Hausaufgabe soll Ingeborg Bachmanns Gedicht „Dunkles zu sagen" durch Lesen vorbereitet werden. Die Schüler können auch schon Material zum Thema Orpheus sammeln.

Lernziele

Die Schüler
- machen sich bewußt, daß der Leser moderner Dichtung Engagement und Kreativität in die Interpretation einbringen muß, weil die Gesetze der Logik aufgehoben sind und statt ihrer Assoziation und schöpferischer Nachvollzug das Gedicht zu einem Ganzen werden lassen
- wenden diese Erkenntnis auf „Call it love" an und interpretieren das Gedicht von seinen Bildern her

16. Stunde: Bachmann „Dunkles zu sagen" – das lyrische Paradox

Sachinformationen

a) Fachliche Analyse

Die Stunde folgt zum großen Teil Hartmut Müllers Interpretation des Gedichts in dem Kapitel über das lyrische Paradox in seinem Buch „Formen moderner deutscher Lyrik". Deshalb scheint es angebracht, diese Interpretation hier zu zitieren:

„‚Dunkles zu sagen' ist ein dialogisches Gedicht. Es ist gerichtet an einen geliebten Menschen. In der Nachfolge Rilkes wird der Sänger Orpheus beschworen, Orpheus, dessen Kunst selbst im Reich des Todes Widerhall fand. Damit ist das Thema des Gedichts gegeben: aus der Beziehung des Lebens zum Tod entfaltet sich sein Grundmuster; ‚Wie Orpheus spiel ich / auf den Saiten des Lebens den Tod'. Zuerst aber leiht der Dichter dem Lebendigen seine Stimme, als Zeichen des Lebens erscheinen Augen, Tau, Nelke, die Welle von Blut, ‚dein tönendes Herz'. Aber ein dunkles Muster, die Zeichen der Vergänglichkeit, treten den hellen Zeichen gegenüber: da ist die Rede von Lethe, dem ‚dunklen Fluß', von der Saite des Schweigens und vom ‚Schattenhaar der Nacht'. Die Zeichen des Lebens und die Zeichen des Todes verschlingen sich immer mehr bis hin zu den letzten Verszeilen der dritten Strophe, wo es heißt: ‚der Finsternis schwarze Flocken / beschneiten dein Antlitz'. Hier findet sich eine paradoxe Verschränkung der beiden Muster, eine absolute Chiffre. Das Zeichen des Lebendigen, die Schneeflocken, werden verwandelt zu Zeichen des Todes, aber in der Weise, daß die paradoxe Gegenwart des Todes im Leben im paradoxen Sprachbild Gestalt wird: sie werden zu ‚der Finsternis schwarze Flocken', die auf das Antlitz der Geliebten fallen. Die Erfahrung der Vergänglichkeit bewirkt, daß die Liebenden einander fremd werden: ‚Beide klagen wir nun'. Hier aber ist die Gelenkstelle des Gedichts, der Sänger Orpheus weiß nicht nur, daß im Leben der Tod anwesend ist, sondern auch, daß das Leben in die Bezirke des Todes hineinreicht. Diese Dialektik kommt in der Schlußmetapher zum Ausdruck: ‚und mir blaut / dein für immer geschlossenes Aug'. Wieder eine paradoxe Chiffre, aber diesmal verwandelt sich nicht das Lebendige ins Tote, sondern das Tote wird wieder lebendig, Orpheus führt die tote Eurydike aus dem Hades in die Bezirke der Lebenden." (S. 39/40)

b) Methodische Überlegungen

Während bei den Benn-Gedichten aus Schlüsselwörtern und Motivkomplexen die Grundsituation des Gedichts erschlossen wurde, soll bei „Dunkles zu sagen" umgekehrt vorgegangen werden. Aus der ersten Zeile und dem Inhalt des Gedichts wird unmittelbar erkenntlich, daß es um Tod und Leben, um ihre Vereinbarkeit und gleichzeitig um ihre Zusammengehörigkeit handelt. Wir können nun fragen, wie die Dichterin dieses Thema in Bildern verwirklicht; wie es

Dunkles zu sagen

Wie Orpheus spiel ich
auf den Saiten des Lebens den Tod
und in die Schönheit der Erde
und deiner Augen, die den Himmel verwalten,
weiß ich nur Dunkles zu sagen.

Vergiß nicht, daß auch du, plötzlich,
an jenem Morgen, als dein Lager
noch naß war von Tau und die Nelke
an deinem Herzen schlief,
den dunklen Fluß sahst,
der an dir vorbeizog.

Die Saite des Schweigens
gespannt auf die Welle von Blut,
griff ich dein tönendes Herz.
Verwandelt ward deine Locke
ins Schattenhaar der Nacht,
der Finsternis schwarze Flocken
beschneiten dein Antlitz.

Und ich gehör dir nicht zu.
Beide klagen wir nun.

Aber wie Orpheus weiß ich
auf der Seite des Todes das Leben,
und mir blaut
dein für immer geschlossenes Aug.

Ingeborg Bachmann

Aus: Ingeborg Bachmann, Die gestundete Zeit, München 1957, Piper Verlag, S. 11

ihr gelingt, dieses alte Problem, das schon in der Barockdichtung Ausdruck fand und mit dem sich die Dichter von Kirchenliedern auseinandergesetzt haben („Mitten wir im Leben sind / von dem Tod umfangen“) mit den Mitteln heutiger dichterischer Sprache neu zu gestalten. Der Vorschlag, die verwendeten Bilder genauer zu untersuchen, sollte von den Schülern selbst kommen. Durch „Call it love“ sind sie vorbereitet auf die Eigenart der Chiffre: auf das Zusammenzwingen von Unvereinbarem. In „Dunkles zu sagen“ sind die Bildelemente, welche miteinander ein Bild formen, sogar einander entgegengesetzt, paradox, sie „verknüpfen die logischen Gegensätze“ Tod und Leben. Mit der Einführung des Begriffs lyrisches Paradox ist der letzte Schritt in der

Wandlung des lyrischen Bildes festgehalten. Das lyrische Paradox ist eine Abwandlung der absoluten Chiffre, es ist jedoch der Interpretation leichter zugänglich, weil seine Struktur klarer und sein Gehalt eindeutiger ist. Für die Schüler dürfte dieses Gedicht also leichter sein als die Gedichte von Benn und Enzensberger.

Stundenverlauf

Phase 1:
Erste Begegnung mit dem Gedicht

Mehrere Schüler werden gebeten, das Gedicht laut vorzutragen. In einem kurzen Gespräch sollte anschließend darüber diskutiert werden, welcher Vortrag die Grundstimmung des Gedichts am besten zum Ausdruck gebracht hat. Daraus ergibt sich die Frage, wie diese Grundstimmung oder das Thema des Gedichts zu umschreiben wäre. Die Schüler bringen ihre ersten Beobachtungen in das Gespräch ein. Dabei sollte geklärt werden, welche Rolle das lyrische Ich im Gedicht spielt (vgl. „Call it love" und „Welle der Nacht", wo es völlig aus dem Gedicht verschwunden scheint, und „D-Zug", wo es in einem kollektiven „uns" zwar an die Oberfläche des Gedichts kommt, aber keinerlei persönliche Funktion hat). In „Dunkles zu sagen" steht das lyrische Ich deutlich im Dialog mit einem Du. Das Zentrum des Gedichts bildet die Klage über die Trennung von diesem Du, unmißverständlich und ohne Bilder festgehalten in den Zeilen „Und ich gehör dir nicht zu / beide klagen wir nun". Ohne eingehende Interpretation des Gedichts wird auch klar, daß die Ursache dieser Trennung der Tod eines Partners sein muß: das Ich steht auf der Seite des Lebens, das Du auf der des Todes: „dein für immer geschlossenes Aug".

Phase 2:
Reflexion des methodischen Vorgehens

Ein wichtiges Ziel der Unterrichtseinheit ist es, die Schüler durch Anleitung und Übung so weit zu bringen, daß sie mit einem Gedicht arbeiten können, auch wenn sie es zunächst nicht verstehen. Deshalb sollen nun, vorbereitet durch die Hausaufgabe, Vorschläge zu den verschiedenen Interpretationsschritten gemacht werden. Der erste Schritt, das Erkennen der Grundthematik, ist bereits geleistet. Es ist nun zu erwarten, daß die Schüler auf die Schlüsselwörter, Motive und Bilder verweisen, die aus dem Gedicht isoliert werden können, um zu zeigen, wie sich das Thema entfaltet (so wurde bei Benn und Enzensberger vorgegangen), daß sie nach einer Entwicklung im Gedicht fragen (wie bei „Mächtiges Überraschen" oder „Auf dem See"). Sollten sie sich an die Analyse der Reim- und Vokalstruktur erinnern, wie sie bei Brentanos Gedichten vorgenommen wurde, müßte im Gespräch geklärt werden, daß diese Methode bei „Dunkles zu sagen" nicht weit führt, weil der gedankliche Inhalt die Klangwirkung überwiegt.
Der am nächsten liegende Untersuchungsschritt ist hier das Bestimmen der Schlüsselwörter für die beiden Begriffe, aus denen sich das Thema zusammensetzt: Tod und Leben. Dabei entsteht der Tafelanschrieb (vgl. Stundenblatt). Auf die Seite des Todes gehören die Worte Tod, Dunkles, dunkler Fluß, Schweigen, Schattenhaar, Nacht, Finsternis, schwarz, für immer geschlossen; auf die des Lebens Leben, Schönheit, Morgen, Tau, Nelke, Welle, Blut, tönendes Herz, Locke, blaut, Aug.

Phase 3:
Analyse der Bilder

Aus dieser Liste wird deutlich, daß Tod und Leben einander als gleichwertige Partner gegenüberstehen, daß sie im Gedicht einander die Balance halten. Um in die Tiefe des Gedichts vorzudringen, ist es nötig, die Bilder zu untersuchen, in denen Tod und/oder Leben repräsentiert sind. Die Aufgabe für die Schüler lautet deshalb, in Partnerarbeit diese Bilder daraufhin zu untersuchen, aus welchen Elementen sie zusammengesetzt sind und ob eins der Elemente überwiegt, und zu überprüfen, ob sich vom Beginn des Gedichts zum Ende hin eine Entwicklung in der Bildstruktur feststellen läßt, und wo der Wendepunkt des Gedichts liegt. Dabei sollten sie zu folgendem Ergebnis kommen:

1. *Auf den Saiten des Lebens den Tod spielen*
- das Bild vereint Konkretes (Saite) mit Abstraktem (Leben und Tod) und zwingt zwei unvereinbare Gegensätze (Leben und Tod) zusammen. Der Tod überwiegt, wie auch in der Phrase „weiß ich nur Dunkles zu sagen".
2. *Schlafende Nelke, Lager, naß vom Tau*
- Bilder aus der Natur. Lager verweist auf Schlaf und Nacht, Tau auf Morgen und Tag; Nelke auf Leben und Blühen, doch die Nelke schläft – Verschlingung von Gegensätzen.
3. *der dunkle Fluß:*
- Bild aus der griechischen Mythologie; für den, der den Fluß Lethe überquert hat, gibt es keine Rückkehr aus dem Totenreich mehr. Das Bild verweist auf Tod.
4. *Saite des Schweigens gespannt auf die Welle von Blut*
- wiederum Konkretes, Anschauliches (Saite, Welle, Blut) und Abstraktes (Schweigen) vereint. Wie die Formulierung „auf den Saiten des Lebens den Tod spielen" läßt auch dieses Bild an Orpheus und seine Leier denken. Doch beidesmal setzt sich das Bild aus unvereinbaren Gegensätzen zusammen: Saite impliziert Musik und Klang, Schweigen Tod. Hier halten sich im Bild Leben und Tod die Waage, denn die Welle von Blut gibt dem Leben mehr Gewicht.
5. *Der Finsternis schwarze Flocken/beschneiten dein Antlitz*
- Vereinigung von Konkretem (Flocken, beschneien, Antlitz) und Abstraktem (Finsternis), von zwei unvereinbaren Gegensätzen: Flocken und beschneien implizieren Schnee und die Farbe weiß, dagegen Finsternis und schwarz (vgl. Dunkles, dunkler Fluß). Dunkelheit und Tod überwiegen.
6. *Mir blaut/dein für immer geschlossenes Aug*
- Leben in „mir blaut", Tod in „für immer geschlossen". Der Tod ist nicht entmachtet, doch für das Ich überwiegt das Lebendige. Indem das Ich die Tatsache des Todes bewußt akzeptiert, wird es ihm möglich, ihm einen Sinn zuzuerkennen und ihn dadurch für sich selbst zu Leben zu verwandeln.

Die Frage nach der Entwicklung, dem Wendepunkt, wird durch den Hinweis auf die letzten sechs Zeilen beantwortet, wo nach der sachlichen Feststellung der Trennung durch das Wort „aber" und den Satz „ich weiß auf der Seite des Todes das Leben" (vgl. Gleichklang mit „auf den Saiten des Lebens den Tod") der endgültige Sieg des Lebens für das Ich angedeutet wird, nachdem zu Beginn der Tod mächtiger war.
Für diese Bilder, die alle Gegensätze in sich vereinen, wird nun die Bezeichnung „lyrisches Paradox" eingeführt. Die einzelnen Elemente, aus denen sich das Gedicht zusammensetzt, sind jetzt bloßgelegt; es bleibt nun zu zeigen, durch welche Idee sie zusammengehalten werden.

Phase 4:
Die Bedeutung der Orpheus-Gestalt für das Gedicht

Die Frage an die Schüler: Wie werden die beiden Zentralgedanken des Gedichts, Leben und Tod, deren Verschlingung sich in den Chiffren andeutet, verklammert? sollte als Antwort erbringen: durch die Gleichsetzung des lyrischen Ich mit dem Sänger Orpheus.

An dieser Stelle kann es notwendig sein, einige Sachinformationen zum Orpheus-Mythos und seiner wiederholten Darstellung in den Künsten zu geben. Um die Stunde aufzulockern, wäre es möglich, Anschauungsmaterial einzubringen. Ein Lexikonartikel, von einem Schüler entdeckt, kann über Orpheus' Schicksal berichten, Bilder von griechischen Vasen können gezeigt werden, oder die Arie „Che faro senza Euridice" aus Glucks Oper „Orfeo" (z. B. gesungen von Janet Baker) und/oder Reinhard Meys Chanson „Ich möchte wie Orpheus singen" können vorgespielt werden, um einen Eindruck von der andauernden Faszination des Mythos zu vermitteln. Die Schüler können leicht erraten, woher diese Faszination stammt: Liebe, Schmerz und der Glaube an die Zauberkraft der Musik sind heute noch genauso gültig wie zur Zeit der Griechen. Inwiefern hält nun die Gestalt des Orpheus das Gedicht zusammen?

Orpheus steht zwischen Tod und Leben. Durch seine Musik vermittelt er zwischen beiden, durch seinen Gang ins Totenreich hebt er die Grenze zwischen Tod und Leben auf. (Diese Tatsache kann durch die Ergänzung des Tafelanschriebs festgehalten werden. Orpheus kommt zweimal im Gedicht vor und steht zwischen den beiden Spalten „Tod" und „Leben".) So ist auch im Gedicht die Grenze zwischen Tod und Leben aufgehoben, und zwar durch die lyrischen Paradoxe, die Tod und Leben kunstvoll ineinander verschlingen, und durch den Sieg des Lebens am Schluß.

Die Schüler suchen nun die Stellen im Gedicht, in denen direkt oder indirekt auf Orpheus verwiesen wird, und erklären sie. Das Ergebnis sollte lauten:

1. Das lyrische Ich vergleicht sich mit dem Sänger: dichten ist gleich singen. Es versucht im Gedicht, was Orpheus durch seinen Gesang gelungen ist: den Gegensatz von Leben und Tod aufzuheben.
2. Der dunkle Fluß: Orpheus muß den Lethe überqueren, um zu Eurydike zu gelangen.
3. „Saite des Schweigens" / „griff ich dein tönendes Herz": Beide Bilder verweisen auf die Leier.
4. „Wie Orpheus weiß ich/auf der Seite des Todes das Leben". Durch den direkten Vergleich mit Orpheus am Anfang und Ende des Gedichts entsteht Symmetrie. Die Erwähnung Orpheus' leitet in den letzten vier Zeilen einen Stimmungsumschwung ein. Der Tod des Geliebten bedeutet keine endgültige Trennung, solange das Ich – wenigstens im Gedicht – die Erinnerung an ihn wach hält.

Phase 5:
Methodenreflexion: Vergleich verschiedener Vorgehensweisen bei der Interpretation

Um den Schülern noch einmal bewußtzumachen, wie bei einer Gedichtinterpretation vorgegangen werden kann und daß jedes Gedicht seine eigene Methode erfordert, werden sie gebeten, den Interpretationsweg der Benn-Gedichte mit dem von „Dunkles zu sagen" zu vergleichen und die wichtigsten Punkte aufzuzählen, die bei der Interpretation beachtet werden müssen. Was war bei „Welle der Nacht" oder „D-Zug" der erste Schritt, was das Ergebnis? Wie unterscheidet sich davon die Behandlung von „Dunkles zu sagen"? Die Schüler rekapitulieren: Bei der ersten Begegnung mit Benns Gedichten blieb das Thema, die Grundaussage oder -stimmung des Gedichts dunkel. Das Gedicht mußte in einzelne Sinnabschnitte aufgegliedert werden, damit Zugang zum Inhalt gefunden werden konnte. Einzelne Motive wurden dadurch deutlich, die dann zu Motivkomplexen gruppiert werden konnten, und zwischen diesen ergaben sich Zusammenhänge, die zu einem Thema führten.

Von der äußeren Oberfläche des Gedichts her arbeitete sich also der Interpret langsam zu einem Verständnis der tieferen Zusammenhänge vor. Bei dem Bachmann-Gedicht dagegen war das Thema unmittelbar einsichtig, deshalb konnte von vornherein dieses Thema als Interpretationsgrundlage verwendet werden. Der Interpret hatte nun die Aufgabe, zu zeigen, wie der Dichter sein Thema präsentiert: durch Schlüsselwörter, durch die Erklärung der Bilder, hinter denen sich das Thema verbirgt, und durch die Frage nach einer Entwicklung. Die Interpretationsmethode muß sich also immer nach den Anforderungen richten, die das jeweilige Gedicht stellt: von dem ausgehend, was am leichtesten zu erschließen ist, dringt der Interpret immer weiter zum Unbekannten vor.

Als Hausaufgabe halten die Schüler in Stichworten die Wandlung des lyrischen Bildes fest und stellen so den Zusammenhang her, dessen letzte Konsequenz das lyrische Paradox ist. Diese Aufgabe leitet über zu dem Gedicht Frieds, das keine Bilder mehr verwendet – eine weitere Alternative, um der Entleerung der dichterischen Sprache entgegenzuwirken.

Lernziele

Die Schüler
- erkennen die Grundthematik des Gedichts „Dunkles zu sagen“, nämlich den Gegensatz Tod – Leben
- zeigen die Mittel auf, mit denen die Dichterin dieses Thema den Lesern zugänglich macht
- verstehen das lyrische Paradox als ein Bild in der modernen Dichtung, das unvereinbare Gegensätze zusammenzwingt und dadurch neue Vorstellungen schafft
- können den engen Zusammenhang zwischen dem Thema des Gedichts und der Beschaffenheit des lyrischen Paradox nachvollziehen

17. Stunde: Sprachspiele bei Erich Fried

Sachinformationen

a) Fachliche Analyse

Erich Frieds Sammlung von Liebesgedichten im Wagenbach-Verlag bietet ein schönes Beispiel dafür, wie es einem modernen Dichter, der sich der Verbrauchtheit der Sprache bewußt ist, der aber trotzdem Liebe, Sehnsucht oder Schmerz in der Sprache lebendig machen will, gelingt, dies auf nüchterne, aber bewegende Weise zu tun, indem er der Alltagssprache neue Aspekte abgewinnt. Fried sucht nicht mehr nach Bildern wie Benn, der durch ein mystisches Schöpfererlebnis versuchte, die verlorene Verbindung mit der Welt wiederherzustellen. Sein Material ist die Alltagssprache, die er von allen Seiten durchleuchtet und dann in die Form von Gedichten gießt, die auf den ersten Blick einfach erscheinen, beim näheren Hinsehen jedoch Tiefe offenbaren. Wie Enzensberger ist er vor allem als politischer Dichter bekannt, doch seine Liebesgedichte stehen seinen politischen nicht nach.

„Als ich mich nach dir verzehrte“ (vgl. S. 115/116) zeigt uns, daß wir bildhafte Redensarten benutzen, ohne uns ihres Bildgehalts bewußt zu sein, und daß in Wendungen und Worten, die uns leicht über die Lippen fließen, mehr verborgen ist, als wir beim oberflächlichen Gebrauch der Sprache wahrnehmen. Das Gedicht spielt mit diesen Bedeutungen, nimmt sie wörtlich und führt sie dadurch ad absurdum. Gerade aus der Abgenutztheit der Sprache ergeben sich

Als ich mich nach dir verzehrte
Cogito ergo non sum

1
Ich liege
auf dem Rücken
und mir zugleich
am Herzen
im Magen
und mit mir selbst in den Haaren

Ich muß mich also
zuerst
gefressen haben
mit Herz und Haaren
um jetzt
im Magen liegen zu können

Tatsächlich fand ich
unter meinen Nachrufen einen
in dem es heißt:
„Er verzehrte sich
angesichts
unserer Welt“

Daraus erhellt
daß unsere Welt
dabei war
und als Augenzeugin
die Verzehrung
bestätigen kann

Nun wüßte ich gerne
wessen Inhalt
mein Magen *jetzt* ist
wenn *ich*
dessen Inhalt er war
jetzt *sein* Inhalt bin

2
Wenn ich mich
nach dir
verzehre
heißt das
ich habe zuerst
als Hauptgericht
dich verzehrt

und *mich* dann
als Nachtisch
oder warst *du*
die Suppe
und *ich*
bin das Fleisch?

Erich Fried

Aus: Erich Fried, Liebesgedichte, Berlin 1980, Verlag Klaus Wagenbach, S. 28

neue Möglichkeiten, sie wieder zum Leben zu bringen.

Durch die Negation des Satzes „cogito ergo sum“ wird bereits angedeutet, daß die Welt des Normalen verlassen ist und die Logik auf dem Kopf steht. Die ersten zwei Zeilen „Ich liege auf dem Rücken“ scheinen eine konkrete Situation einzuleiten, doch der Rest der ersten Strophe benutzt das Verb liegen nicht mehr in seiner wörtlichen, sondern in übertragenen Bedeutungen: es liegt mir am Herzen, es liegt mir (schwer) im Magen, sie liegen sich in den Haaren. Dadurch, daß das Subjekt für alle drei Redensarten das Ich ist, wird der Inhalt der Sätze sinnlos.

Auf dieser Ausgangssituation baut Fried seine eigene Art von Logik auf, in der das Sprachspiel weitergeführt wird. Diese Logik „Ich muß mich also zuerst gefressen haben . . .“ bewahrt den Schein der Normalität, die im Satzbau noch vorherrscht, aber unter der Oberfläche geht das Spiel weiter. In der Redensart „Jemanden mit Haut und Haaren fressen“ wird Haut durch Herz ersetzt, um den Zusammenhang mit der ersten Strophe herzustellen und durch die Montage den Hörer aufmerksam zu machen. In der dritten und vierten Strophe dreht sich das Verwirrspiel um die wörtliche und übertragene Bedeutung von „verzehren“ und „angesichts“, und die fünfte zieht die Schlußfolgerung und führt die Logik vollends ad absurdum.

Im zweiten Teil des Gedichts variiert Fried noch einmal die Verwendung der Redensart „sich verzehren“, indem er nicht mehr mit dem Verb, sondern mit der Doppelbedeutung der Präposition „nach“ spielt und darauf wieder eine Folge von Fragen aufbaut, die logisch wären, wenn sie von einer akzeptablen Voraussetzung ausgingen.

Mit seiner Nähe zur Prosa und zur Alltagssprache ist das Gedicht leicht zugänglich, es amüsiert und regt gleichzeitig zum Nachdenken über den Gebrauch der Sprache an. Es ist ein „Liebesgedicht“, doch stellt es gleichzeitig die Banalität der Sprache zur Diskussion, die für Liebe oder Sehnsucht keine anderen Worte finden kann, als solche, die durch aller Munde gehen. Es bietet keine positive Lösung für dieses Problem, aber es tut den ersten Schritt auf diese Lösung hin, indem es die Banalität spielerisch lächerlich macht. In diesem Gedicht – wie in den meisten Gedichten Frieds – sind keine lyrischen Bilder mehr enthalten. Was er zu sagen hat, erscheint entweder als klare, nüchterne, geschliffene Äußerung oder als Spiel, das die scheinbare Logik der Sprache aufrechterhält, um die wahre des Gedankens aufzugeben.

b) Methodische Überlegungen

Nach der konzentrierten Arbeit der letzten Stunden sollen die Schüler nun wieder eine Lockerung spüren und den Humor des Gedichts genießen, ohne seine Sprachkritik aus dem Auge zu verlieren. Das Gedicht braucht nicht eingehend analysiert zu werden. Nachdem geklärt wurde, wie Fried mit der Sprache umgeht und was er damit bezweckt, könnten die Schüler, wenn genug Interesse besteht, sich selbst an diesem Spiel beteiligen, indem sie verbrauchte Redensarten zusammentragen, sie auf ihren ursprünglichen Bildgehalt hin untersuchen und sie, dem Beispiel Frieds folgend, verzerren und ad absurdum führen. Dadurch wird ein kreatives Element in die Unterrichtseinheit eingebracht, und die Schüler schärfen ihre Sensibilität für die geschriebene und gesprochene Sprache.

Stundenverlauf

Phase 1:
Die Wandlung des lyrischen Bildes seit Goethe

Die Schüler tragen die Stichworte zur Wandlung des lyrischen Bildes vor, die sie von Goethes Symbol bis zum lyrischen Paradox verfolgt haben. Dies kann in knapper Form geschehen, wichtig ist, daß klar formuliert wird. Das Stundenblatt zu Stunde 17 enthält ein Arbeitsblatt, das die Wandlung des Bildes zusammenfaßt. Das kann in einer speziell dafür bestimmten Stunde oder als Hausaufgabe bearbeitet werden. Diese Phase soll die Schüler darauf vorbereiten.
Am Anfang steht Goethes Symbol mit seinem Verweischarakter auf etwas Höheres, Allgemeines, das sich aus Goethes Weltbild erklärt, in dem der Glaube an einen geordneten Kosmos im Vordergrund steht und das im Besonderen das Typische zu sehen erlaubt.
Über Brentanos romantische Chiffre, die immer noch auf eine verborgene göttliche Welt hinter der sichtbaren verweist, indem sie „die Tasten zum Klingen bringt", in der jedoch die Balance zwischen Innen und Außen aufgegeben wurde, führt der Weg zu Heines Sprachnot und seiner Infragestellung des romantischen Bildes. Benns absolute Chiffre, die keinen symbolischen Hintergrund mehr hat, sondern durch die augenblickshafte Evokation von Assoziationen einen neuen Sinn schaffen will, der den verlorenen ersetzen soll, bedeutet einen Bruch in der Entwicklung. Schließlich wird kurz das lyrische Parodox besprochen, das die disparaten Splitter einer zerbrochenen Wirklichkeit zusammenzwingt und auf diese Weise eine neue lyrische Aussage – allerdings mit eigener Gesetzlichkeit und ohne Bezug zur äußeren Wirklichkeit – ermöglicht, wo alle anderen Formen von lyrischen Bildern leer und verbraucht scheinen.
Danach überlegen sich die Schüler, welche anderen Mittel der moderne Dichter noch besitzt, um eine lyrische Aussage zu machen, die die Aufmerksamkeit des Lesers oder Hörers fesselt. Vielleicht sind den Schülern einige moderne Gedichte bekannt, Brechts „An die Nachgeborenen" z. B. oder Enzensbergers „Ins Lesebuch für die Oberstufe" oder auch Benns „Morgue"-Gedichte. Sie werden dann von selbst darauf kommen, daß Lyrik nicht unbedingt Bilder benötigt.
Welcher Weg auch eingeschlagen wird, in jedem Fall werden die Schüler auf die Möglichkeit des Sprachspiels oder des weitgehenden Verzichts auf bildliches Sprechen hinweisen. Als ein Beispiel für solches Dichten ohne Bilder (und Sprachspiel zugleich) wird ihnen nun Erich Frieds „Als ich mich nach dir verzehrte" vorgelegt.

Phase 2:
Erste Beobachtungen zu „Als ich mich nach dir verzehrte"

Die Schüler lesen das Gedicht still oder tragen es laut vor. Es ist zu erwarten, daß sie amüsiert reagieren. Hier kann der Lehrer anknüpfen und die Schüler dazu auffordern, ihre Beobachtungen zu formulieren und festzustellen, was das Gedicht so reizvoll macht und was es von allen bisher behandelten Gedichten unterscheidet. Die Schüler werden die Montage aus gebräuchlichen Redensarten erkennen, welche, von Fried wörtlich genommen, syntaktisch zwar funktionieren, aber keinen Sinn mehr besitzen. Sicher weisen die Schüler auf den spielerischen Ton des Gedichts hin, der uns in dieser Unterrichtseinheit bis jetzt nur bei Heine begegnet ist. Durch die einleitende Phase sind sie darauf vorbereitet, daß der Dichter hier keinen Versuch mehr macht, lyrische Bilder von neuer Aussagekraft zu schaffen, wie es bei Benn und Ingeborg Bachmann noch beobachtet wurde. Wie arbeitet also Fried in diesem Gedicht – wodurch unterscheidet es sich von einem Prosatext? Die Antwort muß lauten: Erstens durch die äußere Form der Kurzzeilen, die, obgleich sie reimlos sind und keinen festgelegten Rhythmus haben, doch eine gewisse Ordnung in das Gedicht bringen und den Leser oder Hörer dazu zwingen, die einzelnen Worte wichtiger zu nehmen, als wenn sie in fortlaufenden Prosazeilen angeordnet wären. Die Schüler könnten dann das Experiment machen, das Gedicht in Prosaform niederzuschreiben und diese mit der Version Frieds zu vergleichen.

Zweitens lautet die Antwort, daß der Dichter hier nicht mehr von einer menschlichen Erfahrung – ganz zu schweigen von einem Erlebnis wie bei Goethe – ausgeht, für die er ein bildliches Äquivalent in der Sprache sucht, das den Hörer durch seine Einzigartigkeit auf das aufmerksam machen will, was der Dichter auszudrücken versucht – sondern daß er von der Sprache selbst ausgeht und, indem er sie von allen Seiten durchleuchtet, die Frage an den Leser stellt: Ist unsere Sprache überhaupt noch fähig, tiefere Gedanken und Gefühle widerzuspiegeln?

Auch der leise Humor, der das Gedicht trägt, unterscheidet dieses „Liebesgedicht“ von den vorhergehenden. Er deutet an, daß der Dichter die Grenzen seines Ausdrucksvermögens erkannt hat und diese Erkenntnis spielerisch formulieren kann.

Phase 3:
Inhaltliche Detailanalyse

Nun wird im Detail untersucht, wie Fried vorgeht. Die Schüler halten Abschnitt für Abschnitt kurz fest, mit welchen Mitteln Fried gearbeitet hat. Im Gespräch sollten dabei folgende Punkte erwähnt werden:

- Zunächst wird eine reale Situation, das Auf-dem-Rücken-Liegen, angesprochen. In den folgenden vier Zeilen sind Redewendungen aneinander montiert, in denen „liegen“ im übertragenen Sinne gebraucht wird. Alle drei Wendungen werden normalerweise im Hinblick auf einen Konflikt verwendet, den ein Mensch mit einer Sache oder einem anderen Menschen hat; dadurch, daß sich das Ich selbst im Magen liegt, kann weder seine Situation noch die Redewendung mehr ernstgenommen werden.
- Ausgangspunkt für die nächsten sechs Zeilen ist das Sich-Selbst-im-Magen-Liegen, also eine unsinnige Voraussetzung, daher ist das Ergebnis wiederum Nonsens. Dabei wird eine neue Redensart, ganz wörtlich genommen, ins Spiel gebracht und ad absurdum geführt: „mit Haut und Haaren fressen“. Durch das Ersetzen von „Haut“ durch „Herz“ wird der Bezug zur ersten Strophe hergestellt. Eine weitere Redensart, die zwei Menschen einbezieht und auf die Überschrift verweist, klingt an: „Jemanden zum Fressen gern haben“. Das Ich hat sich selbst gefressen: Thema Einsamkeit, Vermissen des Du kommt zum Ausdruck.
- Das Ich hat sich gefressen, ist also tot – das erklärt die Nachrufe in der dritten Strophe. Auch hier wird der Unsinn auf die Spitze getrieben, da ein Toter kaum seine eigenen Nachrufe liest.

- In der vierten Strophe wird mit der Doppeldeutigkeit der Worte „verzehren“ und „angesichts“ gespielt.
- In der letzten Strophe erreicht das sprachliche und logische Verwirrspiel seinen Höhepunkt: das Problem, das sich hier stellt, kann niemand mehr entwirren.

- Im zweiten Teil des Gedichtes wird, ausgehend von der Doppelbedeutung der Präposition „nach“, die Überschrift des Gedichts wieder aufgenommen und spielerisch demontiert.
  Das Wortfeld, dem verzehren, fressen und Magen angehören, wird erweitert durch Suppe, Hauptgericht, Fleisch und Nachtisch.

Nachdem die Schüler Frieds Arbeitsweise durchschaut haben, sollten sie die Frage beantworten, welche Absicht wohl hinter dem Gedicht stehen mag. Sie werden erkennen, daß Fried nicht nur durch das Spiel erheitern und der Liebesverzweiflung eine humorvolle Seite abgewinnen, sondern auch die Sprache transparent machen will.

Phase 4:
Eigene kreative Versuche der Schüler

Den Schülern ist nun ein Beispiel von Gegenwartsdichtung bekannt, das auf Bilder verzichtet, und sie sind sich darüber im klaren, daß dieser Verzicht bewußt geleistet ist und eine lange Geschichte hat. Sie können an dieser Stelle auch darauf hingewiesen werden, daß Fried in erster Linie – ähnlich wie Enzensberger – als politischer Dichter bekannt ist und daß die Nüchternheit seiner lyrischen Sprache damit zusammenhängen könnte. Um den Schülern zum Bewußtsein zu bringen, daß auch diese Art zu dichten Originalität und intensive Auseinandersetzung mit der Sprache erfordert, obwohl sie beim Lesen so leicht und unkompliziert erscheint, sollten sie versuchen, selbst einige geläufige Redewendungen zu finden und ihre wörtliche und übertragene Bedeutung gegeneinander auszuspielen. Diese Versuche können in Gedicht- oder Prosaform gemacht, in dieser Stunde begonnen oder als Hausaufgabe fortgeführt werden. Sie haben mit der Geschichte des lyrischen Bildes wenig zu tun, bieten aber eine in dieser Unterrichtseinheit seltene Gelegenheit zur eigenen Gestaltung. Am besten sammeln die Schüler selbst Redensarten, die sich in ähnlicher Weise variieren lassen wie in Frieds Gedicht. Erfreulich wäre es, wenn sich zu verschiedenen Themen einige Gruppen bilden könnten, so daß die Schüler einander durch Ideen anregen und anschließend vielleicht ihre Ergebnisse tippen und vervielfältigen.
Falls die Schüler keine eigenen Vorschläge machen, hier einige Anregungen, aus denen ein Gedicht oder ein Prosatext hergestellt werden können, indem die sprachlichen Ebenen vermischt, die wörtliche mit der übertragenen Bedeutung konfrontiert und die Redensarten miteinander montiert werden:

Ganz Ohr sein
Die Wände haben Ohren
Jemandem sein Ohr leihen
Seinen Ohren nicht trauen
Auf den Ohren sitzen
Sich etwas hinter die Ohren schreiben
Jemandem in den Ohren liegen
Nur mit halbem Ohr dabeisein
Bis über beide Ohren verliebt sein
Sich die Nacht um die Ohren schlagen

Den Augen nicht trauen
Die Augen sind größer als der Magen
Ein Auge riskieren
Ein Auge auf jemanden werfen
Jemanden nicht aus den Augen lassen
Ein Dorn im Auge sein
Ins Auge stechen
Sand in die Augen streuen
Unter vier Augen

Oder zum Thema Liebe

Das Herz schenken
Ein Auge werfen auf
Feuer fangen
Mit den Blicken verschlingen
Den Kopf verdrehen
Auf Händen tragen . . .

Lernziele

Die Schüler

- erkennen das lyrische Sagen ohne Bilder als Konsequenz der Wandlung des lyrischen Bildes
- durchschauen die Struktur und die Absicht von Frieds Gedicht, unter die Oberfläche der verbrauchten Alltagssprache zu dringen
- wenden diese Erkenntnis auf eigene Textproduktion an

Exkurs (Doppelstunde): Das Emblem im Barockgedicht

Sachinformationen

a) Fachliche Analyse

Wie schon in der Einleitung zum Wandel des lyrischen Bildes angedeutet wurde, geht das Bild im Barock grundsätzlich von anderen Voraussetzungen aus, als sie uns von der Goethezeit und allen nachfolgenden Epochen bekannt sind. Bei Goethe verschmelzen Inhalt und Form des Gedichtes zu einer Einheit; weder das eine noch das andere dominiert.

Wenn wir nun zum Barock zurückblicken, läßt sich feststellen, daß hier die äußere Form wichtiger ist als die Aussage des Gedichts. Im Barock ist sich das Ich seiner selbst noch nicht bewußt, es existiert nur als Teil eines klar geordneten Universums. Das Gedicht spiegelt keine persönlichen Erfahrungen des Dichters wider; es handelt vielmehr ein Thema in möglichst kunstvoller Form ab. Der Hörer soll belehrt und unterhalten werden, durch ungewöhnliche Wendungen, durch eine Vielzahl von rhetorischen Figuren und durch bewußt gesuchte Bilder; deshalb reagiert auch der Hörer nicht vorrangig mit einem Gefühl wie bei der Rezeption eines Gedichts aus dem 18. Jahrhundert, sondern er nimmt das Gedicht in erster Linie über die Form wahr.

Der Begriff des Barock ist vielleicht noch umstrittener als andere Epochenbegriffe, deshalb scheint es unzulässig, die vielen verschiedenen Strömungen und Schulen auf ein Gedicht zu reduzieren. Weckherlin ist aber insofern typisch, als er in seiner Funktion des Stuttgarter Hofdichters Gesellschaftsdichtung schrieb, die ihre gebildeten Hörer unterhalten sollte und nicht zuviel vom Ich des Dichters enthüllen durfte. Weckherlin dichtete vor Opitz, was bedeutet, daß in seinem von Ronsard übernommenen Alexandriner die Versbetonung oft nicht mit der Wortbetonung übereinstimmt. Seine Sonette stehen in der Tradition Petrarcas, sowohl was die Form als auch was den Inhalt angeht.

Das Sonett „Von ihren überschönen Augen“ (vgl. S. 121) ist ein Preisgedicht, in dem kein konkreter Erlebnisinhalt zum Ausdruck kommt, sondern das – ohne jeden persönlichen Bezug – dem Lob der Schönheit dient. Im folgenden werden die wichtigsten Punkte aus Naumanns Interpretation des Gedichts in „Traum und Tradition“ kurz zusammengefaßt (was jedoch das Lesen der ganzen Interpretation nicht ersetzen kann).

- Im ersten Quartett werden die Augen der Geliebten angesprochen. Es besteht aus zwei Einheiten zu je zwei Zeilen. In der ersten Einheit fallen die Wortpaare Blick/Blitz, scharf/süß und strafen/belohnen auf.

Von ihren überschönen Augen

Ihr augen, die ihr mich mit einem blick und plitz
Scharpf oder süß nach lust könt strafen und belohnen;
O liebliches gestirn, Stern, deren liecht und hitz
Kan, züchtigend den stoltz, den züchtigen verschonen:

Und ihr, der Lieb werckzeug, kundschaffter unsrer Witz,
Augbrawen, ja vilmehr triumfbogen, nein, Cronen,
Darunder lieb und zucht in überschönem sitz
Mit brauner klarheit schmuck erleuchtet, leuchtend wohnen!

Wer recht kan ewre form, farb, wesen, würckung, krafft,
Der kan der Engeln stand, schein, schönheit, thun und gehen,
Der kan der wahren lieb gewalt und aygenschafft,

Der Schönheit schönheit selbs, der seelen frewd und flehen,
Und der Glickseeligkeit und Tugenten freindschafft,
In Euch (der Natur kunst besehend) wol verstehen.

Georg Rudolf Weckherlin

Zitiert nach: Walter Naumann, Traum und Tradition in der deutschen Lyrik, Stuttgart 1966, Kohlhammer Verlag, S. 103

Erst bei genauer Untersuchung enthüllt sich die Beziehung der Worte untereinander: Blick – süß – belohnen und Blitz – scharf – strafen gehören zusammen. Die Stilfiguren des Chiasmus und der Korrelation sind hier angewendet und fordern vom Hörer genaues Mitdenken.
Zeile drei und vier bringen das erste Bild, durch Doppelung betont: Stern/Gestirn, das eine Erhöhung des gepriesenen Gegenstandes beinhaltet, wie auch die Vorstellung der Augen als absolute Herrscher (nach Lust) in der Zeile vorher. Licht und Hitze, Eigenschaften der Augen, erlauben ihnen wiederum, das Richteramt auszuüben: das Licht verschont den Züchtigen, Hitze züchtigt (= straft) den Stolzen. Das Spiel mit der Doppelbedeutung von Zucht/züchtigen fällt auf. Moralische Werte werden angesprochen: Stolz (hybris, superbia) und Zucht, eine schon im Mittelalter wichtige Tugend.

- Das zweite Quartett redet die Brauen an. Die Worte Werkzeug und Kundschafter zeigen sie als Diener der Augen. (Witz bedeutet geistige Fähigkeit.) Kundschafter verweist auf den Bereich des Krieges. Die Bilder der zweiten Zeile stellen wieder die Beziehung zum Herrschertum her. Liebe, Zucht und Schönheit haben ihren Sitz in den Augen – drei überpersönliche, des Lobes werte Tugenden. Das Wortspiel erleuchtet – leuchtend erinnert an züchtigend – der Züchtige.
- Die beiden Terzette bestehen aus einem langen, spannungsgeladenen Satz, da das Verb (verstehen) erst ganz zum Schluß genannt wird und das Hilfsverb (kann)

fünf Zeilen lang ohne Beziehung bleibt. Nachdem im Oktett durch bildhafte Gleichsetzung mit erhabenen Dingen die Augen als Repräsentanten höchster Werte (Schönheit und Liebe) gepriesen wurden, folgt nun eine Begründung dieses Lobs, ähnlich, wie bei einem Emblem auf das Bild die Erklärung folgt. Wir finden keine Bilder mehr, aber Reihungen und weitere Stilfiguren, die die Aufmerksamkeit des Hörers beanspruchen. Die Eigenschaften der Augen werden mit denen der Engel gleichgesetzt – wiederum der Bezug auf den Bereich des Erhabenen, Göttlichen –, die Augen selbst mit Liebe und Schönheit. Wer die den Augen innewohnende Abstraktion des Guten und Schönen versteht, dem befreunden sich Glückseligkeit und Tugend – er wird vollkommen. Naumanns Zusammenfassung:

> „Im Gewand des Lobes gibt der Dichter mehr als eine private Schmeichelei. Das Lob ist gegründet auf Überzeugungen vom Wesen der Liebe und der Schönheit an sich. Diese mitzuteilen, sie zu lehren, gehört zur Absicht des Gedichts. An der Betrachtung der Geliebten, ihrer Schönheit kann diese Überzeugung gewonnen werden: die Geliebte ist ein Beispiel, sie ist der Weg zur höheren Erkenntnis. Alles Unmittelbare, nicht nur Gefühl und Gegenwart der Liebe, sondern jede erlebte Situation sind aus dem Gedicht verschwunden. An deren Stelle tritt eine Übung des Geistes. Die epigrammatische Prägnanz, die das Sonett verlangt, formt jedes einzelne Glied der Aussage. Der Sinn ist auf diese Weise verdichtet, er ist im Schmuck der Redefiguren verborgen, so daß er sich nur der Bemühung enthüllt. Diese Bemühung wird vom Leser erwartet, er muß jede komplexe Redefigur meditieren und in Verständnis auflösen und sich zugleich von der fortschreitenden Steigerung des Gedichts zu einer Anschauung von Wesenheiten führen lassen." (Naumann, S. 109)

Verwendete Stilfiguren:
Überschrift: *Hyperbel*: „überschön"
Zeile 1/2: *Korrelation*
Gleichzeitiges Entstehen des Gesamtbildes beider Aussagen durch Entgegensetzung in jedem Satzglied: anstatt Blick-süß-belohnen und Blick-scharf-strafen steht Blick und Blitz etc.
Chiasmus (Überkreuzung):
Anstatt Blick-Blitz, süß-scharf steht Blick-Blitz, scharf-süß.
Zeile 4: *figura etymologica* – züchtigend/den Züchtigen
Verb verbindet sich mit Substantiv des gleichen Stammes, beide haben jedoch verschiedene Bedeutung.
Zeile 6: *correctio* – ja vielmehr . . . nein
Der Dichter verbessert sich selbst.
Zeile 12: *rhetorische Figur* – der Schönheit Schönheit
Steigerung durch Wiederholung desselben Wortes im Genitiv (vgl.: König der Könige)
Zeile 14: *Paradox* – der Natur Kunst

b) Methodische Überlegungen

Das Gedicht enthält so viele verschiedene, den Schülern unbekannte Aspekte, daß eine detaillierte Behandlung notwendig ist, die sich – einschließlich der genauen Bestimmung des Bildes im Barock – über zwei Stunden erstreckt. Die Informationen über den geistigen Hintergrund im Barock müssen, nachdem die Schüler einigermaßen mit dem Gedicht vertraut sind, nach und nach vom Lehrer eingebracht werden. Ausgehend von formalen Merkmalen wird versucht, die Aufmerksamkeit der Schüler allmählich auf die von Weckherlin gebrauchte dichterische Sprache zu lenken, ihre geistigen Voraussetzungen zu klären und sie von der Goethes oder der Gegenwart abzusetzen. Erst auf diesem Hintergrund wird das Wesen des emblematischen Bildes im Barock verständlich.

Stundenverlauf

Phase 1:
Sammeln von Informationen zum Begriff Barock

Den Schülern wird das Thema der Stunde bekanntgegeben: die Untersuchung eines Gedichts von Rudolf Weckherlin, der von 1584–1653 lebte, zunächst in Stuttgart am Hof dichtete, später Frankreich besuchte und bis zu seinem Tod in England lebte, und dessen Dichten als typisch für die Epoche des Barock bezeichnet werden kann.
Anschließend wird festgestellt, welche Vorstellung die Schüler mit dem Begriff Barock verbinden und wie sie ihn zeitlich einordnen können. Dabei dürften folgende Punkte genannt werden:

1. Zeitalter des Absolutismus in Staat und Kirche
2. Der Dreißigjährige Krieg mit seinen Nöten prägt das 17. Jahrhundert
3. Tiefe Religiosität, Entstehung vieler heute noch bekannter Kirchenlieder (Paul Gerhardt)
4. Barockkunst und -architektur, sehr prachtvoll, z. T. überladen
5. Barockmusik: vor allem Bach und Händel, Kirchemusik, aber auch Kammermusik und Oper.
6. Bekannte Lyriker: Gryphius, Fleming, Angelus Silesius; bekannter Roman: „Der abenteuerliche Simplicissimus" von Grimmelshausen

Phase 2:
Formanalyse des Gedichts

Für die Schüler ist nun der Rahmen für das Verständnis des Gedichts wenigstens grob abgesteckt, und es kann gelesen werden – am besten zunächst durch den Lehrer, um das Metrum mit der Mittelzäsur und die komplizierte Form akustisch zu verdeutlichen, und dann durch einen Schüler. Zunächst kann von der äußeren Form ausgegangen werden. Die Schüler sollten erkennen, daß es sich um ein Sonett handelt, sie sollten kurz die besonderen Merkmale des Sonetts wiederholen, die dem Leistungskurs von „Mächtiges Überraschen" her bekannt sind.
Als Sachinformation kann der Lehrer einbringen, daß die Form des Sonetts in der Tradition des Italieners Petrarca steht, der mit seinen Sonetten an Laura das Vorbild für diese Gattung schuf, und daß das Sonett allgemein im Barock eine beliebte Gattung darstellte. Mit seiner klaren Gliederung gibt es die Möglichkeit zu ebenso klarer Gedankenführung, zur Gegenüberstellung von These und Antithese. Der Dualismus des barocken Weltverständnisses (Tod – Leben / Christentum – Antike / Askese – Genuß) findet im Sonett eine angemessene Ausdrucksform.
Das Reimschema wird bestimmt (abababab cdcdcd), und die Schüler sollten erkennen, vielleicht im Vergleich mit dem Reimschema von Goethes Sonett, das weniger streng ist, wieviel dichterische Raffinesse es erfordert, in den Quartetten viermal und in den Terzetten dreimal die gleichen Reime zu finden. Auch das Resultat dieser Reimführung sollte angesprochen werden, nämlich eine strenge Zweiteilung des Sonetts in Oktett und Sextett, und die dem Ohr willkommene Abwechslung, die durch den Gegensatz zwischen den kurzen, scharfen, männlichen und den gedehnteren, sanften, dunklen weiblichen Reimen entsteht.
Nun werden die Schüler gefragt, ob sie beim lauten Lesen auch innerhalb der Zeilen eine Aufteilung entdecken könnten, und sie werden gebeten, in Stillarbeit die Mittelzäsur in allen vierzehn Zeilen einzusetzen (nämlich nach: mich, Lust, Gestirn, Stolz / Werkzeug, vielmehr, Zucht, Schmuck / Form, Stand, Lieb / selbst, Glückseligkeit, Kunst) und möglichst auch die Hebungen einzuzeichnen, sechs in jeder Zeile. Der Begriff des Alexandriners wird eingeführt (sechshe-

biger, jambischer Vers mit deutlicher Zäsur nach der dritten Hebung) und seine Wirkung im Gedicht besprochen. Mit seiner genau symmetrischen Zweigliedrigkeit eignet er sich für die Darstellung von Gegensätzen, er macht die an sich schon streng gegliederte Sonettform noch kunstvoller.
Daraufhin untersuchen die Schüler, wo in Weckherlins Sonett die Zäsur die Zeile auch dem Sinn nach in zwei Teile aufspaltet (nämlich in den Zeilen 2, 3, 4, 5, 7, 9, 10, 11, 12; in sechs Zeilen fällt die Zäsur sogar mit dem Komma zusammen), und welche Funktion sie in den restlichen Zeilen besitzt – das Schaffen eines Spannungsmoments.
Von den Schülern sollte nun zusammengefaßt werden, was über die äußere Form des Sonetts zu sagen ist: Mit seiner strengen, klaren Stropheneinteilung, seinem kunstvollen Reimschema und der durch die Mittelzäsur und die Sonettform an sich entstehenden Symmetrie stellt es eine äußerst verfeinerte, komplizierte Form dar, die vom Dichter genau eingehalten wird (keine Enjambements, jede Strophe bildet eine eigene Einheit).

Phase 3:
Die Bedeutung des Sprachreformers Opitz

Diese Phase ist fakultativ. Sie streift aber einen wichtigen Einschitt in der Barocklyrik, nämlich Opitz' Sprachreform.
Die ebenmäßige Form des Gedichts ist bereits betont worden. Nun sollten die Schüler überlegen, ob beim Lesen die einzelnen Silben des Gedichts sich dem Metrum widerstandslos einfügen oder ob es nicht an manchen Stellen zu einer Spannung zwischen Metrum und Wortbetonung kommt. In kurzer Stillarbeit finden sie diese Stellen: Zeile 4 (der Jambus betont die Silben -źeug und -śchaft, der Sprechton Ẃerk- und Ḱund-), Zeile 5 (Augbrauen und Triumphbogen), Zeile 13 (Tugenden Freundschaft) und Zeile 14 (der Natur Kunst). In dem sonst so regelgerechten Gedicht verwundert dieses „Holpern".

Hier muß der Lehrer die notwendigen Informationen liefern: Weckherlin folgte dem Vorbild des französischen Dichters Ronsard; das bedeutet, daß ihm zwar die Silbenzahl, nicht aber die Verteilung der Betonungen vorgeschrieben war. Etwas später als Weckherlin trat ein deutscher Dichter auf den Plan, der Regeln für die deutsche Sprache forderte, u. a. auch das Zusammenfallen von Versakzent und Wortbetonung. (Wenn der Lehrer glaubt, daß den Schülern dieses Thema völlig fremd ist, kann die Information durch Lehrervortrag oder durch ein Kurzreferat von Schülerseite erfolgen, das in der Stunde vorher vergeben wird.)

Der Dichter war Martin Opitz, er schrieb sein „Buch von der deutschen Poeterei" 1624. Da zu dieser Zeit die deutsche Literatur sich noch in ihren Anfängen befand (bis vor kurzem hatte das Lateinische eine überragende Rolle gespielt), plädierte Opitz dafür, dem Deutschen eine Stellung zu verschaffen, die derjenigen anderer europäischer Literatursprachen gleichkam. Aufgabe des Dichters sei es, die Natur so in der Literatur abzubilden, wie sie sein sollte. Die Sprache soll ausschmücken und verzieren. Dafür muß der Dichter gebildet sein und sich in der Literatur des Altertums auskennen. Die deutsche Sprache soll von Fremdwörtern gereinigt, klar und elegant sein.

Die meisten dieser Forderungen sehen die Schüler schon bei Weckherlin verwirklicht: Klarheit, Ausschmückung, Eleganz. Damit sind bereits einige für diese Epoche wichtige Stichwörter genannt, aus denen sich später die Beschaffenheit der Bilder leichter erklären läßt: nicht Abbildung oder gar gefühlsmäßige Erfahrung der Natur, sondern Schaffen eines Idealbilds; Eleganz des Stils zur Erhöhung des Gegenstands, daher das Suchen nach möglichst eindrucksvollen Bildern.

Phase 4:
Detailanalyse des 1. Quartetts

Nun wenden wir uns dem Inhalt des Gedichts zu und versuchen zu verfolgen, wie sich innerhalb dieser kunstvollen Form die Gedanken entwickeln und wie sich Form und Inhalt gegenseitig ergänzen. Da jede Strophe des Sonetts viele für das Gesamtverständnis der Epoche wichtige Aspekte enthält, wird jedem der Quartette und den beiden Terzetten zusammen jeweils ein Unterrichtsschritt gewidmet.

Zunächst wird die Frage gestellt, was das eigentliche Thema des Gedichts sei. Der Überschrift des Gedichtes können wir schon einige Informationen dazu entnehmen:

- Das Ich redet „ihre Augen" an, es handelt sich also um ein Liebesgedicht.
- Die Augen sind „überschön". Der Leser wird mit diesem Superlativ auf die zahlreichen Steigerungen und das überschwengliche Lob vorbereitet, die er im Gedicht findet.
- Das Gedicht beschreibt nicht die Frau selbst oder die Liebesbeziehung, sondern nur ihre Augen. Nicht persönliches Erleben oder Gefühl ist wichtig, sondern das Gedicht konzentriert sich auf einen zu lobenden Gegenstand.

Die Schüler versuchen nun, die Aussage der ersten Strophe kurz zu umreißen: Die Augen werden direkt angeredet, ihre Wirkung auf das Ich und ihre Richterfunktion werden beschrieben. Stilistisch besonders auffallend ist die Paarung der Substantive und Adjektive, die in der ersten Zeile durch den Gleichklang von „Blick" und „Blitz" eine besonders intensive Wirkung erzielt.

Auf die Aufforderung hin, in den ersten beiden Zeilen herauszufinden, wie die Glieder der drei Wortpaare zusammengehören und was alle drei gemeinsam haben, erkennen die Schüler

- die Antithetik, die in jedem Paar enthalten ist,
- das Zusammengehören von Blick – süß – belohnen und Blitz – scharf – strafen,
- den Chiasmus (Blick und Blitz anstatt Blitz und Blick).

Sie überlegen sich daraufhin, warum der Dichter wohl eine so komplizierte Anordnung wählt und welche Wirkung sie auf den Leser oder Hörer hat. Sie kommen zu dem Ergebnis, daß die antithetischen Paare und die Struktur des Sonetts sich gegenseitig unterstützen, daß die kunstvolle Form das Talent des Dichters zeigt und daß der Hörer, um diesem Spiel zu folgen, sich intellektuell anstrengen muß, an Bildung und geistiger Wendigkeit dem Dichter also nicht nachstehen darf.

Auf die Frage, ob in den nächsten beiden Zeilen ähnliches zu beobachten ist, erkennen die Schüler die Paarung von Gestirn/Stern, Licht/Hitz, züchtigen und verschonen, stolz und züchtig und das Paar züchtigend/den Züchtigen, das als figura etymologica erklärt wird.

Nun wird bestimmt, wie Zeile 3 und 4 inhaltlich mit Zeile 1 und 2 zusammenhängen. Beidesmal ist von Tätigkeiten die Rede, welche einem Richter oder Herrscher zukommen (strafen, belohnen, züchtigen, verschonen). Die Augen werden also in den Rang eines mächtigen Herrschers erhoben. Außerdem wird in Zeile 3 und 4 das Bild des Lichts und der Wärme, das in Blitz auftaucht, weiter ausgebaut, indem die Augen als Sterne bezeichnet werden. Die Augen als Herrscher oder Sterne – beidesmal findet eine Erhöhung des Gegenstandes statt.

Phase 5:
Detailanalyse des 2. Quartetts

Falls es nicht möglich sein sollte, eine Doppelstunde zu halten, könnten sich die Schüler als Hausaufgabe mit dem folgenden Quartett beschäftigen, in der Doppelstunde tun sie das als Still- oder Partnerarbeit. Die Arbeitsaufträge dazu lauten:

1. Erschließen Sie das zweite Quartett in ähnlicher Weise, wie das beim ersten Quartett gemeinsam geschah.
2. In welchem Verhältnis stehen im Gedicht Augen und Brauen zueinander?
3. Wo finden sich Spuren vom bewußten Versuch des Dichters, seinen Gegenstand in möglichst kunstvoller Form wiederzugeben?

Die Schüler sollten ungefähr zu folgenden Ergebnissen kommen:

1. Die Anrede gilt nun den Augenbrauen, denen jedoch nur die ersten beiden Zeilen gewidmet sind und die nur in ihrem Verhältnis zu den Augen Bedeutung erhalten. In Zeile 7 und 8 werden wieder die Augen gepriesen. Sie sind der Ort der Liebe und der Zucht (ein Anklang an Zeile 4), also höchster Vollendung. Das Nennen ihrer Farbe ist wiederum eingebettet in Begriffe, die die Schönheit betonen: Klarheit und Schmuck. Erleuchtet/leuchtend verweist wieder auf das Bild des Lichts, der Wärme, des Gestirns.
2. Gegenüber den Augen sind die Brauen nur Diener: sie sind Kundschafter (eines Mächtigen oder Herrschers, vgl. die Verweise auf Herrschertum im ersten Quartett) und Werkzeuge der Liebe, die ja in den Augen ihren Sitz hat.
3. Sowohl die Bilder für die Augenbrauen, ihre Personifizierung, als auch Zeile 6 zeigen, wie sehr der Dichter um die besten, eindrucksvollsten Formulierungen bemüht ist. In Zeile 6 verbessert er sich selbst, um schließlich zu dem Bild zu gelangen, das am treffendsten seine Vorstellung wiedergibt. Auch die Wendung „erleuchtet, leuchtend“ ist ein bewußtes Spiel mit der Sprache, das einen Effekt erzielen will.

Phase 6:
Detailanalyse der Terzette

Im gemeinsamen Gespräch werden nun die beiden Terzette behandelt. Die Schüler werden gefragt, welche Formmerkmale ihnen besonders auffallen. Folgende Punkte sollten angesprochen werden:

- Der Satzbau, der durch das Hinauszögern des Verbs bis zum Ende höchste Spannung schafft. Die Schüler sollten versuchen, den Satz in normaler Prosa wiederzugeben: Wer eure Form . . . recht verstehen kann, der kann auch den Stand . . . der Engel verstehen.
- Die Reihung der Substantive, die in Zeile 9 und 10 parallel geht und durch ihre Häufung beeindruckt.
- Die Formulierung „der Schönheit Schönheit“, in der höchste Steigerung und Vollendung übermittelt werden soll.
- Die Formulierung „der Natur Kunst“, die eigentlich paradox ist, denn Natur und Kunst sind Gegensätze, die aber zugleich die Augen als Ergebnis der Bemühung beider, der Natur und der Kunst, aufs höchste preist.

Als nächstes wird bestimmt, in welchem Verhältnis der Inhalt der Terzette zu dem der Quartette steht und was genau in den Terzetten ausgesagt wird.

Die Antwort muß lauten, daß nun nicht mehr die äußere Schönheit der Augen in Bildern gelobt wird, sondern daß vom Verstehen die Rede ist. Das Verstehen der Eigenschaften der Augen, die in den Quartetten beschrieben wurden und hier zusammengefaßt sind, ermöglicht auch das Verstehen der Engel, der wahren Liebe, der Schönheit, der Sehnsucht der Seele, der Glückseligkeit und Tugenden, also aller Dinge, die auf der höchsten Stufe der irdischen und der himmlischen Welt stehen. Den Schülern sollte klar werden, daß alle diese Begriffe im Barock das Ziel menschlichen Strebens darstellen und daß die Augen, indem sie helfen, diese Eigenschaften zu erlangen, den Weg zur Vollendung eröffnen.

Was bedeutet das für die Geliebte, um deren Augen es ja geht? Sie wird mit den Engeln gleichgesetzt; sie ist das irdische Beispiel höchster Vollendung.

Phase 7:
Der Begriff Liebe bei Goethe und bei Weckherlin

An dieser Stelle ist es angebracht, dieses barocke Liebesgedicht zu vergleichen mit Goethes und anderen bisher behandelten Liebesgedichten. Wie unterscheidet sich Weckherlins Vorstellung von der Liebe von der Goethes oder Brentanos, und zwar in bezug auf den persönlichen Ton, den Anlaß des Gedichts und den Begriff der Liebe? Die Schüler sollten sich daran erinnern, daß bei Goethe persönliches Erleben im Mittelpunkt des Gedichts steht.

Die Schüler überlegen nun, ob die Geliebte als Person in irgendeiner Form in Weckherlins Gedicht auftritt und ob das Ich Persönliches enthüllt. Die Antwort muß negativ ausfallen, abgesehen von den ersten beiden Zeilen, wo von Strafen oder Belohnen des Ich die Rede ist. Doch auch hier wird durch die Antithetik deutlich, daß es sich um keine konkrete Situation, sondern um ein Sprachspiel handelt.

Während bei Goethe ein Erlebnis zum Anlaß des Gedichts wird, dient Weckherlins zur Unterhaltung, wahrscheinlich am Hofe, und will als möglichst brilliante Geistesübung den Hörer beeindrucken. Das Gedicht entsteht nicht, wie bei Goethe, aus einem seelischen Drang, der nach Ausdruck in der Sprache sucht.

Bei Goethe entdecken wir im Gedicht ein persönliches Gefühl – Anlaß für „Auf dem See“ ist eine Liebesbeziehung, durch die das Ich umgetrieben wird und die sich im Dichten klärt. Für Weckherlin existiert ein solches Gefühl möglicherweise auch, doch bleibt es uns im Gedicht völlig verborgen. Liebe ist eine gesellschaftliche Angelegenheit und hat eine Tradition, die vom Mittelalter und von Petrarca herrührt; das Ziel des Dichters ist die Erhöhung der geliebten Frau, um zu geistiger und seelischer Vollendung zu gelangen.

Diese Ergebnisse können, wenn es nötig scheint, in Tabellenform an der Tafel festgehalten werden (vgl. Stundenblatt).

Phase 8:
Die Bilder in Weckherlins Sonett

Nun sind die Schüler genügend darauf vorbereitet, das emblematische Bild im Barock als ein Phänomen zu verstehen, das eingebettet ist in die gesellschaftlichen und geistesgeschichtlichen Umstände jener Zeit. Sie wissen von der Funktion des Dichters, der nicht als Privatmensch mit Gefühlen, sondern als Unterhalter der Gesellschaft auftritt – zumindest bei Weckherlin trifft dies zu. Sie haben erkannt, daß Dichten im Barock eine Übung des Geistes ist und daß die Natur nicht so dargestellt wird, wie das Ich sie im persönlichen gefühlsmäßigen Erleben wahrnimmt, sondern so, wie sie sein soll, als Ideal.

Zunächst werden sie aufgefordert, die Bilder aus dem Gedicht zu isolieren und sie in Beziehung zueinander zu setzen sowie zu bestimmen, aus welchem Lebensbereich sie genommen sind. Aus der inhaltlichen Besprechung des Gedichts ergibt sich:

1. Quartett:
- Die Augen als Richter oder Herrscher. Bild aus dem Bereich des gesellschaftlichen Lebens.
- Die Augen als Sterne: Ein heute noch gebräuchliches Bild aus dem Bereich Natur.

2. Quartett:
- Die Augenbrauen als Werkzeug (Bild aus dem Arbeitsleben) und als Kundschafter (aus dem Krieg). Beide Bilder deuten an, daß die Brauen Diener der Augen sind.
- Die Brauen als Triumphbogen oder Kronen. Bilder, die wiederum auf Herrschertum verweisen.

Die Terzette enthalten keine Bilder, sondern die Begründung für die Verwendung der Bilder in den Quartetten.
Die Schüler können nun noch darüber informiert werden, daß die Bereiche des Kriegs, des Herrschertums und der Gestirne eine lange Tradition als Quellen für poetische Bilder haben (für die Schüler, die auch den Leistungskurs Englisch belegen, kann auf Shakespeare verwiesen werden) und daß für den Menschen im Barock, der sich noch als Teil einer unverrückbaren Weltordnung verstand, der Herrscher und die Gestirne in einem festen Bezugssystem standen, an dem er sich orientierte; daß der Glaube (Engel!) seine Weltsicht begründete und der Krieg zur täglichen Erfahrung gehörte, daß also alle vier hier angesprochenen Bereiche das Leben des barocken Menschen prägten.

Phase 9:
Das emblematische Bild des Barock im Vergleich mit Goethes Symbol

Als letzter Schritt soll nun das emblematische Bild mit Goethes Symbol verglichen werden, um sicherzustellen, daß die Schüler einen einigermaßen klaren Begriff von der Beschaffenheit des Bildes im Barock haben. Zunächst werden die Schüler aufgefordert, sich noch einmal kurz ihre Notizen über die Eigenschaften des Goetheschen Symbols anzusehen und dann mögliche Vergleichspunkte zu nennen. Folgende Vergleichspunkte sollten die Schüler aus dem bisher Behandelten erschließen können:

- Goethe kommt zu seinem Bild durch direkte, persönliche, gefühlsmäßige Begegnung mit der ihn umgebenden Welt. Der Barockdichter entnimmt sein Bild einem traditionellen Vorrat aus einem fest geordneten System, er sucht sein Bild bewußt.
- Das Bild im Barock entsteht durch intellektuelle Anstrengung und verlangt auch vom Zuhörer Mitdenken. Das Symbol entsteht durch Zusammenwirken von direkter Wahrnehmung, Gefühl und geistiger Abstrahierung davon. Vom Leser wird Einfühlung erwartet.
- Bei Goethes Symbol verschmelzen Bild und Bedeutung miteinander zu einer harmonischen Einheit. Die Bedeutung, das Höhere, ist nur durch das Bild existent und nur durch Herstellen von Bezügen innerhalb des Gedichts zu erschließen. Im Barock stehen Bild und Bedeutung oder Erklärung nebeneinander, die Auslegung des Bildes wird also vom Dichter explizit mitgeliefert.
- Auf das Symbol bewegt sich im Goetheschen Gedicht alles zu, es ist der Gipfelpunkt. In Barockgedichten finden sich meist Reihen, Häufungen oder antithetisch gesetzte Bilder. Sie dienen als Schmuck, der Illustration eines gedanklichen Themas.
- Weckherlins Sonett in seiner Ganzheit kann als emblematisch bezeichnet werden. Teil I stellt den Bildteil dar, der in den Quartetten die Augen mit Bildern aus verschiedenen Lebensbereichen beschreibt. Die Terzette bilden den Bedeutungsteil, in dem die Bilder zusammengefaßt und erklärt werden. Das Sonett mit seiner strengen Symmetrie und Zweiteilung kommt dieser Struktur entgegen.

Damit ist die Eigenart des Bildes im Barock knapp skizziert. Weitere Punkte muß der Lehrer bei einer eingehenderen Besprechung der Epoche selbst ins Zentrum rücken.

Lernziele

Die Schüler
- verdeutlichen sich die wichtigsten Merkmale des Barock
- erkennen formale Elemente und Stilfigu-

ren in Weckherlins Gedicht „Von ihren überschönen Augen“
- verstehen die Absicht des Gedichts, seinen Gegenstand durch Lob zu erhöhen
- erkennen seine Zweigliedrigkeit, die aus Bildteil und Erklärungsteil besteht
- verstehen das Bild im Barock als Emblem, das einer Tradition entstammt, den Intellekt eher anspricht als das Gefühl und dessen Deutung vom Dichter mitgeliefert wird

Exkurs: Das lyrische Bild im Rokoko und beim jungen Goethe

Sachinformationen

a) Fachliche Analyse

Um die Lücke zwischen dem Barock und den symbolischen Gedichten Goethes wenigstens ansatzweise zu füllen, soll ein Rokokogedicht von Friedrich von Hagedorn (vgl. S. 130) mit einem der bekanntesten Gedichte des jungen Goethe verglichen werden, das im Kommentar zur Hamburger Ausgabe „der Höhepunkt der Sesenheimer Lyrik“ (vgl. S. 130/131) genannt wird. Das Rokokogedicht enthält noch Anklänge aus der Barocklyrik, und das „Maifest“ bildet eine Vorstufe zum symbolischen Dichten des älteren Goethe. Insofern sind beide Gedichte, unter dem Aspekt des lyrischen Bildes betrachtet, Übergangsphasen zuzuordnen, in denen das lyrische Bild selbst schwer zu definieren ist, an denen jedoch durch die Untersuchung des Verhältnisses von lyrischem Ich und Natur andeutungsweise gezeigt werden kann, wie die Entwicklung vom emblematischen Bild im Barock zu Goethes Symbol sich vollziehen konnte.

Der Rokokodichter braucht, um seine beliebtesten Themen Wein, Weib und Liebe, Natur, Geselligkeit und das Dichten selbst in Verse zu fassen, keine Bilder in dem Sinne, wie sie hier untersucht werden. Er bleibt bei der Schilderung und Beschreibung von Situationen oder Dingen und lobt in seinen Gedichten die weltlichen Freuden. Die Verwendung von Bildern in der Dichtung setzt eine tiefe seelische und geistige Einfühlung in den lyrischen Gegenstand voraus. Im Barock war sich das Ich seiner seelischen Kraft noch nicht bewußt genug, um diese Teilnahme aufzubringen, deshalb blieben die Bilder großenteils unpersönlich. Im Rokoko verhielt es sich ähnlich, außerdem war zu dieser Zeit weniger Ernst und Tiefe in der Dichtung zu finden, die Dichtung diente dem leichten Spiel und der Unterhaltung. An der Lyrik des jungen Goethe ist so völlig neu, daß das Ich plötzlich mit seinen Empfindungen im Mittelpunkt des Gedichts steht. Doch auch hier spielt das lyrische Bild keine wichtige Rolle, weil das Ich den geistigen Abstand, der zur Formung eines Symbols mit seiner „Idee“ notwendig ist, noch nicht besitzt, sondern sich in völliger Einheit mit dem Gegenstand des Gedichts in der Natur befindet.

Was die beiden hier besprochenen Gedichte gemeinsam haben, ist das Erlebnis der Natur durch das Ich – bei Hagedorn an einem Sommermorgen, bei Goethe im Mai ohne genauere Angaben – und das Herstellen eines Zusammenhangs zwischen Natur und Liebe bzw. geliebtem Mädchen. Sie tun dies jedoch auf ganz unterschiedliche Weise und mit verschiedenen dichterischen Mitteln.

Hagedorns Gedicht erhält zunächst Bewegung durch das Alternieren von zwei- und dreihebigen Jamben. Da jedoch alle sechs Strophen genau gleich gebaut sind – in der Mitte jeder Strophe endet der Satz, außer in Strophe sechs – verliert es wieder an Rhythmus und Leben. Der Leser weiß spätestens nach der zweiten Strophe, was er zu erwar-

Der Morgen

Uns lockt die Morgenröte
  In Busch und Wald,
Wo schon der Hirten Flöte
  Ins Land erschallt.
Die Lerche steigt und schwirret,
  Von Lust erregt;
Die Taube lacht und girret,
  Die Wachtel schlägt.

Die Hügel und die Weide
  Stehn aufgehellt,
Und Fruchtbarkeit und Freude
  Beblümt das Feld.
Der Schmelz der grünen Flächen
  Glänzt voller Pracht,
Und von den klaren Bächen
  Entweicht die Nacht.

Der Hügel weiße Bürde,
  Der Schafe Zucht,
Drängt sich aus Stall und Hürde
  Mit froher Flucht.
Seht, wie der Mann der Herde
  Den Morgen fühlt
Und auf der frischen Erde
  Den Buhler spielt!

Der Jäger macht schon rege
  Und hetzt das Reh
Durch blutbetriefte Wege,
  Durch Busch und Klee.
Sein Hifthorn gibt das Zeichen;
  Man eilt herbei:
Gleich schallt aus allen Sträuchen
  Das Jagdgeschrei.

Doch Phyllis' Herz erbebet
  Bei dieser Lust;
Nur Zärtlichkeit belebet
  Die sanfte Brust.
Laß uns die Täler suchen,
  Geliebtes Kind,
Wo wir von Berg und Buchen
  Umschlossen sind!

Erkenne dich im Bilde
  Von jener Flur!
Sei stets, wie dies Gefilde,
  Schön durch Natur,
Erwünschter als der Morgen,
  Hold wie sein Strahl,
So frei von Stolz und Sorgen
  Wie dieses Tal!

Friedrich von Hagedorn

Zitiert nach: K. v. Conrady (Hrsg.), Das große deutsche Gedichtbuch, Königstein 1968, Athenäum Verlag, S. 166

Maifest

Wie herrlich leuchtet
Mir die Natur!
Wie glänzt die Sonne!
Wie lacht die Flur!

Es dringen Blüten
Aus jedem Zweig
Und tausend Stimmen
Aus dem Gesträuch

Und Freud und Wonne
Aus jeder Brust.
O Erd', o Sonne,
O Glück, o Lust,

O Lieb', o Liebe,
So golden schön
Wie Morgenwolken
Auf jenen Höhn,

Du segnest herrlich
Das frische Feld,
Im Blütendampfe
Die volle Welt!

O Mädchen, Mädchen.
Wie lieb' ich dich!
Wie blinkt dein Auge,
Wie liebst du mich!

So liebt die Lerche
Gesang und Luft,
Und Morgenblumen
Den Himmelsduft,

Wie ich dich liebe
Mir warmen Blut,
Die du mir Jugend
Und Freud' und Mut

Zu neuen Liedern
Und Tänzen gibst.
Sei ewig glücklich,
Wie du mich liebst.

J. W. v. Goethe

Aus: Goethe, Werke, Bd. 1, Hamburger Ausgabe, Hrsg. Erich Trunz, München 1978, C. H. Beck Verlag, S. 30/31 ten hat: eine Aneinanderreihung kurzer Beobachtungen, denen ein tieferer innerer Zusammenhang fehlt. Die letzten beiden Strophen wechseln – nach der Betrachtung verschiedener Aspekte der Natur, des Schäfers (ein Versatzstück aus der Anakreontik) und der Jagd – zu dem „geliebten Kind". Die Beziehung des Ich zu dem Mädchen trägt keine persönlichen Züge, der Name Phyllis stammt wieder aus der Anakreontik, ebenso das einsame Tal als Schauplatz. Neben die Naturbeschreibung tritt dann die Liebesthematik; ein Zusammenhang zwischen beiden Bereichen wird erst in der letzten Strophe hergestellt, und zwar in fast lehrhafter Weise. Das Mädchen wird aufgefordert, es der Natur an Schönheit und sorgloser Lebensfreude gleichzutun.

Dieses Vorgehen: zunächst die Schilderung vieler voneinander isolierter Naturszenen aus der Vogelschau und dann die Wendung zum Mädchen, zeugt von großer innerer Distanz des Dichters zu seinem Gegenstand. Zwar wird die Natur hier nicht rein als Staffage für das Liebesspiel betrachtet, wie das in der Schäferlyrik der Fall ist; die Freude an der Natur an sich läßt sich in einigen Wendungen feststellen (die Lerche ist von Lust erregt, Freude beblümt das Feld, frohe Flucht), und das Herz des Mädchens „erbebt" beim Anblick der Natur. Doch die Freude wird aus der Entfernung beschrieben, sie strahlt nicht aus dem Gedicht selbst, weil die Schilderung der Natur und der Liebe nicht aus echter seelischer Empfindung heraus erwächst.

Ganz anders in Goethes Mailied. Es beginnt mit drei Ausrufesätzen, die den Auftakt zu einem Strom von Empfindungen bilden. Während in Hagedorns Gedicht eine Aneinanderreihung von kleinen Einheiten beobachtet wurde, fließt hier das ganze Gedicht ohne Stocken dahin, wird aus einem Empfindungsstrom gespeist. Enjambements unterstützen den Gedichtfluß, und Strophe sieben, acht und neun umspannt ein Satz, der erst vor dem Ausruf der letzten beiden Zeilen zu Ende kommt. Anders als bei Hagedorn finden wir nicht eine konkrete Situation beschrieben und bestimmte Naturszenen geschildert, sondern einzelne Naturdinge werden benannt, an denen sich der Jubel des Ich entzündet – Sonne, Flur, Blüten, Zweig, Morgenwolken, Lerche. Diese sind nicht ihrer äußeren Erscheinung nach wichtig, sondern in ihrer Eigenart, die es dem Ich erlaubt, mit der Natur eins zu sein: „Wie herrlich leuchtet/*mir* die Natur".

Auch in diesem Gedicht verbindet sich die erwachende Natur mit der Liebe, doch werden beide nicht einander gegenübergestellt, sondern sie verschmelzen zu einer Einheit. Am deutlichsten wird dies in den die Strophen drei und vier überspannenden Ausrufen: „O Erd, o Sonne! / O Glück, o Lust! / O Lieb, o Liebe . . ." Die Natur, das Gefühl des Ich (Glück und Lust) und die Liebe gehören so eng zusammen, daß es nicht mehr wichtig ist, ob das Ich liebt, weil die Natur erwacht, oder ob die Liebe die Natur so herrlich scheinen läßt. Bei Goethe wird *aus* tiefer innerer Empfindung heraus gesprochen, bei Hagedorn wird *von* Empfindung gesprochen. Die Einheit von Liebe und Natur und die Beseelung der Natur bei Goethe werden auch deutlich im Vergleich der Liebe mit den Morgenwolken oder in der Vorstellung, daß die Liebe Feld und Welt segnet – die Wortschöpfung „Blütendampf" spricht dabei alle Sinne an, nicht nur den Gesichtssinn. Im Gegensatz zu Hagedorns Gedicht, das statisch bleibt, enthält das Mailied eine Entwicklung, die von dem Jubel über die Natur zu dem über die Liebe führt, wobei in der Mitte des Gedichts beide eine innige Verbindung eingehen. Die Voraussetzung dafür ist das Sicheinsfühlen mit der Natur, im Gegensatz zur distanzierten Beschreibung bei Hagedorn. Die Dinge aus der Natur dienen im „Mailied" noch nicht als Bilder für eine Idee, sondern sie tragen die Empfindung des Ich – zum ersten Mal in der deutschen Lyrik ist die subjektive Empfindung wichtiger als der geschilderte Gegenstand. Ohne diesen Schritt ist das Symbol undenkbar, da dieses die Ergriffenheit des Dichters durch eine äußere Gegebenheit erfordert. Beim Symbol kommt dazu die Idee, die der reife Dichter in einer solchen Gegebenheit zu erkennen vermag und die er dann im Bild wiedergibt. Im Mailied ist die Empfindung noch zu neu und zu stark, sie muß zuerst ganz für sich formuliert werden. Deshalb verbirgt sich hinter „Zweig", „Gesträuch" oder „Blütendampf" nicht etwas Höheres; sie werden aber auch nicht mehr, wie im Barock und Rokoko, explizit gedeutet oder moralisierend auf menschliche Eigenschaften bezogen, sie sind einfach identisch mit sich selbst, beseelt vom Erleben des Ichs.

b) Methodische Überlegungen

Erst durch die Gegenüberstellung mit einem Rokokogedicht kann den Schülern klar werden, was das Neue und Besondere des Sesenheimer Liedes ausmacht, denn normalerweise ist ihnen nur solche Dichtung bekannt, die von der subjektiven Empfindung des Ichs ausgeht. Auch die Eigenart des Rokokogedichts wird viel einleuchtender durch den Vergleich mit dem „Maifest". Der Vergleich beider Gedichte steht im Mittelpunkt der Stunde. Bisher wurde die Methode des Vergleichs nur in bezug auf einzelne Aspekte des Gedichts angewendet; nun können die Schüler das Gelernte im ganzen anwenden. Vergleichspunkte sind vor allem Form, Inhalt und die Haltung des lyrischen Ich zur Natur, aus der Schlüsse gezogen werden können für die Beschaffenheit des Bildes.

Phase 1:
Vortragen beider Gedichte

Den Schülern werden beide Gedichte zum lauten Lesen vorgelegt. Dabei ist darauf zu achten, daß das Hagedorn-Gedicht nicht leiernd vorgetragen wird und daß die Bewegung des Mailieds durch Betonung der Hebungen und fließendes Lesen zum Ausdruck gebracht wird.

In dieser ersten Phase ist es nun interessant zu sehen, wieviel von dem, was für die beiden Gedichte typisch ist, schon jetzt von den Schülern empfunden wird. Sie werden aufgefordert, spontan auf die Gedichte zu reagieren und zunächst einfach zu sagen, welches ihnen besser gefällt, welches ihnen innerlich näher steht und warum. Die Eindrücke werden gesammelt, und der Lehrer kann die folgenden Phasen beliebig umstellen oder auch abändern, je nach dem, ob die Schüler mehr auf Form- oder Inhaltsfragen eingehen. Es wird wahrscheinlich Schüler geben, die Hagedorns Gedicht vorziehen, weil es weniger emotional ist – daran kann in einer späteren Phase angeknüpft werden. Die Schüler sollten jedoch letztlich erkennen, daß der Gefühlsüberschwang, der zu unserer Zeit bereits wieder verpönt ist, zur Zeit des jungen Goethe neu und faszinierend war.

Phase 2:
Formanalyse beider Gedichte

Möglichst an Schüleräußerungen anknüpfend, wird nun die Form der beiden Gedichte untersucht, wobei mit den äußeren Merkmalen begonnen wird, die bereits beim ersten Lesen auffallen. Die Klasse wird in zwei Gruppen geteilt, von denen die eine den „Morgen", die andere das „Maifest" unter folgenden Leitfragen analysiert:

1. Finden Sie Bewegung in dem Gedicht? Wodurch kommt sie zustande? (Mailied: Beachten Sie das rhythmische Zusammenspiel von geraden und ungeraden Zeilen.)

- „*Morgen*": Zwei- und dreihebige iambische Verszeilen alternieren; das Metrum wirkt schematisch.
- „*Maifest*": Kurze Verszeilen, die weiter-

drängen, mit je zwei Hebungen, Takte nicht immer gleich gefüllt. Zeile 1 und 3 sowie 2 und 4 gleichen sich jeweils rhythmisch. Kürzere Zeilen bilden mit vorhergehenden längeren eine rhythmische Einheit; ein Gedichtfluß entsteht.

2. Wie läßt sich das Verhältnis von Strophenaufbau und Satzstruktur und seine Konsequenz für die Gesamtwirkung des Gedichts beschreiben?
- „*Morgen*“: Strophenende entspricht Satzende, jeweils eine halbe Strophe enthält immer einen Satz, keine Enjambements. Die Wirkung ist Gleichförmigkeit, Spannungslosigkeit. Das Gedicht bewegt sich in kleinen, kurzen Schritten vorwärts.
- „*Maifest*“: Die erste Strophe beginnt mit einem Enjambement, dann bildet jede Zeile eine Einheit für sich. Die zweite Strophe ist ein fortlaufender Satz. In den folgenden Strophen ähnlicher Wechsel zwischen kurzen Ausrufen und längeren Satzeinheiten; Strophen sieben, acht und neun ergeben einen fortlaufenden Satz (außer den zwei letzten Zeilen). Das Ohr ermüdet nicht, die ungekünstelte, unmittelbare Präsentierung des Inhalts spricht den Hörer direkt an; der Strophenbau wirkt natürlich, in keiner Weise monoton.

3. Können Sie in den Gedichten eine Entwicklung beobachten?
- „*Morgen*“: Beobachtungen werden aneinandergereiht, doch sind alle gleichwertig; eine Entwicklung gibt es nicht. In den letzten beiden Strophen ist nicht mehr die Natur, sondern die Liebe Thema, doch ist diese Wendung vorher nicht vorbereitet, sie kommt unvermittelt und ist nicht Resultat einer Steigerung.
- „*Maifest*“: Steigerung vom Jubel über die Natur zu dem über die Liebe allgemein und zu dem über das Mädchen; alle drei Bereiche gehen ineinander über.

Phase 3:
Vergleichendes Betrachten des Inhalts

Damit ist schon eine Aussage über den Inhalt der Gedichte gemacht, der nun genauer untersucht werden soll. Im Gespräch werden folgende Aspekte betrachtet:

1. Was haben die beiden Gedichte in bezug auf das Thema gemeinsam?
- Beide handeln von der Freude an der blühenden Natur, die zur Liebe auffordert; beidesmal wird die Geliebte genannt.

2. Wie unterscheiden sie sich in der Darstellung des Themas?
- Hagedorns Gedicht läßt auf vier Strophen Naturbeschreibung zunächst die Erwähnung des Mädchens (Lehrerinformation: der Name Phyllis entstammt der anakreontischen Tradition) folgen, dann die direkte Anrede der Geliebten und in der letzten Strophe die Aufforderung an die Geliebte, die Natur sowohl in bezug auf äußere Schönheit als auch auf seelische Eigenschaften zum Vorbild zu nehmen.
- Das „Maifest“ beginnt mit Ausrufen, die den Jubel über die Schönheit der Natur zum Ausdruck bringen, in der vierten Strophe kommt dazu der Jubel über die Liebe und ab der sechsten das Mädchen, wobei die drei Motive – Natur, Liebe und Mädchen – nicht getrennt voneinander angeredet, sondern miteinander verschlungen werden.

3. Wie erscheint die Natur in beiden Gedichten?
- Im „Morgen“ wird eine Vielzahl von einzelnen Szenen und Bildern beschreibend aneinander gereiht; in der letzten Strophe dient die Natur als Beispiel für menschliche Schönheit und menschliches Verhalten. Die einzelnen Szenen werden durch die konkrete Situation des morgendlichen Spaziergangs zusammengehalten.
- Im „Maifest“ existiert keine konkrete Situation, die Natur wird auch nicht im

Detail beschrieben, sondern einzelne Dinge daraus werden einfach genannt, ihre äußere Erscheinung ist weniger wichtig als das von ihnen im Dichter wachgerufene Gefühl.

Phase 4:
Haltung des lyrischen Ich

Diese Phase wird mit der Frage eingeleitet, welche Haltung des lyrischen Ich gegenüber der Natur und der Liebe die beiden Gedichte prägt. Die Antwort lautet, daß das Ich im „Morgen" die Natur aus der Distanz betrachtet – wie anders könnte es sonst zur Beschreibung der vielen Einzelszenen kommen? – und am Ende des Gedichts eine gedankliche Verbindung zwischen Natur und Liebe herstellt. Es äußert sich direkt nur in dem einleitenden „uns" und in den letzten beiden Strophen; diese kurze Erwähnung verrät keine innere Beteiligung. Das Ich im „Maifest" dagegen ist durchgängig im Gedicht präsent. Es spricht wiederholt von sich selbst und betrachtet und schildert die Natur nicht, sondern äußert sich aus der unmittelbaren gefühlsmäßigen Einheit mit der Natur heraus; diese Einheit umgreift die Liebe selbst und das geliebte Mädchen.
Die Schüler werden nun gebeten, in einer Stillarbeitsphase Belege aus dem „Maifest" zu sammeln, die darauf hinweisen, daß Natur, Liebe, Geliebte und Ich zu einer Einheit verschmolzen sind. Solche Textstellen sind:

- Wie herrlich leuchtet mir . . .
- Blüten, Stimmen, Freud und Wonne „dringen" . . .
- O Erd, o Sonne!
- O Glück, o Lust!
- O Lieb, o Liebe . . .
- Vergleich Liebe – Morgenwolken
- Liebe segnet Feld und Welt
- Mädchen und Liebe werden direkt angeredet
- Vergleich der eigenen Liebe mit der von Lerche und Blumen
- Ausrufe: starke seelische Beteiligung des Ich.

Phase 5:
Einordnung der Gedichte in die Geschichte des lyrischen Bildes

Nun kann der Zusammenhang mit dem Thema der Unterrichtseinheit, der Beschaffenheit und Wandlung des lyrischen Bildes, hergestellt werden. Zunächst wird die Entstehungszeit und -epoche der beiden Gedichte geklärt. Hagedorn lebte 1708–54, das Gedicht entstand also nach dem Barock und vor Goethe. Die Schüler kennen vielleicht die Bezeichnung Rokoko für diese Zeit. Die Entstehungszeit des „Maifests" (1771) zeigt, daß das Gedicht dem jungen Goethe der Sturm und Drang-Zeit zuzuordnen ist. In diesem Rahmen ist es nicht möglich, die beiden Epochen näher zu charakterisieren; uns interessieren sie nur als Übergangszeit zwischen Barock und Klassik. Die Schüler sollen nun versuchen, sich zum Bildgehalt in beiden Gedichten zu äußern. Ist es möglich, Bilder zu finden, die an bisher Behandeltes erinnern? Finden sich Anklänge an die barocke Bildlichkeit bei Hagedorn oder an das Symbol im Mailied?
Die Schüler werden erkennen, daß in „Der Morgen" zwar keine wirklichen Bilder verwendet werden, denn all die beschriebenen Naturgegenstände dienen einfach zum Schmuck, der Leser soll sich an ihnen erfreuen, ohne einen tieferen Sinn dahinter zu suchen; daß in der Zweiteilung von Naturschilderung und moralisierender Parallelsetzung von geliebtem Mädchen und Natur jedoch noch ein Element des barocken emblematischen Bildes anklingt, nämlich die auf das Bild selbst folgende Ausdeutung.
Im „Maifest" werden sie zwar Vergleiche, aber keine Bilder im eigentlichen Goetheschen Sinne finden. Auf die Frage, was

das symbolische Dichten des reifen Goethe von diesen Versen unterscheide, können sie vielleicht eine Antwort finden, wenn sie sich an den Gegensatz zwischen Strophe eins und drei in „Auf dem See“ erinnern. Strophe eins enthielt ebenfalls keine Bilder, sie war von direkter, gefühlsmäßiger Hingabe an die Natur bestimmt. Erst die Reflexion in Strophe zwei ermöglichte die geistige Bewältigung im Symbol in Strophe drei. Mit welcher Strophe ließe sich das „Maifest“ am ehesten vergleichen? Antwort: mit Strophe eins, da auch im „Maifest“ die Hingabe an die und die Einheit mit der Natur unreflektiert und vollkommen ist. Das Ich des „Maifests“ ist mit seinem Gegenstand verschmolzen, der zur Schaffung eines Bildes nötige Abstand besteht nicht.
Als letzte Frage sollen die Schüler beantworten: Was ist am „Maifest“ neu gegenüber den Barock- und Rokokogedichten? Es ist die direkte, gefühlsmäßige Präsenz des lyrischen Ich, die das ganze Gedicht prägt und die Natur belebt und beseelt. Wenn die Schüler Kenntnisse über die Sturm und Drang-Epoche haben, wissen sie, daß die hier neu erwachte Subjektivität, der Glaube an die Kraft des Ichs (Genie!), die Grundlage bildet für alle folgenden Epochen der Dichtung bis zur Moderne. Wenn sie sich an alle vorhergehenden Stunden erinnern, erkennen sie, daß es diese Subjektivität ist, die zum großen Teil die Beschaffenheit des lyrischen Bildes vom 19. Jahrhundert an bestimmt – beim späten Goethe durch ihre Balance mit dem Objekt, ab der Romantik durch ihr Überwiegen.

Lernziele

Die Schüler
- erkennen die unterschiedliche Haltung des lyrischen Ich gegenüber Natur und Liebe in beiden Gedichten und ihr Sichtbarwerden in der äußeren Form
- führen diese Unterschiede auf die geistigen Hintergründe, auf das Bewußtsein des Ich von sich selbst, zur Zeit des Rokoko und des jungen Goethe zurück
- sehen die besondere Leistung des jungen Goethe in bezug auf die Lyrik, nämlich seine neue subjektive und vom Gefühl bestimmte Haltung.

Erweiterungsmöglichkeiten der Unterrichtseinheit

Aus verschiedenen Gründen wurden in dieser Unterrichtseinheit wesentliche Epochen und Vertreter der deutschen Lyrik übersprungen. Der Vollständigkeit halber seien hier einige Anmerkungen zu weiteren wichtigen Gestalten nachgetragen. Bei Bedarf können daraus zusätzliche Stunden zusammengestellt werden.

Hölderlin kann in bezug auf den Wandel des lyrischen Bildes kaum einer bestimmten Epoche zugeordnet werden. Das System von lyrischen Bildern, das er schafft, unterscheidet sich grundsätzlich von dem Goethes. Es entsteht aus seiner Anschauung von der Mythe, in der Hölderlin ein Bild erblickt, „die sinnfällig-anschauliche Vorstellung, die sich der Mensch von den höheren Zusammenhängen und Gesetzen dieser Welt macht, weil er sie mit dem Denken allein nicht zu begreifen vermag“. (Killy, S. 32) Hölderlin schafft sich ein subjektives, dichterisch-mythologisches System, innerhalb dessen die Bilder in vielfältiger Beziehung zueinander stehen. Diese Bilder wurzeln nicht, wie die Goethes, in der sinnlichen Anschauung, sondern in der inneren Vorstellungswelt des Dichters. So kann H. O. Burger in seinem Aufsatz „Von der Struktureinheit klassischer und moderner deutscher Lyrik“ bei der Besprechung von Hölderlins Ode „Der Abschied“ in bezug auf die Zeilen „Und die Lilie duftet/golden über dem Bach uns auf“ zu dem Schluß kommen:

„Die Lilie stellt kein Symbol dar, Hölderlin schafft vielmehr für seine Erfahrung der Liebe . . . die nahezu isolierte gegenständliche Entsprechung, das objektive Korrelat, wie T. S. Eliots berühmter Terminus lautet, die Figur, die in ihrer Suggestiv- oder Evokationskraft der inneren Emotion äquivalent ist. In diesem Sinne stelle ich, ausgehend von den Schlußzeilen in Goethes ‚Auf dem See‘ und Hölderlins ‚Abschied‘, dem adäquaten Symbol das evokative Äquivalent gegenüber.“ (H. O. Burger, S. 15)

Das macht Hölderlins Bild zum Vorläufer der Chiffre im 20. Jahrhundert, die ebenfalls nicht mehr in der sinnlichen Vorstellungswelt ruht.

Literatur:

W. Killy: Der Wandel des lyrischen Bildes, Kapitel zu Hölderlin

H. O. Burger: Von der Struktureinheit klassischer und moderner Lyrik, in: H. O. Burger / R. Grimm: Evokation und Montage, Göttingen 1967

Vorschlag zur Gestaltung einer Stunde:
Vergleich von Hölderlins „Abschied“ mit Goethes „Auf dem See“.

Eduard Mörike steht zwischen der Romantik und dem poetischen Realismus. Von der Romantik übernimmt er die seelische Innerlichkeit, die er jedoch verbindet mit der bewußten Aufnahme äußerer Wirklichkeit. Um seine Bildlichkeit zu verdeutlichen, muß der Begriff der Metapher eingeführt werden. Sie zeichnet sich durch ihre Zweigliedrigkeit aus, die auf der wörtlichen und übertragenen Bedeutung des Begriffs beruht, wobei die übertragene die vom Dichter gemeinte ist. Weinrichs Definition lautet: „Eine Metapher ist ein Wort in einem Kontext, durch den es so determiniert wird, daß es etwas anderes meint, als es bedeutet.“ (zitiert nach WS Arbeitsbuch, S. 10) – während das Goethesche Symbol *mehr* meint, als es bedeutet, und nur in einem größeren Sinnzusammenhang wirksam wird, den die Metapher nicht benötigt. Die Metapher spricht die Sinne an und schafft Leben im Gedicht. Beispiele aus Mörikes „Wintermorgen, vor Sonnenaufgang“: Das Ich glüht, der Geist flutet und ruht, der Himmel haucht, die Helligkeit ist „ein klarer Gürtel blauer Luft“. In den Metaphern Mörikes verbinden sich das Gefühl und die sinnlich faßbare Wirklichkeit, und im Gegensatz zu modernen Metaphern zielen sie auf Harmonie, indem sie die Übereinstimmung zwischen dem fühlenden Ich und der Landschaft verbildlichen (z. B. im „Gesang zu zweien in der Nacht“, wo Licht- und Tonmetaphern die Verschmelzung von Ich und Ding ausdrücken).

Literatur:
W. Killy: Die Wandlung des lyrischen Bildes, Kapitel zu Mörike
M. Anderle: Deutsche Lyrik des 19. Jahrhunderts. Ihre Bildlichkeit: Metapher – Symbol – Evokation. Bonn 1979. (Dort interpretiert: „An einem Wintermorgen, vor Sonnenaufgang“, „Gesang zu zweien in der Nacht“, „Gesang Weylas“, „Denk es, oh Seele“.)

Vorschläge zur Gestaltung einer Stunde:
- Die Metaphern in „Gesang zu zweien in der Nacht“
- Die Bilder in „Denk es, oh Seele“ (hier kann verfolgt werden, wie aus einem einfachen Bild eine Metapher wird, Rößlein – Tod, oder wie die einfachen Bilder der Tanne und des Rosenstrauchs in Verbindung mit dem Grab symbolisch werden).

In *Annette von Droste-Hülshoffs* Gedichten, die dem poetischen Realismus zuzuordnen sind, findet sich nach Anderle die „realistische Metapher“. Die Droste beobachtet die äußere Welt sehr genau und schafft Metaphern, die Gefühl und Naturdetail verbinden. Was sie jedoch von Mörike unterscheidet, ist die Haltung des lyrischen Ich, das sich bei Mörike noch eins mit der Welt fühlte, das bei der Droste aber isoliert und ohne Zusammenhang mit der großen Schöpfung existiert. Deshalb enthalten ihre Metaphern nicht mehr Harmonie, sondern Spannung. Die Flüchtigkeit der Naturdinge wird zwar gespürt, aber in ihrer Existenz und dichterischen Darstellung liegt der Trost.

Literatur:
M. Anderle: Die deutsche Lyrik des 19. Jahrhunderts. Ihre Bildlichkeit: Metapher – Symbol – Evokation. Bonn 1979.
Cl. Heselhaus: „Interpretationen von drei Droste-Gedichten“, in: Benno von Wiese (Hrsg.): Die deutsche Lyrik, Bd. II, Düsseldorf 1959

Vorschläge zur Gestaltung einer Stunde:
Interpretation der Bilder in „Am letzten Tag des Jahres“/„Das Spiegelbild“/„Mondesaufgang“ (alle drei interpretiert von Heselhaus) oder „Ödes Haus“/„Durchwachte Nacht“ (bei Anderle).

Anderle nennt das Bild bei *Gottfried Keller*, der ebenfalls dem Realismus zugeordnet wird, „gedankliches Symbol“. Es entstammt eher dem Bereich der Idee als dem der Anschauung; Keller erlebt die Natur weniger als daß er sie mit dem Geist erfährt. Auch wenn er einfache Bilder und Metaphern verwendet, dienen diese der Veranschaulichung einer Idee. Seine Lyrik gibt sich nicht so leicht für die Untersuchung der Bildhaftigkeit her wie die der vorher genannten Lyriker, doch ist im Vergleich zur Droste interessant, daß ihr eine positive Welthaltung zugrundeliegt, die sich auf die diesseitsbejahende „Eingliederung des Persönlichen und Irdischen in das materielle Universum“ (Anderle, S. 36) beruft. In seinem bekannten „Abendlied“ („Augen, meine lieben Fensterlein“) z. B. entpuppt sich das Bild der Augen als Symbol, verbunden mit Licht und Dunkel, Leben und Tod. Es sind jedoch nicht die Bilder, durch die wir hauptsächlich Kellers Lyrik erschließen, sondern es ist das gedankliche Thema und seine Behandlung, durch die wir ihr näher kommen.

Ein für die Untersuchung der Bildlichkeit wichtigerer Vertreter des Realismus ist *Theodor Storm,* der „realistische Symbole“ schafft und nach Anderle für den Realismus ähnliche Bedeutung erreicht wie Goethe für seine Zeit. Wie bei Storm einfache Bilder zu Symbolen werden, zeigt Anderle durch die Interpretation der Gedichte „Die Stadt“ und „am Meeresstrand“:

„Bei Storm ist ein Mensch vorhanden, dessen Gefühl innig an der Landschaft haftet. Zwar besteht der Einzelne nur vorübergehend, zwar wird ihn die Erde in sich aufnehmen, doch überwältigt und überwuchert ihn die Landschaft zu seinen Lebzeiten nicht. Die Natur selbst besteht für Storm nicht in einer Ansammlung des Zufälligen und Identitätslosen, wie für die Naturlyriker, sondern der tiefere Sinn dieses Stückes Landschaft tut sich ihm auf, der Schrei dieser Möwe ist festgehalten. Die Landschaft mit ihren Gegenständen ist gesehen worden; unverlöschlich im Wechsel der Zeiten bleibt sie im Wort für immer bestehen.“

In *Conrad Ferdinand Meyers* Lyrik, die sich vor allem durch Vergleiche von früheren und späteren Fassungen seiner Gedichte erschließen läßt, vollzieht sich im Hinblick auf die Bildhaftigkeit eine Neuerung, die auf die Symbolisten vorausweist. Zwar entsteht das Symbol in gewisser Weise immer noch aus dem angeschauten Gegenstand der Welt (im Vergleich zur Chiffre im 20. Jahrhundert, die mit der Anschauung nichts mehr zu tun hat), doch handelt es sich bei Meyer nicht mehr um Erlebnisse, und die sinnliche Anschauung ist für den Leser unmittelbar nicht mehr spürbar:

„An den verschiedenen Fassungen seiner Gedichte läßt sich der Prozeß der Ablösung von der traditionellen Erlebnislyrik und der Wandel zu einer symbolistischen Bildhaftigkeit aufzeigen, in der sich ein Inneres objektiviert und sich in einem Äußeren dinghaft zustandlich darstellt.“ (Deutsche Literatur in Text und Darstellung, Bd. 11)

Aus der Tatsache, daß diese Einheit von Innen und Außen bewußt und kunstvoll-künstlich hergestellt werden muß, während sie in der Klassik und Romantik selbstverständlich war, schließt Emil Staiger in seinem Aufsatz „Das Spätboot“ über Meyers Lyrik: „Dies besagt aber im Grunde denn doch, daß ihnen (den Symbolisten) die ursprüngliche Einheit fehlt, daß sie vom Leben getrennt und wahrhaftig abgeschieden sind.“ Er zieht die Parallele zum Barock, wo der Mensch ebenfalls nicht mit der Natur verschmilzt, sondern von ihr getrennt ist, und unterscheidet beide Epochen dadurch, daß der Barockdichter seinen Vergleich interpretiert (vgl. Emblem!), der Symbolist jedoch diesen Akt dem Leser überläßt, um dadurch „die Stimmung zu retten“.

Literatur:

E. Staiger: Das Spätboot, in: Deutsche Lyrik von Weckherlin bis Benn, Fischer Interpretationen, Frankfurt/M. 1974

M. Anderle: Deutsche Lyrik des 19. Jahrhunderts

H. Henel: Interpretation von „Lethe“, in: Benno von Wiese (Hrsg.): Die deutsche Lyrik, Bd. II, Düsseldorf 1959

Vorschläge zur Gestaltung einer Stunde:

Interpretation von „Zwei Segel“ oder „Lethe“ (letzteres bei Anderle, Staiger und Henel)

Damit sind wir bei der Zeit um die Jahrhundertwende angelangt, während der sich verschiedene literarische Strömungen überschneiden und die deshalb nur schwer greifbar ist. Impressionismus und Jugendstil können in bezug auf die Wandlung des lyrischen Bildes vernachläßigt werden ebenso die sog. Neuromantik. Wichtig sind die zentralen Gestalten der Lyrik jener Zeit, nämlich George, Rilke und Hofmannsthal, die das Erbe Poes und der französischen Symbolisten in die deutsche Lyrik übernahmen. Rilke auf den Symbolismus zu reduzieren, scheint nicht gerechtfertigt, da er eine ganz persönliche, von Religion, bildender Kunst und Philosophie beeinflußte Bildwelt schafft, die erst verständlich wird, wenn man sein gesamtes Werk einigermaßen überblickt, was in diesem Rahmen nicht geleistet werden kann. Es wäre höchstens möglich, an einigen der „Ding-Gedichte" zu zeigen, wie durch reine Anschauung eines Dings (z. B. des Panthers) ein Außen geschaffen wird, von dem auf Inneres geschlossen werden kann, wie dieser Akt der Übertragung jedoch völlig dem Leser überlassen bleibt und wie Klang, Rhythmus und Bildgehalt der Worte bis ins Letzte ausgeschöpft werden. (Eine hervorragende Interpretation des Sonetts „Stiller Freund der vielen Fernen fühle" findet sich bei Walter Naumann in seinem Buch „Traum und Tradition" und könnte eventuell für den Unterricht verwendet werden.)

Stefan Georges „Parkgedichte" eignen sich besser, um wichtige Züge des symbolistischen Bildes zu vergegenwärtigen. Folgende charakteristische Merkmale von Georges Dichten bilden die Voraussetzung für das Verständnis des lyrischen Bildes in seinem Werk:

- Absage an die didaktische Funktion der Poesie (vgl. Benn!)
- Schönheit des Gedichts will im Leser besondere Seelenzustände und Erkenntniszustände erregen.
- Schönheit jedoch nicht im Sinne von l'art pour l'art, sondern im platonischen Sinne als Spiegel einer absoluten Schönheit, die durch Worte, Töne und Farben im Gedicht verständlich wird.
- Die Wirklichkeit wird nicht wiedererkannt, sondern neu erzeugt und geordnet aus dem Material der alten Wirklichkeit (im Unterschied zu den Expressionisten, die die Wirklichkeit völlig aus ihrem Schaffensprozeß ausschließen).
- Das Gedicht dient dem geistigen Genuß.
- Die Welt ist zusammenhangslos und wird durch symbolische Einheit transzendiert. Die Symbolisten glauben noch an die Dauer dieser Transzendenz, während Benn den sinnstiftenden schöpferischen Akt nur noch als augenblickliche Erlösung begreifen kann.
- Durch bestimmte Darstellungsmittel, wie Wortmusik, Synästhesie, Rhythmus oder Reim, die alle große Bedeutung in einem symbolistischen Gedicht erhalten, wird eine Stimmung – das den Dingen zugrundeliegende Geheimnis – hervorgerufen („correspondance" = geheimnisvolle Wechselbeziehung zwischen den Dingen).

Bei der Interpretation des symbolistischen Gedichts, in dem sich nicht nur Wortbilder, sondern auch Klang und Rhythmus zum großen Symbol vereinen, muß also ausgegangen werden von der Gestalt des bewußt symbolisch arbeitenden Dichters – und auf keinen Fall vom „Erlebnis". Insofern zeichnet sich hier zum ersten Mal die von der erfahrbaren Wirklichkeit abgelöste Grundlage des lyrischen Bildes ab, die in der Unterrichtseinheit vom Expressionismus an verfolgt wurde. In den drei von Klussmann interpretierten Gedichten „Wir schreiten auf und ab im reichen flitter", „Der Freund der Fluren" und „Das Wort" (letzteres kann mit Benns „Ein Wort ein Satz" verglichen werden) kommt dies besonders gut zum Ausdruck. Alle drei Gedichte sind symbolistisch, d. h. das ganze Gedicht bildet jeweils ein großes Symbol, und alle drei verdeutlichen Georges symbolistische Einstellung zur Kunst. Er gestaltet die Natur als Parknatur neu, macht das Chaos zur Kunst (in „Wir schreiten auf und ab im reichen flitter"), der „Freund der Fluren" enthält das Symbol des Gärtners mit der Hippe, das den Künstler meint, der die Welt zu einer schöneren und deshalb wertvolleren und wahreren macht, und „Das Wort" stellt das Wort des Dichters als ordnend und sinnstiftend dar.

Literatur:

M. Durzak: Zwischen Symbolismus und Expressionismus: Stefan George, Stuttgart 1974

P. G. Klussmann: Interpretationen von drei Gedichten Georges, in: Benno von Wiese (Hrsg.): Die deutsche Lyrik, Bd. II, Düsseldorf 1959

Vorschläge zur Gestaltung einer Stunde:

Interpretation eines dieser Gedichte, möglicherweise mit theoretischen Texten Georges untermauert, zu finden in Band II der Reclam-Reihe „Deutsche Literatur in Text und Darstellung“: Impressionismus, Symbolismus, Jugendstil.

Vorschläge zur Leistungskontrolle

Goethe: Im Herbst 1775 (= Fetter grüne, du Laub . . .)
Entstanden 1775, zur Zeit des Abschieds von Lili Schönemann

Aufgabe: Interpretieren Sie das Gedicht, indem Sie besonders auf das Verhältnis von Natur und seelischem Ausdruck des Ich achten und untersuchen, wie Natur und menschlicher Bereich ineinanderspielen. Zeigen Sie, daß es sich um ein symbolisches Gedicht handelt, und begründen Sie, warum man dieses Gedicht klassisch nennen könnte.

Goethe: Dem aufgehenden Vollmonde. Dornburg 1828 (= Willst du mich sogleich verlassen . . .)

Aufgabe: Interpretieren Sie dieses Gedicht, und beschreiben Sie die Haltung des lyrischen Ich zur Natur. Erklären Sie, warum das Gedicht als klassisch und symbolisch bezeichnet werden kann.
Zusatzinformation: Goethe sandte das Gedicht an Marianne von Willemer mit der Frage, ob sie in dieser Vollmondnacht an ihn gedacht habe.

Goethe: Dem aufgehenden Vollmonde. Dornburg 1828 (= Willst du mich sogleich verlassen . . .)
Brentano: Hörst du, wie die Brunnen rauschen . . .

Aufgabe: Interpretieren Sie beide Gedichte unter besonderer Berücksichtigung des Verhältnisses von lyrischem Ich und Natur, und vergleichen Sie sie miteinander. Inwiefern sind sie und ihre Bilder typisch für die jeweilige Epoche, in der sie entstanden?

Brentano: Wie sich auch die Zeit will wenden, enden

Aufgabe: Interpretieren Sie dieses Gedicht. Beachten Sie dabei besonders das Verhältnis von Form und Inhalt. Versuchen Sie, es in einen Epochenzusammenhang einzuordnen, und begründen Sie diese Einordnung. Deuten Sie die Beschaffenheit der lyrischen Bilder im Gedicht und zeigen Sie, an welcher Stelle innerhalb der Geschichte des lyrischen Bildes sich Brentano befindet.

Heine: Mein Herz, mein Herz ist traurig, oder: Aus alten Märchen winkt es
Aufgabe: Interpretieren Sie dieses Gedicht, indem Sie besonders auf den Standpunkt des lyrischen Ich und sein Verhältnis zu seiner Umwelt achten. Zeigen Sie, wo im Gedicht romantische Töne anklingen und welche Rolle sie spielen. Inwiefern kommt im Gedicht Heines Verhältnis zur Romantik und ihrer Bildlichkeit zum Ausdruck?

Benn: Liebe (= Liebe – halten die Sterne)
Aufgabe: Interpretieren Sie dieses Gedicht unter besonderer Hervorhebung seiner Bildlichkeit. Inwiefern unterscheiden sich Benns Bilder von denen früher Jahrhunderte? Wie erscheint die Liebe hier im Gegensatz zu einem klassischen Liebesgedicht Goethes?

„Aus all diesem kommt das Gedicht, das vielleicht eine dieser zerrissenen Stunden sammelt –: das ‚absolute Gedicht, das Gedicht ohne Glauben, das Gedicht ohne Hoffnung, das Gedicht an niemanden gerichtet, das Gedicht aus Worten, die Sie faszinierend montieren." (Gottfried Benn)
Wahrheit kann nur produziert werden, wo mehr als ein Mensch zugegen ist. Deshalb müssen Gedichte an jemanden gerichtet sein, für jemanden geschrieben sein. . . . Es gibt kein Sprechen, das ein absolutes Sprechen wäre. (H. M. Enzensberger)

Aufgabe: a) Erläutern Sie Benns theoretische Position, indem Sie zeigen, wie er sie in der Praxis des Dichtens verwirklicht. Wie sind seine lyrischen Bilder beschaffen, und wie unterscheiden sie sich von denen vorangegangener Epochen?
b) Nehmen Sie Stellung zu Enzensbergers Erwiderung!

Gedichte aus der „Zeit" mit Kommentar von G. Kunert

Aufgabe:

1. Lesen Sie die Gedichte und Kunerts Kommentare.

2. Versuchen Sie, Beckers Gedicht „Zwei Nächte" zu interpretieren. Beachten Sie dabei die Gesamtstruktur des Gedichts, seine Bilder und ihre Anordnung.

3. Erklären Sie, was Kunert mit „Naturverlust" und „Sprachverlassenheit" meint und wie sie mit der Geschichte der Wandlung des lyrischen Bildes in Zusammenhang zu bringen sind. Inwiefern spiegelt sich sowohl in Meckels als auch in Kunerts Gedicht der Endpunkt dieser Wandlung?

Jürgen Becker
Zwei Nächte

Die Kälte geht durch den Sommer.
Der singende Mann hat nichts begriffen;
er hört nicht auf und fällt nicht um.
Das Beil fliegt hoch, in den Baum.

Das Schwierige gestern war eine Amsel.
Erst schlug die Uhr, dann schlug der Regen.
Wir hörten nichts und sagten nicht viel.
Fürs Feuer gedacht, das Gedächtnis, die Nacht.

Nimm Kreide mit in die Nacht. Eine Spur,
unter anderen, zwischen den Häusern des Schlafs.
Die Türen gebrochen, schon in der Dämmerung.
Da schwärmt nichts mehr aus.

Du siehst auch jetzt dein Gesicht nicht,
begreifst nicht den Weg, den die Augen
schon kennen. Die Wiesen sind weiß, atme
du weiter, an den nickenden Pferden vorbei.

Naturverlust

Das von alters her klassische Refugium, die Natur, erscheint in diesem Gedicht von Jürgen Becker nicht mehr als heiliger Bezirk, als Ort der Heilung und Erlösung von den Unseligkeiten einer von Menschen verdorbenen Welt. Im Gegenteil: Auch sie, ihre scheinbare Unerschütterlichkeit ist aufgehoben, ihr Verschwinden eingeleitet, die Axt an die Wurzel gelegt. Und es ist darum auch eine ganz andere Kälte als nur eine klimatische, die durch den Sommer geht: Es ist der Schauder vor dem zerstörerischen Fleiß dessen, der nicht aufhört.

Auch daß das Schwierige gestern eine Amsel war, nämlich für das Gedächtnis, das Wiedererkennen und Wiedererinnern, zeigt den Verlust an Natur: Man lebt in ihr schon fast wie in der Fremde.

Was „nur" Naturverlust im ersten Teil des Gedichts war, erweitert sich zu einem weitaus umfassenderen und endgültigeren. Der Gang durch die Nacht wirkt wie ein Fortgehen ohne Rückkehr, obschon die Kreide den Rückweg markieren soll, damit er sich wiederfinden läßt.

Die Stätte selber, die durchwandert wird, scheint ausgestorben. Die früh gebrochenen Türen, aus denen nichts mehr schwärmt, deuten auf menschenentleerte Gehäuse. Wo sind die Bewohner hin? Und: Geht das „Du" des Gedichts den gleichen Weg wie die anderen Abwesenden?

Es gibt nur einen einzigen Weg, der immer unbegreiflich bleibt, obwohl man ihn kennt, und den man geht, solange man „weiter atmet". Und ein anderer Weg kann in der letzten Strophe nicht gemeint sein, denn das Begreifen betrifft keinen real vorhandenen Fußpfad.

Was wie Naturlyrik auftritt, wenn auch wie moderne, und vom ländlichen Leben zu sprechen vorgibt, ist in seiner Knappheit von einem Endlichkeitsbewußtsein wie selten ein Gedicht in unseren Tagen. *Günter Kunert*

Aus: Die Zeit, Nr. 18, 30. April 1982

Christoph Meckel

Leicht

Leicht sind Gespräche über den neuen Minister,
die Partei, das Programm, die zweifelhafen
Geschäfte, weniger leicht
vom Traum zu sprechen und von den Sachen
der Liebe, unmißverständlich vom Glück
und der Nacht in den Bergen.
Lange schon ist mir das Selbstverständliche
nicht mehr beantwortet worden und ich bin
glaubwürdig nur für mich selbst,
ohne Diskutanten.

Sprachverlassenheit

Die längst zur Phrase gewordene Wendung, „gottverlassen“ zu sein, die einmal einen tragischen und beängstigenden Zustand formelhaft umschrieb, heute nachzuempfinden, ist nur möglich, wenn sich ein ähnlicher Verlust als Vergleich heranziehen läßt. Mir scheint, der einzig gleichwertige Mangel ist der an Sprache. Denn die „Sprachverlassenheit“ ist absolut identisch mit ungemilderter Verzweiflung. Die grassierende und manipulativ entstandene Unfähigkeit von dem, was einen tief innerlich bewegt, reden zu können, und statt dessen von sich selber im scheinobjektiven Vokabular bedingt gültiger Theorien zu parlieren, hat zu einer beredten Stummheit geführt. Leid und Schmerz lassen sich in solchem „Wortschatz“ nicht fassen, nicht ausdrücken – wobei der verbale Ausdruck, wir wissen es ja, der Anfang der Heilung wäre.
Meckels Gedicht macht die Kluft dingfest und stolpert und fällt selber hinein: Indiz: Daß es schwer wäre, vom Traum zu sprechen, der, wie auch die seltsam verdinglichten „Sachen der Liebe“, selber nicht aufscheint und kenntlich wird. „Das Selbstverständliche“ ist nicht mehr beantwortbar, doch auch das Gedicht enthält sich der konkreten Benennung besagter Selbstverständlichkeit, selbst einer nur andeutenden Evokation – somit ist die „Sprachverlassenheit“ konsequent thematisiert, indem sie selber noch bis in ihre Reflektion hinein vorherrscht.
Die Betroffenheit beim Lesen dieses Gedichts ergibt sich für mich sowohl aus der bedichteten Sache selber wie aus der bestürzenden Nüchternheit, mit der sie registriert wird. *Günter Kunert*

Aus: Die Zeit, Nr. 19, 7. Mai 1982

Literaturverzeichnis

Richard Alewyn, Clemens Brentano: Der Spinnerin Nachtlied, in: Deutsche Lyrik von Weckherlin bis Benn, Fischer Interpretationen, Frankfurt/Main 1974

Martin Anderle, Deutsche Lyrik des 19. Jahrhunderts, Bonn 1979

Alfred Anger, Literarisches Rokoko. Stuttgart 1962

Paul Böckmann, Die Sageweisen der modernen Lyrik, in: Zur Lyrikdiskussion, R. Grimm, Hrsg., Wege der Forschung Band CXI, Darmstadt 1966

Robert M. Browning, German Poetry in the Age of Enlightenment, Pennsylvania State University 1978

H. O. Burger, Von der Struktureinheit klassischer und moderner Lyrik, in: H. O. Burger/R. Grimm, Evokation und Montage, Drei Beiträge zum Verständnis moderner Lyrik, Göttingen 1967

M. Durzak, Zwischen Symbolismus und Expressionismus, Stefan George, Stuttgart 1974

H. und E. Frenzel, Daten deutscher Dichtung, Köln 1959

H. Friedmann/O. Mann, Expressionismus, Heidelberg 1956

R. Grimm, „Welle der Nacht" von Gottfried Benn, in: W. Urbanek (Hrsg.), Begegnungen mit Gedichten, 60 Interpretationen, Bamberg 1967

Clemens Heselhaus, Deutsche Lyrik der Moderne, Düsseldorf 1961

Walter Killy, Wandlungen des lyrischen Bildes, Göttingen 1958

Johannes Klein, Geschichte der deutschen Lyrik, Wiesbaden 1957

Max Kommerell, „Mailied" von Goethe, in: Hirschenauer/Weber (Hrsg.), Wege zum Gedicht, München 1962

Karl Krolow, Aspekte zeitgenössischer deutscher Lyrik, Gütersloh 1961

Susanne Ledanff, Die Augenblicksmetapher. Über Bildlichkeit und Spontaneität in der Lyrik. München 1981

Edgar Lohner, Wege zum modernen Gedicht, Strukturelle Analysen, in: Zur Lyrikdiskussion, s.o.

Edgar Lohner, Passion und Intellekt, Die Lyrik Gottfried Benns, Neuwied 1961

Hartmut Müller, Formen moderner deutscher Lyrik, Paderborn 1970

Walter Naumann, Traum und Tradition in der deutschen Lyrik, Stuttgart 1966

Reclam-Reihe „Deutsche Literatur", Ein Abriß in Text und Darstellung, Band 11: Bürgerlicher Realismus; Band 13: Impressionismus, Symbolismus und Jugendstil; Band 14: Expressionismus und Dadaismus

H. J. Schlütter, Goethes Sonette, Berlin/Zürich 1969

Emil Staiger, Clemens Brentano, Die Abendwinde wehen, in: Deutsche Lyrik von Benn bis Weckherlin, s.o.

Emil Staiger, Das Spätboot, Zur Lyrik C. F. Meyers, in: Deutsche Lyrik von Benn bis Weckherlin, s.o.

K. Weissenberger, Hrsg., Die deutsche Lyrik 1945–75, Düsseldorf 1981

Benno von Wiese, Hrsg., Die deutsche Lyrik, Band 2, Düsseldorf 1959

3. Stunde: (Grundkurs) *Goethe „Früh wenn Tal, Gebirg und Garten"*		*Lyrik von der Klassik zur Moderne*
Phase 5: Klären von Goethes Arbeitsweise	Unterrichtsgespräch – In welcher Situation befand sich Goethe wohl beim Verfassen des Gedichts? Partnerarbeit / Goethe-Äußerungen (1) und (2) – Bedeutung von „historisch" – Vermutungen über Goethes Arbeitsweise? – Goethes Verhältnis zu Umwelt und Natur? Unterrichtsgespräch – Sammeln von Vorschlägen zur Beschaffung von Informationsmaterial über Goethes Leben zur Zeit der Entstehung des Gedichts	Z. B.: er stand im Garten, beobachtete den anbrechenden Morgen, formulierte seine Empfindungen Ausgehend von wirklichem Geschehen – konkrete Anlässe, künstlerisch verarbeitet – tiefe Einfühlung, Umwelt = Quelle des Schaffens – Briefe, Tagebücher
Hausaufgabe: **(fakultativ)**	Lesen der Dornburger Tagebucheintragungen (vgl. Textteil) – Welche Zusammenhänge lassen sich zwischen Goethes Eintragungen und dem Gedicht herstellen? – Vergabe eines Kurzreferats: Stichworte zur Klassik (Zusammenfassung aus einem Literaturlexikon)	

3. Stunde: (Grundkurs) Goethe „Früh wenn Tal, Gebirg und Garten"		Lyrik von der Klassik zur Moderne
Unterrichtsphasen	**Unterrichtsformen / Fragestellungen**	**Erwartungen / Ergebnisse**
Phase 1: Begegnung mit dem Gedicht	Stilles und lautes Lesen / spontane Schüleräußerungen – Bestimmen des Themas	– Erlebnis eines Herbstmorgens
Phase 2: Klären des Inhalts	Stillarbeit – Finden eines Stichworts für jede Strophe – Haltung des lyrischen Ich – Folgen Sie dem Blick des lyrischen Ich – Verben? – Farben? – Reaktion des lyrischen Ich? – Was fällt in der letzten Strophe auf?	– Anzeichen des Morgens in der Landschaft – Vorbereitung des Sonnenaufgangs am Himmel – Reaktion des Betrachters, Abend – Seelische Beteiligung – Weite – Nähe, Erde – Himmel – signalisieren Bewegung – Bunt und Blau des Morgens, Rot und Gold des Abends – Erwartung, Dank, Freude – Unerwartete Wendung Morgen – Abend
Phase 3: Analyse des Satzbaus	Unterrichtsgespräch – Bestimmen des Satzbaus – Deutung	**Ein** Satz, 2 konditionale / temporale „wenn"-Sätze; „dann" = erste Antwort auf „wenn", aber eingebettet in neuen Konditionalsatz → schwebende Satzkonstruktion Zeile 11 und 12: Hauptsatz, Erfüllung der Bedingungen Spannungsbogen: Aufgehen – Untergehen der Sonne Dimension von Raum und Zeit überschritten
Phase 4: Zusammenfassung der Grundaussage	– Kurze Beschreibung der Grundstimmung und -aussage des Gedichts	Schüler erkennen das Durchscheinen einer Lebenserfahrung hinter dem dargestellten Tag. Wenn der Sonnenaufgang so intensiv und dankbar erfahren wird, dann folgt ein schöner Abend.

20. Stunde: (Exkurs) Das lyrische Bild im Rokoko und beim jungen Goethe		Lyrik von der Klassik zur Moderne
Phase 4: Haltung des lyrischen Ich	Unterrichtsgespräch – Bestimmen der Haltung des Ich gegenüber Natur und Liebe in beiden Gedichten Stillarbeit: – Sammeln von Belegen aus dem Mailied für die seelische Einheit von Ich und Natur / Liebe	Morgen: Ich betrachtet Natur aus der Distanz, gedankliche Verbindung Natur – Liebe Maifest: Ich und Natur sind eins, deshalb bilden Natur, Liebe und Mädchen gleichermaßen Grund zum Jubel – „leuchtet mir" . . ., Ausrufezeichen, Vergleich Liebe – Morgenwolken, der eigenen Liebe mit der von Lerche und Blumen . . .
Phase 5: Einordnung der Gedichte in die Geschichte des lyrischen Bildes	Unterrichtsgespräch / Lehrerinformation – Klären der Entstehungszeit (Sturm und Drang – Rokoko) – Wie sind diese Epochen in die Geschichte des lyrischen Bildes einzuordnen? – Bestimmen des Bildgehalts, können Bilder isoliert werden? – Festhalten der Unterschiede zwischen symbolischem Dichten und Maifest (Lehrerimpuls: Vergleich der Strophen 1 und 3 von „Auf dem See") – Was ist neu am Maifest gegenüber Barock und Rokoko? – Eventuell Herstellen des Zusammenhangs mit dem Rest der UE: Subjektivität in anderen behandelten Epochen? Verbindung dieses Phänomens mit der Beschaffenheit des lyrischen Bildes?	– Zwischen Emblem (Barock) und Symbol (Klassik) – Morgen: keine Bilder, sondern ausschmückende Beschreibung – Maifest: Vergleiche, aber keine eigentlichen Bilder, einfaches Nennen der Dinge – Schaffen von Bildern (Symbolen) erst nach Reflexion und mit Abstand möglich; im „Mailied" ist das Ich völlig mit seinem Gegenstand verschmolzen – Beseelung der Natur und des ganzen Gedichts (Rhythmus!) durch subjektive und gefühlsbetonte Haltung des Ich.

20. Stunde: (Exkurs) Das lyrische Bild im Rokoko und beim jungen Goethe	Lyrik von der Klassik zur Moderne

Unterrichtsphasen	**Unterrichtsformen / Fragestellungen**	**Erwartungen / Ergebnisse**
Phase 1: Vortragen der Gedichte „Der Morgen" und „Maifest"	Lesen (Vortrag) / Unterrichtsgespräch – Wirkung des Vortrags? – Spontane Reaktion? – Welches Gedicht spricht mehr an, warum?	– Schüler finden erste Vergleichspunkte hinsichtlich Form und Inhalt.
Phase 2: Formanalyse beider Gedichte	Gruppenarbeit mit Leitfragen: – Enthält das Gedicht Bewegung, wie kommt sie zustande? – Verhältnis Strophenaufbau – Satzstruktur und Konsequenz für Gesamtwirkung des Gedichts? – Ist eine Entwicklung zu beobachten?	– Morgen: Abwechslung zwischen zwei- und dreihebigen Iamben, aber jede Strophe gleich Maifest: Kurzzeilen, drängend, Fluß – Morgen: Strophenende entspricht Satzende, Spannungslosigkeit Maifest: Wechsel kurze Ausrufe – strophenüberspannende Sätze: lebendige Spannung. – Morgen: nein, Aneinanderreihung gleichwertiger Beobachtungen Maifest: ja, Steigerung des Jubels zu Liebesfreude
Phase 3: Vergleichendes Betrachten des Inhalts	Unterrichtsgespräch – Inhaltliche Gemeinsamkeiten der Gedichte? – Unterschiede in der Darstellung des Themas? – Bestimmen der Erscheinungsform der Natur in beiden Gedichten	– Freude an der Natur verbunden mit Liebe und geliebtem Mädchen – Hagedorn: Themen getrennt voneinander behandelt, moralischer Unterton. Goethe: Verschmelzen der Motive – „Morgen": Viele einzelne Szenen, Ausschmückung. „Maifest": keine konkrete Situation, typische Motive spiegeln Gefühl des Ich

Phase 8: Die Bilder in Weckherlins Sonett	Stillarbeit / Auswertung – Isolieren der Bilder aus dem Gedicht Aus welchen Lebensbereichen stammen sie, wie sind sie zueinander in Beziehung zu setzen?	– Augen als Richter oder Herrscher: Bild aus dem gesellschaftlichen Leben – Augen als Sterne: Bild aus der Natur, impliziert Schönheit und Erhabenheit wie die Vorstellung vom Herrscher – Brauen als Kundschafter: Krieg, und als Werkzeug: dienende Funktion – Brauen als Triumphbogen und Kronen: Herrschertum
	Lehrerinformation	– Tradition der Bildbereiche übernommen von mittelalterlicher Dichtung und Petrarca. Festes Bezugssystem prägt die Weltsicht des Barockmenschen.
Phase 9: Das emblematische Bild des Barock im Vergleich mit Goethes Symbol	Unterrichtsgespräch – Wie kommt Goethe zu seinem Symbol, wie der Barockdichter zu seinem Bild?	– Goethe: direkte, gefühlsmäßige Begegnung mit der Welt Barock: Bild bewußt gesucht, traditionellem Vorrat entnommen
	– Verhältnis Gefühl – Geist, wie reagiert der Hörer?	Symbol: Balance von Gefühl – Geist, Hörer fühlt sich ein Emblem: Bild ist Verstandesprodukt, Hörer muß geistig mitarbeiten
	– Beziehung der Bildelemente zueinander?	Goethe: Verschmelzen von Bild und Bedeutung. Bedeutung im Bild verborgen Emblem: dem Bild wird die Erklärung nachgeliefert
	– Funktion, Rolle des Symbols und des Emblems	Symbol: ist Gipfelpunkt des Gedichts Barock: Reihung von Bildern zur Ausschmückung

Phase 4: Detailanalyse des 1. Quartetts	Fragend-entwickelndes Gespräch – Bestimmen des Themas des Gedichts – Umschreiben des Inhalts des 1. Quartetts – Was ist auffällig am Stil? – Wie gehören die drei Paare zusammen, welche Stilmittel werden verwendet? – Wirkung? – Besonderheiten in Zeile 3 und 4? – Inhaltlicher Zusammenhang mit Zeile 1 und 2?	– Liebesgedicht, doch Preis der Augen, nicht des Menschen oder der Beziehung – Beschreibung der Tätigkeit und Macht der Augen – Paarung der Substantive und Adjektive – Antithetik, Chiasmus – Intellektuelles Spiel des Dichters mit der Sprache zur Unterhaltung des Hörers – Weitere Paare, figura etymologica – Augen personifiziert mit Eigenschaften des Herrschers, Bild des Lichts: beides Erhöhung der Augen
Phase 5: Detailanalyse des 2. Quartetts	Stillarbeit – Erschließen des Inhalts des Quartetts – Verhältnis Augen – Brauen? – Wo ist die Gestaltung besonders kunstvoll?	– Lob der Brauen; Augen als Ort der Liebe, Zucht und Schönheit – Brauen sind Diener – Bilder für Brauen, correctio, figura etymologica
Phase 6: Detailanalyse der Terzette	Unterrichtsgespräch – Was ist erwähnenswert in bezug auf die äußere Form? – Wie läßt sich der Inhalt der Terzette mit dem der Quartette vergleichen?	– Satzbau: Spannung bis zum letzten Wort; parallele Reihung der Substantive; „der Schönheit Schönheit", „der Natur Kunst". – Begründung und Zusammenfassung des Lobs der Augen ohne Bilder: Verstehen der Augen der Geliebten öffnet den Weg zur Vollendung
Phase 7: Vergleich des Begriffs Liebe bei Goethe und Weckherlin	Unterrichtsgespräch – Inwiefern ist Weckherlins Sonett ein Liebesgedicht? Vergleich mit Goethe. Anlaß und Ziel des Gedichts, Persönlichkeit des Tons.	Goethe – persönliche Beziehung zur Geliebten – Erlebnis ist Anlaß des Gedichts – Liebe als Gefühl, von dem das Ich umgetrieben wird Weckherlin – Geliebte als unpersönliche Verkörperung der Vollkommenheit – Gedicht entsteht zur Unterhaltung und Geistesübung – Liebe als gesellschaftliches Phänomen. Erhöhung der geliebten Frau

18. / 19. Stunde: (Exkurs)
Das Emblem im Barockgedicht

Unterrichtsphasen	**Unterrichtsformen / Fragestellungen**	**Erwartungen / Ergebnisse**
Phase 1: Sammeln von Informationen zum Begriff Barock	„Brainstorming" – Sammeln von Vorstellungen und Kenntnissen der Schüler zum Barock a) Geschichte b) Geistesgeschichte c) Kunst und Architektur d) Musik e) Literatur	a) 17. Jhdt., Absolutismus, 30-jähriger Krieg b) Orientierung an der Religion, „memento mori" c) Barockkirchen und -Altäre, Rubens d) Bach, Händel, Kirchenmusik, Oper e) Gryphius, Fleming, Grimmelshausen
Phase 2: Formanalyse des Gedichts	Lesen und Gespräch – Bestimmen der Form Lehrerinformation: – Tradition Petrarcas; Antithetik des Sonetts kommt dualistischem Denken im Barock entgegen – Reimschema und Wirkung Stillarbeit – Einfügen der Mittelzäsur, Kennzeichnen der Hebungen – Bestimmen des Metrums und seiner Funktion. Wo fällt Mittelzäsur mit Zäsur im Satzbau zusammen? Zusammenfassendes Gespräch – Besonderheiten der Form dieses Sonetts	– Sonett, kurze Wiederholung der Merkmale – abababab cdcdcd: kunstvoller als Goethes, Betonung der Zweiteilung – Alexandriner, weitere symmetrische Gliederung der Sonettform, betont Zweigliedrigkeit – Komplizierte, kunstvolle Form, die von Dichter und Hörer intellektuelles Engagement erfordert
Phase 3: Bedeutung des Sprachreformers Opitz	Stilles Lesen des Gedichts mit dem Ziel, das Verhältnis von Vers- und Wortbetonung festzustellen Lehrerinformation (oder Kurzreferat)	– Vers- und Wortbetonung fallen nicht immer zusammen Stichworte: Ronsard als Weckherlins Vorbild; Opitz' Forderung des Zusammenfallens von Vers- und Wortbetonung; Inhalt und Ziel des Buches „Von der deutschen Poeterei"

Phase 4: Eigene kreative Versuche der Schüler	Unterrichtsgespräch / Einzel- oder Gruppenarbeit – Sammeln von Redewendungen, in denen wörtliche und übertragene Bedeutung konfrontiert werden können. – Versuch, durch Montage, Variation und Assoziation in Prosa oder Gedichtform möglichst interessante sprachliche Effekte zu schaffen.	Kann als Hausaufgabe fortgesetzt werden.

ARBEITSBLATT

Wandlung des lyrischen Bildes

DICHTER / EPOCHE	BEZIEHUNG ZWISCHEN SUBJEKT UND WELT DER OBJEKTE	DAS LYRISCHE BILD: BESCHAFFENHEIT UND FUNKTION
Goethe / Klassik	Harmonie, Geborgenheit, Mensch ist sinnvoller Teil der Natur, in deren Anschauung er den Abglanz des Absoluten begreift	Symbol: 3 Elemente: Anlaß, Idee, Bild; zwischen ihnen besteht völlige Ausgewogenheit, Symbol spiegelt Harmonie und gedankliche Bewältigung
Brentano / Romantik	Mensch geht in der Natur auf. Naturdinge sind „Tasten", die zum Klingen gebracht werden, um auf eine göttliche Welt der Harmonie jenseits der irdischen zu verweisen.	Romantische Chiffre: Subjektives Gefühl überwiegt, Objektiv - Gedankliches tritt zurück. Geheimzeichen, dessen Entschlüsselung zum Verstehen des Sinns der Welt verhilft.
Heine / Nachromantik	Skepsis, Distanz: Welt ist Summe addierbarer Einzelteile ohne Zusammenhang.	Exotische Bilder oder Infragestellen romantischer Bilder durch Ironie bzw. Parodie oder Bildlosigkeit.
Benn / Expressionismus	Welt zerfällt in sinnlose, unübersichtliche Masse von Einzelerscheinungen. Überwinden der Entfremdung durch Schaffen von eigengesetzlicher Kunst.	Absolute Chiffre: losgelöst von der Wirklichkeit. Will Assoziationen erwecken, Stimmungen evozieren, neue, schöpferische Wirklichkeit schaffen.
Bachmann / Gegenwart	Welt entzieht sich dem Ich völlig, nur noch Splitter bleiben. Kongruenz von Sprache und Wirklichkeit ist aufgelöst.	Lyrisches Paradox: Zusammenzwingen von unvereinbaren Elementen, dadurch Möglichkeit neuer lyrischer Aussagen. Gesetze der Logik aufgehoben. Vom Leser wird Kreativität erwartet.

17. Stunde:
Sprachspiele bei Erich Fried

Lyrik von der Klassik zur Moderne

Unterrichtsphasen	Unterrichtsformen / Fragestellungen	Erwartungen / Ergebnisse
Phase 1: Die Wandlung des lyrischen Bildes seit Goethe	Auswertung der Hausaufgabe / Unterrichtsgespräch – Stichwortartiges Verfolgen des lyrischen Bildes, seiner Form und seines geistesgeschichtlichen Hintergrundes – Möglichkeiten des Dichters am Ende dieser Entwicklung?	Symbol: verweist auf Höheres. Läßt im Besonderen Typisches erkennen. Glaube an geordneten Kosmos. Romantische Chiffre: Zeichen für verborgene göttliche Welt. Subjektivität überwiegt. Heine: Infragestellen des romantischen Bildes. Sprachnot. Die Welt wird unübersichtlich. Benn: Kein Bezug zur Wirklichkeit mehr. Absolute Chiffre. Eigengesetzlichkeit der vom Dichter geschaffenen Welt. Lyrisches Paradox: Zusammenzwingen von Unvereinbarem. Neue Aussage durch Montieren von Splittern der verlorenen Wirklichkeit. Diese Ergebnisse dienen als Vorbereitung zum Ausfüllen des Arbeitsblatts (vgl. Rückseite) – entweder in einer Extraphase oder als Hausaufgabe. – Lyrik ohne Bilder, Sprachspiele
Phase 2: Erste Beobachtungen zu „Als ich mich nach dir verzehrte"	Stilles Lesen oder Vortrag / Unterrichtsgespräch – Sammeln der ersten Reaktionen – Was unterscheidet den Text von Prosa? – Bestimmen der Unterschiede zu den Gedichten von Bachmann oder Benn	– Schriftbild, die einzelnen Wörter erhalten mehr Gewicht: mehr Aufmerksamkeit des Lesers – Keine Bilder mehr, Spiel mit der Sprache, deren alltägliche Oberflächlichkeit durchleuchtet wird. Humor.
Phase 3: Inhaltliche Detailanalyse	Unterrichtsgespräch – Verfolgen der Technik Frieds Strophe für Strophe. Wie entwickeln sich die einzelnen Teile des Gedichts? – Versuch, die Absicht des Gedichts zu bestimmen	– Die Sprache macht sich selbständig; Spiel mit den eigentlichen und den übertragenen Bedeutungen von Wörtern; keine reale Situation – Erheiterung, Spiel, Durchleuchten der Sprache, Infragestellung der Kongruenz von Sprache und Sinn

16. Stunde: *Bachmann „Dunkles zu sagen" – das lyrische Paradox*		*Lyrik von der Klassik zur Moderne*
Phase 4: Die Bedeutung der Orpheus-Gestalt für das Gedicht	Unterrichtsgespräch – Durch welches zentrale Motiv werden Leben und Tod im Gedicht zusammengehalten? Rekapitulation des Mythos, ev. mit Beispielen aus Kunst und Musik. – Sammeln von Anspielungen auf Orpheus im Gedicht	– Gestalt des Sängers Orpheus. Das lyrische Ich vergleicht sich mit dem Sänger und Liebenden. – Saite (Leier), Lethe, der Glaube an die Macht des Lebendigen über den Tod
Phase 5: Methodenreflexion: Vergleich verschiedener Vorgehensweisen bei der Interpretation	Unterrichtsgespräch – Wie war das Vorgehen bei den Benn-Gedichten, wie beim Bachmann-Gedicht?	– Schüler wiederholen die einzelnen Interpretationsschritte bei beiden Gedichten und erkennen, daß der Interpret vom Bekannten oder leicht zu Erschließenden ausgeht, daß es also möglich ist, von der kleinsten Sinneinheit zu einer Formulierung des Themas zu gelangen oder zu zeigen, wie der Dichter das Thema durch Bilder etc. sinnlich wahrnehmbar macht.
Hausaufgabe:	Festhalten von Stichworten zur Wandlung des lyrischen Bildes seit Goethe und Herstellen des Zusammenhangs, dessen letzte Konsequenz das lyrische Paradox ist.	

16. Stunde: Bachmann „Dunkles zu sagen" – das lyrische Paradox

Lyrik von der Klassik zur Moderne

<table>
<tr><th>Unterrichtsphasen</th><th>Unterrichtsformen / Fragestellungen</th><th>Erwartungen / Ergebnisse</th></tr>
<tr><td>Phase 1:
Erste Begegnung mit dem Gedicht</td><td>Schülervortrag des Gedichts / Unterrichtsgespräch
– Kommt die Grundstimmung des Gedichts im Vortrag zum Ausdruck?
– Thema des Gedichts? Rolle des lyrischen Ich?</td><td>– Zusammengehörigkeit und Unvereinbarkeit von Tod und Leben.
Dialog des Ich mit einem Du, Klage über die Trennung von diesem Du durch den Tod</td></tr>
<tr><td>Phase 2:
Reflexion des methodischen Vorgehens</td><td>Unterrichtsgrespräch / Tafelanschrieb
– Sammeln von Vorschlägen zum Vorgehen bei der Interpretation
– Unterstreichen von Schlüsselwörtern für die Bereiche Tod / Leben</td><td>– Erkennen der Grundthematik: Isolieren von Schlüsselwörtern, Motiven, Bildern, Frage nach einer Entwicklung

Tafelanschrieb
<table>
<tr><td>TOD</td><td></td><td>LEBEN</td></tr>
<tr><td></td><td>Orpheus</td><td></td></tr>
<tr><td>Tod
Dunkles
schlief
dunkler Fluß
Schweigen
Schattenhaar
Nacht
Finsternis
schwarz
Klagen</td><td></td><td>Saite
Leben
Schönheit
Morgen
Tau
Nelke
Saite
Welle
Blut
tönendes Herz</td></tr>
<tr><td></td><td>Orpheus</td><td></td></tr>
<tr><td>Tod
für immer geschlossen</td><td></td><td>Leben
blaut</td></tr>
</table>
</td></tr>
<tr><td>Phase 3:
Analyse der Bilder</td><td>Partnerarbeit / Auswertung
– Isolieren der Bilder aus dem Gedicht. Aus welchen Elementen sind sie zusammengesetzt? Überwiegt eins der Elemente?

– Lehrer führt für diese Bilder den Begriff lyrisches Paradox ein</td><td>– Schüler finden die Bilder der Saite, des Flusses, der Flocken etc. und erkennen, daß sie Anschauliches mit Abstraktem vereinen und Gegensätze zusammenzwingen, daß zu Beginn der Tod und zu Ende das Leben überwiegt.
– Beispiel: „der Finsternis schwarze Flocken / beschneiten . . ."</td></tr>
</table>

15. Stunde: *Die Aufgabe des Lesers bei der Interpretation moderner Dichtung*		*Lyrik von der Klassik zur Moderne*
Phase 5: Behandlung des Themas Liebe bei Goethe, Brentano, Heine, Benn, Enzensberger	Gruppenarbeit – Notieren von Stichworten zur Darstellung des Liebesthemas bei Goethe, Brentano, Heine, Benn und Enzensberger	Goethe: persönliches Erlebnis, gespiegelt in der Natur Brentano: ungelöste Spannung durch unerfüllbaren Wunsch zur Hingabe Heine: Infragestellen der Liebe und ihrer Darstellbarkeit im Gedicht Benn: Unpersönlichkeit, Liebe reduziert auf momentane Sinnlichkeit Enzensberger: abstrakte Vision, Distanz, Beziehungslosigkeit, Verlust der Liebe
Hausaufgabe:	Lesen des Gedichts „Dunkles zu sagen" von I. Bachmann. Vorbereitung zum Vortrag und Vorschläge zum Vorgehen bei der Interpretation. Eventuell: Sammeln von Material (Lexikonartikel, Bilder, Musik etc.) zum Thema Orpheus.	

15. Stunde: *Die Aufgabe des Lesers bei der Interpretation moderner Dichtung*		*Lyrik von der Klassik zur Moderne*
Unterrichtsphasen	**Unterrichtsformen / Fragestellungen**	**Erwartungen / Ergebnisse**
Phase 1: Wiederholung des Begriffs „absolute Chiffre"	Unterrichtsgespräch – Vergleich der absoluten Chiffre mit anderen Ausprägungen des lyrischen Bildes – Welche Konsequenzen entstehen dadurch für den Leser?	– Schüler erinnern sich an die wesentlichen Merkmale des lyrischen Bildes bei Goethe, in der Romantik und bei Heine und machen sich bewußt, daß die Bilder Benns nur innerhalb der eigengesetzlichen Welt des Gedichts und durch ihre Beziehungen untereinander interpretiert werden können. – Einfühlung und Offenheit für diese neue Behandlung der Sprache sind notwendig
Phase 2: Aufgabe des Lesers moderner Lyrik	Text von R. Grimm (vgl. Textteil) / Unterrichtsgespräch – Mit welcher Haltung muß der Leser sich moderner Lyrik nähern? – Unterschiede zur Rezeption der Lyrik vergangener Jahrhunderte?	– Engagement und Kreativität; Rezeption muß aktiv erfolgen – Gesetze der Logik und der Sprache sind in der Lyrik des 20. Jahrhunderts aufgehoben und müssen durch Phantasie und Assoziationskraft des Rezipienten ersetzt werden.
Phase 3: Analyse der absoluten Chiffren in „Call it love"	Partnerarbeit – Isolieren der Bilder im Gedicht und Versuch einer Interpretation – Bestehen Gemeinsamkeiten zwischen den Bildern?	– Summende Körbe, gläsernes Laub, Taube aus weißem Batist, verwitterte Sterne, die Flüchtende – Schüler äußern ihre Assoziationen und Deutungen zu jedem Bild. – In den Bildern sind unvereinbare Bereiche zusammengezwungen (Welt der Technik und des Menschen – Welt der Natur, die ihre Eigenbedeutung verloren hat und dem Menschen ausgeliefert ist). Neue, nur im Gedicht gültige Vorstellungen entstehen
Phase 4: Gesamtdeutung des Gedichts	Unterrichtsgespräch – Funktion der Chiffren für die Interpretation des Gedichts?	– In den Chiffren deutet sich an, daß die Natur dem Menschen zum Opfer gefallen ist, daß Natur und Liebe nur noch als Bruchstücke oder in der Vision existieren. Die Welt wird nicht mehr als ganzheitlich erfahren. Die Liebe ist aus ihr verschwunden, nur der Dichter kann ihre mögliche Existenz noch andeuten.

ARBEITSBLATT

Das lyrische Bild bei Heine

1) Heines Haltung gegenüber der romantischen Poesie?
   – Distanz, Skepsis: Diese Art zu dichten und die sich rapide verändernde Welt passen nicht mehr zusammen.

2) Wie äußert sich diese Haltung in seinen eigenen „Liebesgedichten"?

<u>Lotosblume (1)</u>

- Flucht ins Exotische
- Unvereinbarkeit der Partner
- Stilisierung, Verlagerung menschlicher Gefühle in Naturgegenstände
- Unerfüllbarkeit der Liebe

<u>Lotosblume (2)</u>

- Selbstparodie
- Bitterkeit und Hohn auf die eigene Situation
- Negieren des Wertes des Dichtens

<u>Wahrhaftig</u>

- Illusionsbrechung innerhalb des Gedichts
- Zurücknahme, „literarischer Selbstmord"

<u>Teetisch</u>

- Ironie
- Distanz
- keine Bilder mehr

<u>Begegnung</u>

- Parodie eines romantischen Gedichts

3) Welchen Punkt im Verlauf seiner Wandlung seit Goethes Symboldefinition hat das lyrische Bild bei Heine erreicht?
   – Es hat so sehr an Realitätswert verloren, daß es stereotyp und klischeehaft wirkt:
   Suche nach Bildern aus neuen Bereichen oder Verzicht auf Bilder.

11. Stunde: Das lyrische Bild bei Heine – Verneinung und Zurücknahme

Lyrik von der Klassik zur Moderne

Unterrichtsphasen	Unterrichtsformen / Fragestellungen	Erwartungen / Ergebnisse
Phase 1: „Wahrhaftig" als Beispiel für Heines Kritik an der Romantik	Lesen des Gedichts / Unterrichtsgespräch – Rekapitulieren von Heines Haltung zur Romantik – Wie äußert sich diese Haltung im vorliegenden Gedicht? Still- oder Partnerarbeit – Analyse von Aufbau und Satzstruktur des Gedichts und ihrer Wirkung	– Distanz, Skepsis – Heine verwendet romantische Chiffren nur spielerisch, äußert im 2. Teil des Gedichts seinen Widerwillen dagegen. – Schüler erkennen, daß die Aneinanderreihung parallel gebauter Sätze und der Bilder mit den Verkleinerungsformen den Wert der ursprünglich romantischen Chiffren herabsetzt und in Frage stellt und daß der Schlußkommentar des Ich sie als inadäquat verurteilt.
Phase 2: Verzicht auf lyrische Bilder in „Sie saßen und tranken am Teetisch"	Vorlesen des Gedichtes / Unterrichtsgespräch – Grundhaltung des Gedichts, Behandlung des Themas Liebe? – Im Gedicht geäußerte Kritik? – Bilder?	– Schüler arbeiten im Gespräch heraus, daß das Gedicht ironisch ist, daß Liebe nicht erlebt, sondern besprochen wird, daß Heine indirekt die Abgedroschenheit und Veräußerlichung des Themas Liebe kritisiert und hier gar keine Bilder mehr verwendet, da sie seiner Absicht nicht entsprechen würden.
Phase 3: Vergleich eines Gedichts von Kerner mit der Parodie von Heine	Anhören der Vertonung von Kerners „Begegnung" für Chor von Schumann (Kammerchor Stgt., EMI 1C 065 – 30807) – Erste Höreindrücke (ohne Text) Lesen des Texts / Unterrichtsgespräch – Bestimmen der Gedichtform, Paraphrase Lesen von Heines Parodie / Unterrichtsgespräch – Was hat Heine verändert? Mit welcher Wirkung?	– Schüler hören Stropheneinteilung heraus, erkennen Einsetzen des Dialogs, Verschwinden des Mädchens im Wasser. – Ballade – Zauberbann aufgehoben, typisch romantisches Motiv wird als weltfremd lächerlich gemacht
Phase 4: Zusammenfassung der Ergebnisse	Ausfüllen des Arbeitsblatts (vgl. Rückseite) (auch als Hausaufgabe möglich)	
Hausaufgabe:	Lesen des Textes von Kurt Pinthus (vgl. Textteil) Notieren von Fragen	

10. Stunde:
Heines „Sprachnot" – Ausklang der Romantik

Lyrik von der Klassik zur Moderne

Phase 5: Vergleich des Gedichtes mit der Selbstparodie	Still- oder Partnerarbeit – Verfolgen der Entwicklung des Themas Strophe für Strophe	– Strophe 1: Erwartung Strophe 2: Vorbereitung auf Liebesvereinigung, aber Blume und Mond sind zu weit voneinander entfernt Strophe 3: Unerfüllbarkeit
	Unterrichtsgespräch – Was ist romantisch an dem Gedicht, was neu?	– Romantisches Vokabular, aber nicht mehr Aufgehen in der Wortmusik, sondern ungelöste Spannung
	Lesen der 2. Fassung / Unterrichtsgespräch – Vergleich der beiden Gedichte	– Mond und Blume auf absurde menschliche Situation übertragen: Parodie des eigenen Gedichts, Hohn trifft die Sinnlosigkeit des Dichtens selbst.

10. Stunde: Heines „Sprachnot" – Ausklang der Romantik

Unterrichtsphasen	**Unterrichtsformen / Fragestellungen**	**Erwartungen / Ergebnisse**
Phase 1: Einordnung Heines in den literaturgeschichtlichen Kontext	Lesen der Texte von Eichendorff und Heine (vgl. Textteil) Stillarbeit / Gespräch – Wo wird in beiden Texten auf die Romantik Bezug genommen? – Welches Verhältnis zur Romantik spiegelt sich in beiden Texten?	– Poesie, Zeug, hohles Spiel, Blütezeit des Geistes und der Philosophie; Lied, Sangvogel. Mondnacht. – Distanz, Kritik, Abwertung
Phase 2: Hintergrundinformation über die Zeit Heines	Schülerkurzreferat	technische, wissenschaftliche und historische Entwicklungen zu Heines Zeit
Phase 3: Heines Situation als Dichter	Unterrichtsgespräch – In welcher Situation befindet sich Heine? – Welche Probleme gilt es zu überwinden? – Welche Möglichkeiten bleiben Heine als Dichter?	– Verlust der innigen Beziehung zur Natur – Konflikt zwischen technischem Fortschritt und Tradition – Sprache der Romantik entleert → „Sprachnot" – Der Dichter verwendet nicht mehr die alten Bilder, sondern die Mittel der Parodie, Ironie, Zurücknahme
Phase 4: „Die Lotosblume ängstigt"	Lesen / Unterrichtsgespräch – Bestimmen des Themas – Unterschied zu Goethe und Brentano? – Wirkung? – Bedeutung der Lotosblume?	– Unerfüllte Liebe Blume – Mond – Liebende sind nicht Menschen, sondern vermenschlichte Naturgegenstände – Stilisierung, Schaffen von Distanz – Exotik, Ferne, Pracht: keine unmittelbare Identifizierung, da nicht aus unmittelbarer Anschauung entstanden

9. Stunde: Brentano „Die Abendwinde wehen" – Vertiefung der romantischen Chiffre

Phase 4: Bestimmen der Bilder	Fragend-entwickelndes Gespräch – Welche Bilder verwendet Brentano? – Wie sind sie angeordnet (Vergleich mit Goethe) – Festlegen ihres Stellenwerts, ihrer Aufgabe im Gedicht Ausfüllen der dritten Spalte des Arbeitsblatts (vgl. Stundenblatt S. 18) über die Bildlichkeit bei Brentano und Goethe	– z. B. Mond, Sterne, Strom der Nacht: beseelte Naturdinge – Aneinanderreihung bei Brentano gegenüber einem tragenden Symbol bei Goethe – Hervorrufen eines Gefühls gegenüber Widerspiegelung eines Gedankens bei Goethe
Phase 5: Welche Gefahr birgt die romantische Chiffre?	Gespräch und Diskussion – Vergleich der „Abendwinde" mit der „Spinnerin" – Wie hat sich die lyrische Sprache seit Goethe verändert? – Ev. eigener Versuch der Schüler, ein romantisches Gedicht zu schreiben	„Spinnerin" wirkt durch Knappheit kunstvoller – Verlust des Realitätsgehalts: Gefahr der Stereotypie und Abgegriffenheit

Hausaufgabe: Bestimmen eines Referenten für Kurzreferat über technische und historische Entwicklung zu Heines Zeit.

9. Stunde:
Brentano „Die Abendwinde wehen“ – Vertiefung der romantischen Chiffre

Unterrichtsphasen	**Unterrichtsformen / Fragestellungen**	**Erwartungen / Ergebnisse**
Phase 1: Akustischer Eindruck des Gedichts	Lauter Gedichtvortrag / spontane Schüleräußerungen – Wie wirkt das Gedicht auf den Hörer?	– Schüler erkennen und empfinden die Musikalität des Gedichts, sein Fließen
Phase 2: Analyse der Klangwirkung	Unterrichtsgespräch / Auswertung der Hausaufgabe – Besonderheiten des Reimschemas? – Folge der Vokalwiederholungen für die Gesamtwirkungen des Gedichts? – Weitere Stilmittel?	– Nur zwei Reimvokale, ständiger Gleichklang durch kunstvolles Reimschema aaabcccb oder aaabaaab, Kontrast der dunkleren Reime in der Mitte und am Schluß der Strophen – Das Ohr gibt sich dem Klang hin, achtet weniger auf den Inhalt. – Assonanzen, z. B.: – winde – Linde, einsam weinend, kein . . . Schein, kleine Vöglein, wein . . . allein etc.
Phase 3: Die Beziehung von Form und Inhalt	Unterrichtsgespräch – Sammeln erster Eindrücke über den Inhalt – Vergleich mit Goethe-Gedichten: Gedanklicher Aufbau? Situation? Entwicklung? – Versuch, das Thema zu bestimmen Stillarbeit – Kurzes Suchen von Schlüsselwörtern zum Belegen dieses Themas – Woran läßt sich zeigen, daß es sich im Gedicht nicht um eine konkrete Situation handelt? – Sinn der Volksliedstrophe als Refrain?	– Schüler empfinden den Inhalt als unklar und verwirrend – Schüler erkennen Zyklik, Unmöglichkeit, eine bestimmte Situation herauszukristallisieren – Unerfüllte oder verlorene Liebe – z. B. einsam weinend, betrübt, flehen, sehnen, leiden. – Schüler finden inhaltliche Unstimmigkeiten, z. B. in Strophe 4 und 5 – Montage, kein logischer Zusammenhang, aber gemeinsamer Klang- und Gefühlsgehalt.

6. Stunde: Der Symbolgehalt in Goethes „Auf dem See"		*Lyrik von der Klassik zur Moderne*
	Kurzreferat über Goethes biographische Situation	– LK und GK: Anlaß = Bootsfahrt auf dem Züricher See, konfliktgeladene Liebe zu Lilli. Idee: Bewältigung des inneren Konflikts. Bild: sich spiegelnde, reifende Frucht.
Phase 5: Methodenreflexion	Freie Diskussion – Relevanz von Goethes biographischer Situation für die Interpretation? – Vergleich der gesellschaftlichen orientierten Interpretation im WS Arbeitsbuch mit unserer an der Bildstruktur orientierten	

Tafelanschrieb

	STROPHE 1	STROPHE 2	STROPHE 3
METRUM ↓	alternierend: 3-hebiger und 4-hebiger Jambus	4-hebiger Trochäus	3-hebiger Trochäus, untermalende Daktylen in Zeile 2, 4, 6, 8
WIRKUNG ↓	Unruhe, Wechsel, Lebhaftigkeit, Frische, Bewegung	Stimmungsumschlag	Ruhe, Getragenheit, Feierlichkeit, größere Harmonie
REIMSCHEMA ↓	ababcdcd: Kreuzreim, männlich	aabb: Paarreim, a = weiblich, b = männlich	ababcdcd: Kreuzreim a, b, c = weiblich, d = männlich
WIRKUNG	Wechsel, Direktheit voller Klang	Ein neuer Ton wird angeschlagen, weibliche Reime wirken sanfter	Mischung des weicheren Tons von Strophe 2 mit dem vollen Klang von Strophe 1
SCHLÜSSELWÖRTER, BILDLICHKEIT ↓	1) Nahrung, Blut, saugen 2) wiegen, hinauf, himmelan	Aug, niedersinken, Träume	1) Sterne, Morgenwind 2) Reifende Frucht
DEUTUNG	1) Direkte Verbindung mit der Natur als Lebensquell 2) Bewegung Unmittelbare Anschauung der Natur ohne Reflexion	Einbrechen von Gedanklichem, Wendung nach innen	1) Simultanschau von Morgen und Nacht 2) Symbol für neuen Lebenszustand Ich sieht Natur nicht mehr in unmittelbarem Erleben, sondern aus der Distanz und daher als ein großes, harmonisches Bild, das in seiner Gesamtheit als Symbol für bewältigte Empfindung gedeutet werden kann.

6. Stunde: Der Symbolgehalt in Goethes „Auf dem See"		*Lyrik von der Klassik zur Moderne*
Unterrichtsphasen	**Unterrichtsformen / Fragestellungen**	**Erwartungen / Ergebnisse**
Phase 1: Analyse der Form	Vorlesen des Gedichts / Unterrichtsgespräch / Vortragen der Hausaufgabe / – Bestimmen von Reimschema und Metrum der drei Strophen	vgl. Tafelanschrieb
Phase 2: Analyse des Inhalts	Unterrichtsgespräch – Überlegungen zur weiteren Vorgehensweise (Verweis auf schon behandelte Gedichte) Gruppenarbeit / Ergänzung des Tafelanschriebs – Gruppe 1, 2 und 3 legen stichwortartig Inhalt, Naturbeziehung und Schlüsselwörter für Strophen 1, 2 und 3 fest.	– Schüler schlagen vor: Beschreibung des Inhalts Strophe für Strophe oder Untersuchung der Haltung des lyrischen Ich zur Natur – Gruppe 1: Bootsfahrt, Bewegung der Wellen. Völlige Hingabe an Natur. – Gruppe 2: Wendung nach innen, Reflexion. Abwehr des Traums. Neue Hinwendung zum Jetzt und Hier. – Gruppe 3: Distanziertere Schilderung der Natur um den See. Keine konkrete Zeit. Ich nimmt gedanklich wahr. Beruhigung, Dämpfung der Eindrücke, Harmonie. „Ich" kommt nicht vor: Distanz.
Phase 3: Vergleich mit anderen Goethe-Gedichten	Unterrichtsgespräch oder Stillarbeit – Herstellen von Parallelen zwischen vorher behandelten Goethe-Gedichten und „Auf dem See"	Schüler schlagen selbst Vergleich vor – Mächtiges Überraschen: – Dreiteilung in Bewegung – Unterbrechung – Beruhigung – Motiv des Wassers – Motiv des Sich-Spiegelns – Früh, wenn Thal . . . – Einheit von lyrischem Ich und Natur – Simultanschau Morgen – Abend – Naturerlebnis und Reflexion darüber
Phase 4: Klärung des Symbolgehalts	Unterrichtsgespräch / Tafelanschrieb – Inwiefern ist „Auf dem See" ein symbolisches Gedicht?	– LK: reifende Frucht, die sich spiegelt = Symbol für Bewältigung, neue Sinnfindung – GK: Vereinigung von Sternen und Morgenwind, Spiegelung – sukzessive Erlebnisse zu einer Erfahrung zusammengefaßt, die allgemeine Gültigkeit hat.

4./5. Stunde: (Leistungskurs)
Erarbeitung von Goethes Symboldefinition

Phase 6: Hinweis auf den Epochenhintergrund	„Brainstorming" oder Kurzreferat – Stichworte zur Klassik	– z. B. Vollendung, Klarheit, Mäßigung, Bewältigung, geordnete Natur, Harmonie zwischen Gemüt und Verstand . . .
Phase 7: Anwendung des Begriffs Klassik auf das Sonett	Unterrichtsgespräch – Inwiefern ist das Gedicht klassisch in bezug auf die Form? in bezug auf den Inhalt (Liebesgedicht)? in bezug auf das Symbol?	– Formstrenge, Klarheit, Vollendung – Bewältigung, Anpassung an den neuen Zustand, Sinn in der Ruhe – Ausgewogenheit Natur – Geist, Schwebezustand der Bildelemente, Idee spiegelt das Göttliche

Hausaufgabe:

- Analyse des Reimschemas und Metrums von Goethes Gedicht „Auf dem See".
  Welche Zusammenhänge bestehen zwischen Form und Inhalt?
- Vergabe eines Kurzreferats: Information zu Goethes biographischer Situation bei der Entstehung des Gedichts „Auf dem See" (WS Arbeitsbuch S. 12 und 13)

4./5. Stunde: (Leistungskurs)
Erarbeitung von Goethes Symboldefinition

Unterrichtsphasen	**Unterrichtsformen / Fragestellungen**	**Erwartungen / Ergebnisse**
Phase 1: Auswertung der Hausaufgabe	Lesen von Bettinas Brief / Unterrichtsgespräch – Bestimmen der Zusammenhänge zwischen dem Brief Bettinas, Goethes Sonett, seiner biographischen Situation und seinen theoretischen Äußerungen	– „Gelegenheit": Liebe zu Minchen Herzlieb – angeschauter Gegenstand: Bettinas Bild vom Damm
Phase 2: Vergleich zwischen Goethes und Bettinas Bild	Fragend-entwickelndes Gespräch – Welches Bild benutzt Bettina? – Was greift Goethe davon auf? – Wie verändert er Bettinas Bild? – Unterschied zwischen Goethes und Bettinas Bild?	– Damm im Strom der Zeit, in dem Goethes Herz schwimmt – Vorstellung des eingedämmten Stroms – Zum einheitlichen, nachvollziehbaren Naturvorgang – Bettinas Bild ist unstimmig (schwimmendes Herz), nicht allgemeingültig. Goethe schafft Harmonie der Bildelemente, einen symbolischen Vorgang.
Phase 3: Goethes Symboldefinition	Lesen der Goetheschen Symboldefinition / Stillarbeit – Wiedergabe der drei Elemente des Goetheschen Symbols in eigenen Worten	– Erscheinung: bestimmte „historische" menschliche Erfahrung – Idee: allgemeine Wahrheit – Bild: Gegenstand der Natur oder der den Dichter umgebenden Welt
Phase 4: Umsetzen der erarbeiteten Ergebnisse in ein graphisches Modell	Partnerarbeit / Tafelanschrieb – Versuch, die Beziehung der Elemente des Symbols zueinander graphisch wiederzugeben	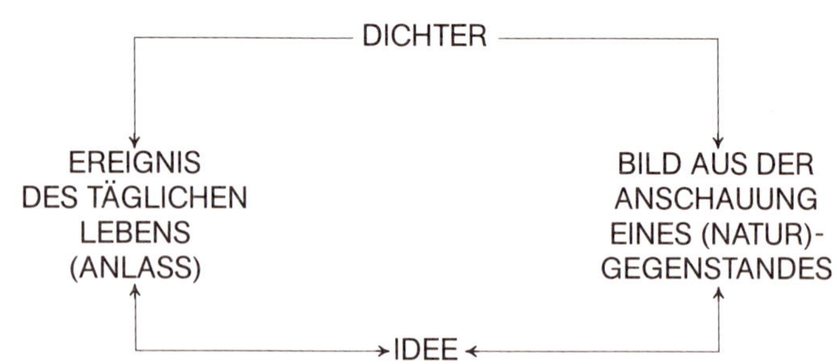
Phase 5: Rückbezug auf das Sonett	Unterrichtsgespräch – Wie sind Anlaß, Idee und Bild im Sonett verwirklicht?	– Anlaß: Liebeserlebnis – Idee: Von der Bewegung zur Ruhe, neue Erfüllung, Offenbarung – Bild: Vom Fluß zum See, Spiegeln der Gestirne

3. Stunde: (Leistungskurs) *Goethe „Mächtiges Überraschen"*		*Lyrik von der* *Klassik zur Moderne*
Phase 5: Verweis auf Goethes biographische Situation	Lehrervortrag	Kurze Zusammenfassung der Fakten: 1807: Goethe ist 58, befindet sich in einer Krise. Erschütterung durch Liebe zu Minchen Herzlieb. Goethe wird umworben durch die viel jüngere, stürmische Bettina von Arnim
Hausaufgabe: **(fakultativ)**	Lesen des Briefs von Bettina von Arnim (vgl. Textteil) – Welche Zusammenhänge können Sie entdecken zwischen dem Sonett, Goethes theoretischen Äußerungen, seiner biographischen Situation und dem Brief? – Vergabe eines Kurzreferats: Stichworte zur Klassik (Zusammenfassung aus einem Literaturlexikon)	

3. Stunde: (Leistungskurs) *Goethe „Mächtiges Überraschen"*		*Lyrik von der* *Klassik zur Moderne*
Unterrichtsphasen	**Unterrichtsformen / Fragestellungen**	**Erwartungen / Ergebnisse**
Phase 1: Klären des Inhalts	Stilles und lautes Lesen / Unterrichtsgespräch – Erste Reaktion der Schüler? – Bestimmen des geschilderten Naturvorgangs	Fragen zum Inhalt: Was genau geschieht im Gedicht? Sollten von Mitschülern beantwortet werden.
Phase 2: Analyse der Sonettform	Unterrichtsgespräch – Analyse von Stropheneinteilung Reimschema Metrum – Zur Darstellung welcher Inhalte eignet sich die Sonettform? – Zusammenfassung der Sonettgeschichte – Realisierung der Sonettform in „Mächtiges Überraschen"?	– Quartette, Terzette (Oktett, Sextett) abba abba cde cde fünfhebiger Iambus – These – Antithese, Entwicklung, gedankliche Inhalte – Petrarca, Shakespeare, Gryphius, Barock (Dualismus) – Bestimmen eines Stichworts für jede Strophe: Bewegung – Hemmen der Bewegung, Neuordnung – Beruhigung. Das Gedicht schildert eine Entwicklung, Veränderung, jedes Quartett und Terzett bildet eine Stufe dieser Entwicklung
Phase 3: Deutung des Sonetts	Unterrichtsgespräch – Übertragen des Naturvorgangs auf andere Bereiche – Lehrerimpuls: „Streben", „neues Leben"?	Bedeutendes Ereignis im Leben eines Menschen, das auf Bewegung (Arbeit, Forschen, vgl. Faust!) Beruhigung folgen läßt, in der neue Erfüllung liegt.
Phase 4: Klären von Goethes Arbeitsweise	Lesen von Goethe-Äußerungen / Stillarbeit – Was meint Goethe mit „historisch"? – Welche Schlüsse über Goethes dichterisches Arbeiten können Sie aus diesen Äußerungen ziehen? – Wie würden Sie Goethes Verhältnis zu seiner Umwelt, seinen Wirklichkeitsbezug beschreiben?	– Ausgehend von wirklichem Geschehen – Er verarbeitet konkrete Anlässe künstlerisch – Seine Umwelt ist für Goethe Quelle seines Schaffens

2. Stunde: Einführung in die Problematik der Bildlichkeit durch Vergleich zweier Gedichte

Tafelanschrieb

	Goethe: Nähe des Geliebten	Enzensberger: Call it love
Verständnisschwierigkeiten	keine	Bilder? Satzstruktur? Zusammenhänge?
Erscheinungsformen der Liebe	Denken an den geliebten Menschen, Sehnsucht, Erinnerung, innere Einheit mit dem Geliebten, widergespiegelt in der Natur	Das Wort „Liebe" kommt nicht vor. Liebe personifiziert, aber abstrakt, auf kein bestimmtes Gegenüber bezogen, nicht greifbar
Haltung des lyrischen Ich in bezug auf die Natur / Umwelt	Harmonie, Geborgenheit des Ich in der Natur; Natur ruft Gefühle und Erinnerung wach, ist beseelt. Ich geht in der Natur auf	Natur durch Technik verfremdet, Ich beobachtet von außen. (Gläsernes Laub", „Taube aus weißem Batist")
Haltung des lyrischen Ich in bezug auf die Liebe	Trotz räumlicher Ferne Einheit mit dem Geliebten, der in den Naturerscheinungen gegenwärtig ist	Distanz, Skepsis, Unmöglichkeit der Liebe, Liebe nur eine ferne Ahnung

2. Stunde: Einführung in die Problematik der Bildlichkeit durch Vergleich zweier Gedichte

Unterrichtsphasen	**Unterrichtsformen / Fragestellungen**	**Erwartungen / Ergebnisse**
Phase 1: Vorstellen der Gedichte „Call it love" und „Nähe des Geliebten"	Stilles und lautes Lesen / spontane Schüleräußerungen – Erste Reaktion auf die Gedichte	– Nicht-Verstehen von „Call it Love", – Feststellen der Formunterschiede zwischen den Gedichten (Reim – reimlos, festes Metrum – freie Rhythmen), – persönliche Eindrücke
Phase 2: Präzisierung der Schwierigkeiten	Stillarbeit / Auswertung – Welche Fragen stellen Sie an „Call it Love"? Wo entstehen Ihnen Schwierigkeiten bei der Betrachtung von Form und Inhalt?	z. B.: – Was hat das Gedicht mit Liebe zu tun? – Wie ist die Satzkonstruktion zu verstehen? – Was ist gemeint mit „Körbe", „gläsernes Laub", „Taube aus weißem Batist"? – Wie hängen die verschiedenen Bilder und Teile des Gedichts zusammen? – Was will das Gedicht aussagen?
Phase 3: Bestimmen der Thematik der Gedichte	Unterrichtsgespräch – Bestimmen der Erscheinungsformen der Liebe in den beiden Gedichten	Goethe: innere Einheit mit dem Geliebten trotz räumlicher Ferne Enzensberger: Liebe nicht als Gefühl, das zwei Individuen verbindet, sondern als abstrakte, nicht greifbare Vision, völlig unpersönlich
Phase 4: Klären der Rolle des lyrischen Ich	Unterrichtsgespräch / Tafelanschrieb – Welche Haltung des lyrischen Ich in bezug auf die Natur und seine Umwelt sowie auf die Liebe läßt sich in den Gedichten feststellen?	vgl. Tafelanschrieb
Phase 5: Zusammenfassung	Diskussion – Versuch einer Erklärung der Unterschiede zwischen den Gedichten. – Wie verwendet Goethe, wie Enzensberger die Sprache? – Wie hat sich die Welt seit Goethe verändert?	– Das Gedicht von 1957 ist unverständlich, das von 1795 sofort zugänglich – Paradoxie! – Goethe verwendet seine Sprache unmittelbar und schlicht, Enzensberger verschlüsselt und verrätselt sie. – Durch Technisierung Entfernung von der Natur, mit der Goethe noch in Harmonie lebte. Verlust des Glaubens an eine geordnete und sinnvolle Schöpfung. Einsamkeit und Isolation des Menschen durch Ausgeliefertsein (Großstädte, Kriege).

TABELLE (Tafelanschrieb oder Arbeitsblatt)

STILMITTEL („BILDER")	EIGENSCHAFT	BEISPIELE
I. Vergleich		
a) umgangssprachlich	Vergleichspartikel (wie) = sprachliche Brücke zwischen zwei gesonderten Gebieten, deren gemeinsamer Gehalt (tertium comparationis) durch den Vergleich verschmolzen werden soll.	– Er ist treu wie Gold (tert. comp. = Beständigkeit, Wert) – Haare wie Gold (tert. comp. = Farbe, Glanz)
b) dichterisch	s. o.	– „Du bist wie eine Blume" – „Wie ist die Welt so stille . . . gleich einer stillen Kammer"
II. Metapher		
a) umgangssprachlich	übertragene Bedeutung, Wort im uneigentlichen Sinne gebraucht, bildhaft, anschaulich	– Flußarm – Redefluß – Tischfuß
b) dichterisch (Lehrerinformation)	Die Metapher meint etwas anderes, als sie sagt. Beim metaphorischen Dichten kommt „die Vergleichsvorstellung nicht zum Bewußtsein . . ., vielmehr stellt sich der gezieltere, gefühlseinprägsamere Ausdruck ohne vorangegangenes intellektuelles Vergleichen ein". (Braak, S. 31)	– „Der Morgen erwacht" – Die Helligkeit als „klarer Gürtel blauer Luft" (Mörike)
III. Bild		
1) Symbol		
a) umgangssprachlich	Bildhafte Gestaltung einer Idee, eines Gedankens, Erkennungszeichen	– Atomgegnerzeichen – Hammer und Sichel – Verkehrszeichen
b) dichterisch	durch UE zu erklären. „Bildhafte Gestaltung, die durch ihre eindringliche Wirkung auf Gefühl und Phantasie Blicke in Tiefen eröffnet mit einem großen Reichtum an Beziehungen." (Braak, S. 35)	siehe UE
2) Chiffre		
a) umgangssprachlich	Verschlüsselung, rätselhaftes Zeichen, Geheimzeichen	chiffrierter Brief
b) dichterisch	verschlüsseltes, reduziertes, kondensiertes Bild	siehe UE

1. Stunde: *Klärung des Begriffs Bild und seiner verschiedenen Ausprägungen*		*Lyrik von der Klassik zur Moderne*
Unterrichtsphasen	**Unterrichtsformen / Fragestellungen**	**Erwartungen / Ergebnisse**
Phase 1: Hinführung auf den Begriff lyrisches Bild	Unterrichtsgespräch: – Sammeln der Bauelemente des Gedichts, die bei der Interpretation beachtet und analysiert werden müssen. Eventuell Lehrerimpuls: – Welcher Unterschied besteht zwischen den zwei Äußerungen: „Es wird Herbst" und „Die Blätter fallen, fallen wie von weit / als welkten in den Himmeln ferne Gärten . . ."? – Welche Formen des bildlichen Sprechens kennen Sie?	Metrum, Reim, Rhythmus, Schlüsselwörter, Inhalt Lyrik spricht in Bildern Vergleich, Symbol, Chiffre, Metapher
Phase 2: Abgrenzung der Begriffe	Unterrichtsgespräch / Tafelanschrieb bzw. Ausfüllen des Arbeitsblattes (vgl. Rückseite) – Wie sind Vergleich, Metapher, Symbol und Chiffre a) in ihrer umgangssprachlichen Verwendung zu definieren b) in der lyrischen Sprache? Hinweis des Lehrers: – In dieser UE nur Beschäftigung mit den Ausprägungen des Bildes, Fixierungen sind nur vorläufig.	– Ergebnisse vgl. Rückseite – Lehrer bringt dichterische Verwendung von Metapher, Symbol und Chiffre selbst als Information ein, oder die Felder werden mit Hinweis auf die UE freigelassen.
Phase 3: Ergebnissicherung durch Finden von Beispielen	Partner- oder Gruppenarbeit – Schüler finden aus ihrer eigenen Erfahrung mit der Umgangssprache oder mit Gedichten (nur bei „Vergleich") Beispiele für die Begriffe Vergleich, Metapher, Symbol, Chiffre.	– vgl. Tafelanschrieb, der aber nur als Modell dienen soll. Eigene Beispiele der Schüler sind einzusetzen.
Phase 4: Information über den Stellenwert der Stunde innerhalb der UE	Lehrervortrag	Stichworte: – Behandlung der Struktur lyrisches Bild. – Dabei Einblick in die Werkstatt des Dichters und in sein Weltverständnis. – Historischer Zugang: Vergleich der Erscheinungsformen des Bildes durch die Jahrhunderte, besseres Verständnis der Gegenwartslyrik.

ARBEITSBLATT

Bildlichkeit bei Goethe und Brentano

	GOETHE (KLASSIK)	BRENTANO (ROMANTIK)
FORM UND INHALT		
Äußere Form	– klar gegliederte Struktur – gedankliche Entwicklung folgt dieser Struktur	– Zyklik, keine gedankliche Entwicklung, Vertauschbarkeit der Strophen
Verhältnis Gedankliches – Gefühl	– den Gefühlen steht gedankliche Bewältigung gegenüber	– Klang und Gefühl überwiegen, Gedankliches tritt zurück
Grundthematik (Liebe)	– Bewältigung der Liebesproblematik, Einbettung in größeren Lebenszusammenhang	– Hingabe an Liebessehnsucht, Verschmelzen von Traum und Wirklichkeit, Gestern und Heute
GRUNDGEDANKEN AUS DER THEORIE		
Beziehung Subjekt – Objekt	Distanz	– Aufgehen des Subjekts im Objekt, völlige Hingabe
Wert der Gegenstände / Naturdinge	– Naturdinge sind symbolisch für Idee, haben anschaulichen Eigenwert	– Naturdinge sind „Tasten", die vom Dichter zum Klingen gebracht werden, Träger der absoluten Poesie
Verhältnis äußere Realität – Gefühl	– Balance, Ausgewogenheit	– Realität ist unwichtig, Gefühl verabsolutiert sich, deshalb entsteht Spannung
Beziehung Dinge – Poesie – Mensch	In der Anschauung der Dinge entsteht Poesie.	– Die Dinge „sind" Poesie, der Mensch muß sie entschlüsseln
BILDER		
Bezeichnung	SYMBOL	CHIFFRE
Verhältnis Erscheinung – Idee – Bild	harmonisch, ausgewogen	– äußerer „Anlaß" oder „Erscheinung" fehlt, Bilderreihen spiegeln Gemütszustand, Balance verschoben zugunsten des subjektiven Gefühls
Bezug Bild – Realität	Bild hat Entsprechung in der Realität	– Realitätsentsprechung verloren
Funktion des Bildes im Gedicht	Träger der Idee, die dem Gedicht zugrunde liegt	Erzeugen einer Stimmung, Hervorrufen des „Weltgeheimnisses"

8. Stunde: *Das lyrische Bild bei Brentano – die romantische Chiffre*	*Lyrik von der Klassik zur Moderne*

Unterrichtsphasen	**Unterrichtsformen / Fragestellungen**	**Erwartungen / Ergebnisse**
Phase 1: Der Begriff „romantisch" in der Alltagssprache	Unterrichtsgespräch – Sammeln von Assoziationen zum Begriff romantisch	z. B. „ein romantisches Plätzchen", ein romantischer Liebhaber – was bedeutet der Begriff wirklich? Gefühlsbetontheit, Gegenteil von „realistisch"?
Phase 2: Die Theorie der Universalpoesie	Vortragen und Besprechen der schriftlichen Hausaufgabe Fragen: – Zum typischen romantischen Welt- und Naturbild – Zum Verhältnis Welt – Ich – Zur Verwendung der dichterischen Sprache in der Romantik	– Die Gegenstände an sich sind unbedeutend, wichtig ist der Geist, die Poesie in ihnen – Kein Anschauen aus der Distanz, sondern Aufgehen im Gegenstand – Trennung Sprache – Sinngehalt, Worte als Tonträger
Phase 3: Rückbezug der erarbeiteten Ergebnisse auf „Der Spinnerin Nachtlied"	Unterrichtsgespräch – Wie schlägt sich Novalis' Theorie in Brentanos Gedicht nieder?	– Nachtigall nicht als konkret erlebte Natur (Ungewißheit, „wohl"), sondern Verkörperung des Singens – Mond, Herz, etc. nicht Gegenstände der Anschauung, sondern Stimmungsträger – Klang ist wichtiger als Geschehen oder Situation.
Phase 4: Ergebnissicherung und Zusammenfassung	Ausfüllen des Arbeitsblatts (vgl. Rückseite) (ohne die Spalte über das Bild) abschließende Diskussion Der Begriff „romantisch" bei Novalis und Brentano, in der Malerei und Musik und im heutigen Sprachgebrauch	– Schüler tragen ihr Wissen über andere Aspekte der Epoche zusammen und versuchen, Gemeinsamkeiten zwischen Theorie und Kunst zu entdecken; erkennen die Wurzeln des heutigen Sprachgebrauchs (Konsultieren von Wörterbüchern!) und die Schwierigkeit einer Epochenbestimmung.
Hausaufgabe:	Lesen und Vorbereiten des Gedichtes „Die Abendwinde wehen" unter folgenden Leitfragen: 1.) Welche Wirkung hat das Gedicht beim Lesen oder Hören auf Sie? 2.) Weisen Sie am Text nach, wie diese Wirkung entsteht, a) durch genaue Analyse des Reimschemas b) durch Aufzeigen anderer Mittel, durch die die akustische Wirkung des Gedichts verstärkt wird. 3.) Welche Beziehung besteht zwischen diesen formalen Elementen und dem Inhalt des Gedichts?	

7. Stunde: *Brentano „Der Spinnerin Nachtlied"*		*Lyrik von der Klassik zur Moderne*
Phase 5: Bestimmen der Bilder im Brentano-Gedicht	Unterrichtsgespräch – Versuch der Beschreibung des Realitätsgehalts von Brentanos Bildern. – Wie entstehen sie?	Schüler isolieren Nachtigall, Faden, Mond, Herz als einfache Bilder aus dem Gedicht, erkennen, daß die 3 letzteren dieselben Attribute haben, daß sie nicht aus der Anschauung der Natur, sondern aus dem Gefühl stammen, also keine Entsprechung in der Realität haben.
Hausaufgabe:	Lesen von WS Arbeitsbuch, S. 22 (2.I.7) und S. 23/24 (2.2.I), (vgl. Textteil). Beantworten der folgenden Fragen in Stichworten: 1) Welches Welt- und Naturbild würden Sie aufgrund dieser Texte als typisch für die Romantik bezeichnen? 2) Charakterisieren Sie das Verhältnis zwischen dem romantischen Ich und der Welt, die es umgibt. 3) Welche Schlüsse können Sie daraus für die Verwendung der Sprache in den romantischen Gedichten ziehen?	

7. Stunde: Brentano „Der Spinnerin Nachtlied"

Unterrichtsphasen	Unterrichtsformen / Fragestellungen	Erwartungen / Ergebnisse
Phase 1: Einführung des Gedichts	Vorlesen durch Lehrer oder Abspielen von Platte / Unterrichtsgespräch – Sammeln der ersten Höreindrücke	– Schüler erkennen „Monotonie", Zyklik, Liedhaftigkeit
Phase 2: Analyse der Klangwirkung	Vortragen des Gedichtes durch Schüler / Partnerarbeit – Analyse von Reimschema und Vokalstruktur – Wirkung auf den Leser? – Beobachtungen zur Wortwahl	Die Schülervorträge werden verglichen. – abba / cddc / abba etc. Reimvokale nur a oder ei. Viele Assonanzen. – Gleichklang lullt Leser ein, lenkt seine Aufmerksamkeit vom Inhalt ab. – Nur wenige Reimwörter, ab Strophe 3 Variation der Reimwörter aus Strophe 1 und 2.
Phase 3: Klärung des Inhalts	Unterrichtsgespräch – Versuch, den Inhalt Strophe für Strophe zu bestimmen – Wer spricht?	Strophe 1: Erinnerung des lyrischen Ich an Liebesglück in ungewisser Vergangenheit Strophe 2: Tätigkeit des Ich in der Gegenwart. Einsamkeit und Trauer Strophe 3 – 6: Keine Entwicklung, Themen von Strophen 1 und 2 ineinander verwoben und variiert, Inhalt kaum nachvollziehbar.
Phase 4: Vergleich des Gedichtes mit Goethes „Auf dem See"	Partnerarbeit oder Unterrichtsgespräch – Verhältnis von Wirklichkeit und Traum, Gegenwart und Vergangenheit bei Brentano und Goethe?	Bei beiden Gedichten Trauer und Konflikt in der Gegenwart, Flucht in Traum oder Erinnerung. Zurückweisen des Traums bei Goethe, Bewältigung der Wirklichkeit. Hingabe an Traum bei Brentano, keine gedankliche Lösung der Spannung Traum – Wahrheit.

4./5. Stunde: (Grundkurs) *Erarbeitung von Goethes Symboldefinition*		*Lyrik von der* *Klassik zur Moderne*
Phase 6: Hinweis auf den Epochenhintergrund	„Brainstorming" oder Kurzreferat – Stichworte zur Klassik	z. B. Vollendung, Klarheit, Mäßigung, Bewältigung, geordnete Natur, Harmonie zwischen Gemüt und Verstand ...
Phase 7: Anwendung der Stichworte zur Epoche auf das Gedicht	Unterrichtsgespräch – Inwiefern spiegeln der Inhalt des Gedichts / das Symbol Grundgedanken der Klassik?	a) Inhalt: sittlicher Mensch / Beseelung der Natur / göttliche Naturordnung / Mensch fügt sich dieser Gesetzmäßigkeit / Gewißheit und Zuversicht b) Symbol: Ausgewogenheit Natur – Geist / Schwebezustand der Bildelemente / Idee spiegelt das Göttliche
Hausaufgabe:	– Analyse des Metrums und Reimschemas von Goethes Gedicht „Auf dem See". Welche Zusammenhänge finden Sie zwischen diesen formalen Merkmalen und dem Inhalt? – Vergabe eines Kurzreferats: Information zu Goethes biographischer Situation während der Entstehung des Gedichts „Auf dem See" (WS Arbeitsbuch S. 12 und 13)	

Tafelanschrieb 1

theoret. Äußerungen

AUSGANGSPUNKT – TAGEBUCH	GOETHES ARBEITSPROZESS	ERGEBNIS – GEDICHT	SYMBOLDEFINITION
Beobachtung verschiedener Morgen von Juli bis September	„unmittelbares Anschauen eines Gegenstandes"	Ein „Urphänomen" Morgen, das die Essenz aller real erfahrenen Morgen enthält. Sonnenaufgang, Landschaft, Himmel, Wind, Nebel etc.	BILD
Historische, datierbare Augenblicke	„Höchste Lyrik ist entschieden historisch"	September 1828, aber auch noch heute für uns als Leser gültig, verwurzelt im Historischen, aber Zeitlosigkeit: (immer) „wenn"	
Empfindungen der „heiligen Frühe"	„mehr oder minder bedeutende Gelegenheit", die Goethe zum Dichten veranlaßt	Kommt im Gedicht im Dank an die Sonne als Repräsentantin des Göttlichen zum Ausdruck	ANLASS, ERSCHEINUNG
	Allgemeines, Höheres, das dem Dichter vorschwebt	Gewißheit, daß auf Morgen der Abend folgt und daß so ein ganzes Leben harmonisch abläuft: Dank, Zuversicht	IDEE

4./5. Stunde: (Grundkurs)
Erarbeitung von Goethes Symboldefinition

Lyrik von der Klassik zur Moderne

Unterrichtsphasen	Unterrichtsformen / Fragestellungen	Erwartungen / Ergebnisse
Phase 1: Auswertung der Hausaufgabe	Unterrichtsgespräch – Vergleich des Gedichts mit den Tagebucheintragungen – Naturgegenstände, die in Tagebuch und Gedicht enthalten sind? Beobachtungsort? – Empfindungen im Tagebuch?	– Nebel, Wolken, Wind, Tal, Garten / Terrasse – „Heilige Frühe"
Phase 2: Klären des Entstehungsprozesses	Unterrichtsgespräch / Tafelanschrieb 1 – Wie lassen sich Goethes Äußerungen über seinen Arbeitsprozess, die Tagebucheintragungen und das Gedicht in Einklang bringen? – Wo im Gedicht findet sich der angeschaute Gegenstand, inwiefern ist das Gedicht „historisch", was ist die „Gelegenheit", was das Allgemeine, das dem Dichter vorschwebt?	– Tagebuch als Ausgangspunkt, Gedicht als Ergebnis (vgl. Tafelanschrieb auf der Rückseite)
Phase 3: Goethes Symboldefinition	Lesen der Symboldefinition / Stillarbeit – Versuch, die Aussage der Symboldefinition in eigenen Worten wiederzugeben und ihre Elemente zu beschreiben.	– Erscheinung: bestimmte menschliche Erfahrung – Idee: allgemeine Wahrheit – Bild: Naturgegenstand
Phase 4: Umsetzen der Ergebnisse in graphisches Modell	Partnerarbeit / Tafelanschrieb 2 – graphische Wiedergabe des Verhältnisses der Bildelemente	**Tafelanschrieb 2** 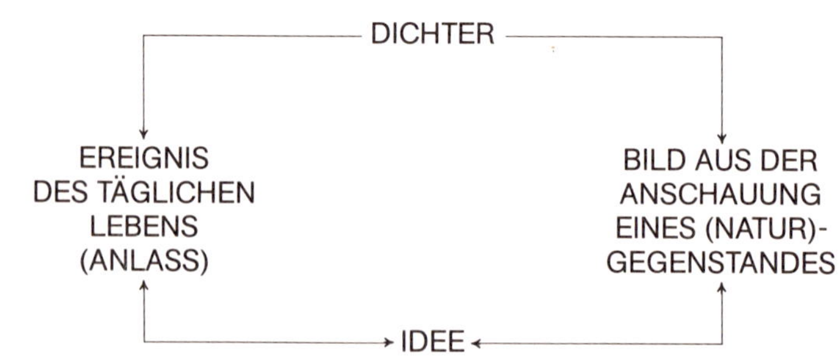
Phase 5: Rückbezug der Erkenntnisse auf das Gedicht	Unterrichtsgespräch / Ergänzen des Tafelanschriebs 1 – Bestimmen von Anlaß, Idee und Bild im Gedicht	– Anlaß: Empfindung der heiligen Frühe – Idee: Lebensaugenblick hinter dem Morgenaugenblick – Bild: Auf- und Untergehen der Sonne